»Richtig reisen«
Holland

EIN VOLK DAS LEBT

BAUT AN SEINER ZUKUNFT

In der vorderen Umschlagklappe: Straßenkarte von Holland

In der hinteren Umschlagklappe: Historische Karte

»Richtig reisen«

HOLLAND

Helmut Hetzel

mit Fotos von Andreas Schulz und Gudrun Wasmuth

DuMont Buchverlag Köln

Umschlagvorderseite: Kanal in Delft
Vordere Umschlagklappe: Blick auf Hindeloopen
Umschlagrückseite: Amsterdam, Hausboote auf der Amstel
Frontispiz: Die Geschäfte blühen. Hier in Harlingen am »Königinnentag«

Die Arbeit an diesem Buch unterstützten:
Henk und Eef Helms, Hans de Jonge, Sam de Vlieger sowie Ellen Flasshoff vom
Niederländischen Büro für Tourismus und vor allem meine Frau Aletta.
Ihnen allen herzlichen Dank!

© 1984 DuMont Buchverlag, Köln
6. Auflage 1991
Alle Rechte vorbehalten
Satz: Rasch, Bramsche
Druck: Interdruck GmbH, Leipzig
Buchbinderische Verarbeitung:
Leipziger Verlags- und Druckereigesellschaft mbH

Printed in Germany   ISBN 3-7701-1484-1

Inhalt

Holland heute

Holland gestern

Holland-Mosaik
Portrait eines Kleinstaates

Städteportraits

Marktbummel

Museenbummel

Fahrradparadies Niederlande

Hollands Strände

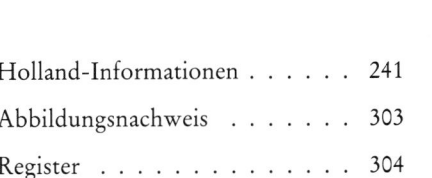

Holland - Informationen

Holland heute

Typisch holländisch? – So eine Frage!

Eine charakteristische Holland-Szene: Abends, an einem Sonn- oder Feiertag in einer holländischen Familie. Besuch kommt. Es dauert keine zehn Minuten, und die erste Tasse Kaffee wird gereicht. Eine Gebäckdose, die »Koektrommel«, macht die Runde. Jeder nimmt sich daraus etwas Leckeres zum Kaffee. Man plaudert. Nach einer Weile folgt die nächste Tasse. Dann der »Borrel«. Je nach Wunsch, Genever oder Wein, Bier oder Beerenburger. Für Autofahrer der obligatorische »Frisdrank«, Saft oder Selters. Bei der nächsten Getränkerunde gibt es dann noch etwas zum Knappern, das »Hapje«. Kräckers, Käse, Erdnüsse oder andere kleine Gaumenkitzler. Gemütlichkeit, muntere Gespräche, Kaffee und Genever, kurz: Geselligkeit – typisch niederländisch!

Fragt man dagegen einen Holländer auf der Straße, was denn für ihn typisch niederländisch sei, kann es sein, daß man nur ein von Unverständnis begleitetes Stirnrunzeln und anschließend langes Nachdenken hervorruft. Typisch niederländisch? – So eine Frage! Es kann aber auch sein, daß man eine spontane, von leichter Ironie durchsetzte Antwort erhält, die so gar nicht mit dem landläufigen »Tulpen-Windmühlen-Holzschuh-Klischee« übereinstimmt: »Typisch niederländisch – das ist Erbsensuppe und der Geburtstagskalender auf dem Klo« – »Typisch niederländisch – das ist ›Koffie met Koekje‹, Kaffee mit einem Plätzchen« – »Typisch niederländisch – das ist alles besser wissen« – ... Typisch niederländisch – was ist das? Es ist unkomplizierte Geselligkeit und weltoffene Internationalität, manchmal bis zum Geiz gesteigerte Sparsamkeit und mit kühlem Kopf kalkulierendes kaufmännisches Geschick, Genever am Abend und der Kaffee beinahe zu jeder vollen Stunde. Typisch niederländisch – das sind Teppiche auf den Tischen und gardinenfreie Fenster, das sind unzählige Fahrräder und schwimmende Wohnungen. Typisch niederländisch – das heißt Leben auf dem Meeresgrund und jedem Bürger die eigene Partei, heißt rund 360 Einwohner pro Quadratkilometer und mannigfaltige Menschentypen

14

Typisch niederländisch – das ist Limburg und Friesland, Seeland und Groningen, ist Rundfunkpiraterie und Handelsstrategie.

»Lauter Stereotypen, Vorurteile, Klischees«, werden jetzt diejenigen einwenden, die gewohnt sind, die Welt mit wissenschaftlicher Akribie und Analyse zu erschließen, die, die sich einem Land mit gesellschaftstheoretischen Messern nähern, immer schnittbereit, Realität sezierend. Einverstanden. Alles Vorurteile. Der »typische Niederländer«, die »typische Holländerin« existieren nicht. Weder in Windmühlen, noch in Holzschuhen. Diese Etiketten verallgemeinern, scheren verschiedene Menschen, unterschiedliche Temperamente, subjektive Erfahrungen allzuleicht über einen Kamm. Jetzt kommen die Stirnrunzler zu Wort, die, die bei der Frage nach dem »typisch niederländisch« ihr Gesicht erst lange in Falten legten und nachdachten. Dann kam ihre Antwort: »Typisch niederländisch, ›dat bestaat niet‹, das gibt es überhaupt nicht!« Richtig. Auch die Stirnrunzler haben recht. Haben genauso recht wie ihre spontan antwortenden Landsleute, die die lustigen und zutreffenden Etiketten erfanden.

Einigen wir uns am besten darauf: Holland ist anders! Anders als es die ersten oberflächlichen Einblicke erscheinen lassen, die oft schon von Vorurteilen geprägt sind, anders als es die Erfahrung eines Tages oder einer Woche in diesem Land widerspiegeln kann. Eines steht fest: Wer das kleine Königreich zwischen Nordsee und Niedersachsen, zwischen Belgien und Nordrhein-Westfalen näher kennenlernen will, braucht dafür mindestens zwei Dinge: Zeit und Neugierde. Die Zuneigung wird sich dann von selbst einstellen. Denn auch nach vielen Besuchen noch sorgt Holland, das Land am Nordseerand, immer wieder und jedes Mal aufs neue für Überraschungen, gibt dem interessierten Holland-Reisenden bei jedem Aufenthalt gerne wieder ein Stück der eigenen Kultur, der eigenen Lebensweise preis. Macht es möglich, die Niederlande, Land und Leute dort, Geschichte und Gegenwart dieses Volkes, nach und nach zu verstehen. Man wird dann eben wissen, warum die Niederländer ihr Königshaus so lieben. Man wird merken, daß eigentlich die Niederlande gemeint sind, wenn man – dem allgemeinen Sprachgebrauch folgend – leichtfertig Holland sagt. Einen Limburger oder gar einen Friesen als »Holländer« zu bezeichnen, ist mehr als eine auf entschuldbarem Unwissen gründende Unhöflichkeit. Das hieße ja – auf deutsche Verhältnisse übertragen – Preußen und Bayern in einen Topf zu werfen. Wer will das schon?

Sicher ist, das *Koninkrijk der Nederlanden,* wie es offiziell heißt, bietet auf kleinstem Raum eine große Vielfalt, die überall – auf sozialem, kulturellem, politischem und sogar auf landschaftlichem Gebiet – sichtbar ist. Konstitutionelle Monarchie und eine starke Friedensbewegung; pulsierende Großstädte und ruhespendende Landschaften; wasserbautechnische Wunderwerke und Wohnboote; Puritanismus und Porno; Rundfunkpiraten und Radwege; französisch angehauchtes Laisser-faire und germanische Zuverlässigkeit. Die Niederlande haben einen Rembrandt und einen van Gogh, Frans Hals und Jan Steen, Vermeer und Vondel, Erasmus und Hugo Grotius, Bonifatius und Pieter Stuyvesant, Eise Eisinga und Mata Hari, Hermann van Veen und Rudi Carrell, Johan Cruyff, Ruud Guillit und Königin Beatrix zu bieten. Holland ist eben anders, ist wie eine Kugel beim Roulett – immer für Überraschungen gut!

Die Niederlande auf einen Blick

Staatsform

Königreich der Niederlande (Koninkrijk der Nederlanden). Konstitutionelle Monarchie. Derzeitiges Staatsoberhaupt: Königin Beatrix.

Staatsaufbau

Die Niederlande sind in zwölf Provinzen unterteilt: Nordholland, Südholland, Utrecht, Seeland, Nordbrabant, Limburg, Gelderland, Overijssel, Drenthe, Groningen, Flevoland und Friesland. Größe, Einwohnerzahl und Bedeutung der einzelnen Provinzen sind sehr unterschiedlich.

Das niederländische Parlament (Generalstaaten) besteht aus zwei Kammern. Die Erste Kammer wird von den Provinzialstaaten (Länderparlamenten) gewählt, die Zweite Kammer wird alle vier Jahre vom Volk in freien Wahlen bestimmt. Im übrigen dominiert das föderale System. Alle Provinzen haben eigene Länderparlamente (Provinzialstaaten), die auch von der Bevölkerung direkt gewählt werden. Die Länderregierungen heißen Deputiertenstaaten.

Regierung

Aus den gewählten Mitgliedern der Zweiten Kammer wird mit Hilfe des von der Königin bestimmten »Informateurs« eine Regierung gebildet (Mehrheit). Kabinett und Königin zusammen stellen die Regierung der Niederlande, die Krone.

Fläche

Rund 42 000 Quadratkilometer, davon ca. 7500 Quadratkilometer Wasser, was einem Sechstel der Gesamtfläche entspricht. Die Entfernung zwischen Groningen und Maastricht beträgt circa 320 Kilometer.

Zum Territorium des Königreichs der Niederlande gehören außerdem noch die sechs Inseln der Niederländischen Antillen in der Karibik.

Einwohner

Rund 15 Millionen. Mit 360 Menschen pro Quadratkilometer (bezogen auf die Gesamtfläche) sind die Niederlande das dichtbevölkertste Land in Europa. Rund eine halbe Million Ausländer, vor allem Türken, Italiener, Chinesen und viele ethnische Minderheiten aus den ehemaligen Kolonien: Surinamer, Antillianer, Molukker und Indonesier.

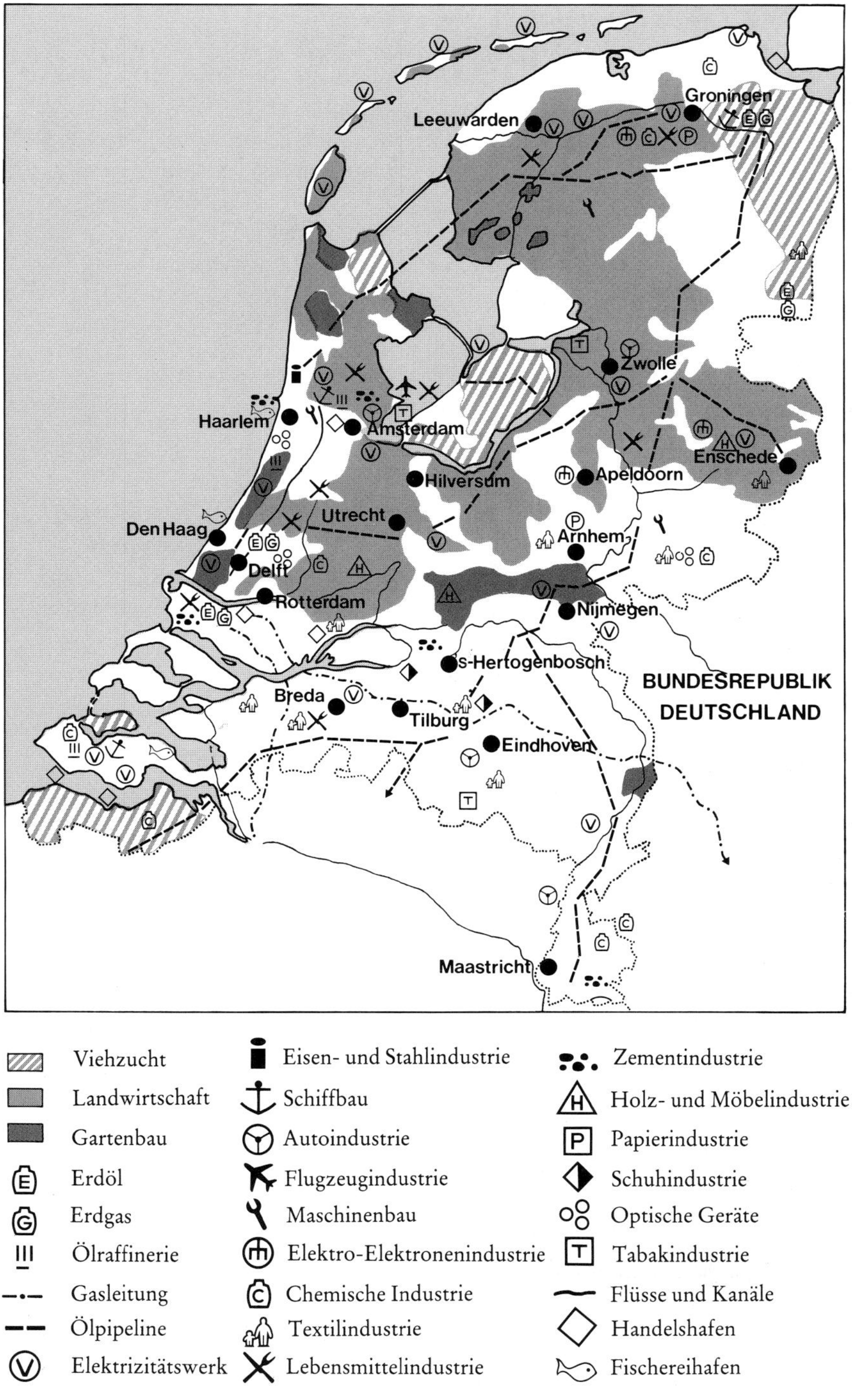

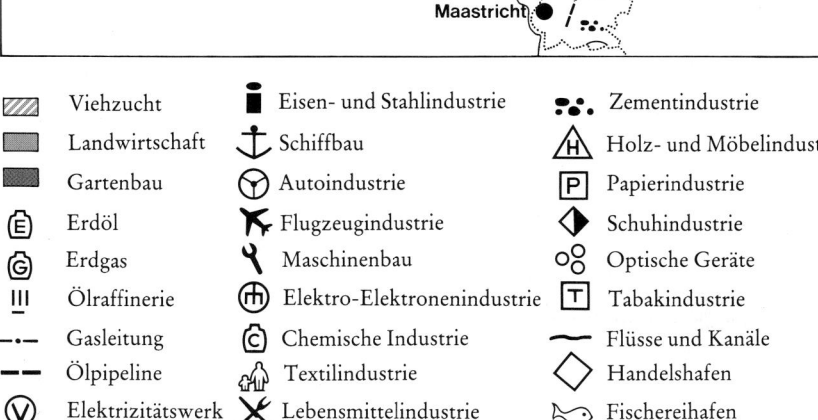

Leeuwarden

Groningen

Haarlem

Amsterdam

Hilversum

Zwolle

Apeldoorn

Enschede

Den Haag

Utrecht

Arnhem

Delft

Rotterdam

Nijmegen

's-Hertogenbosch

Breda

Tilburg

Eindhoven

BUNDESREPUBLIK DEUTSCHLAND

Maastricht

▨ Viehzucht	▮ Eisen- und Stahlindustrie	⁘ Zementindustrie
▨ Landwirtschaft	⚓ Schiffbau	Ⓗ Holz- und Möbelindustrie
▨ Gartenbau	⊕ Autoindustrie	ᴾ Papierindustrie
Ⓔ Erdöl	✈ Flugzeugindustrie	◆ Schuhindustrie
Ⓖ Erdgas	�🔧 Maschinenbau	○○ Optische Geräte
III Ölraffinerie	⊞ Elektro-Elektronenindustrie	Ⓣ Tabakindustrie
–·– Gasleitung	Ⓒ Chemische Industrie	— Flüsse und Kanäle
–– Ölpipeline	⌂ Textilindustrie	◇ Handelshafen
Ⓥ Elektrizitätswerk	✕ Lebensmittelindustrie	🐟 Fischereihafen

17

Geographische Lage

Die Niederlande liegen etwa auf dem 52° nördlicher Breite und dem 5° östlicher Länge. Sie sind Teil der nordwesteuropäischen Tiefebene. Über die Hälfte des Landes liegt unter dem Meeresspiegel und würde ohne den Schutz der zahlreichen Deiche regelmäßig von der Nordsee überschwemmt werden.

Klima

Gemäßigtes Seeklima mit nicht allzu kalten Wintern und nicht zu heißen Sommern. Jahresniederschlag rund 760 Millimeter. Dieses milde und feuchte Klima bietet eine gute Voraussetzung für Weideviehhaltung und Gartenbau.

Landschaft

Auf kleiner Fläche große landschaftliche Vielfalt: weite Moor- und Seengebiete vor allem in Friesland, Drenthe und Overijssel. Ausgedehnte Wälder und Heide vor allem in Gelderland (Veluwe), breite Dünenzüge entlang der Nordseeküste, milde Hügellandschaft in Südlimburg; typische Polderlandschaften mit einem Netz von Kanälen prägen das Bild von Nord- und Südholland.

Der höchste Berg ist der St. Pietersberg in Limburg: 321 Meter. Der niedrigste Punkt liegt im Prins Alexander Polder bei Rotterdam: 7 Meter unter dem Meeresspiegel.

Wirtschaft

Die Niederlande sind ein hochentwickelter Industriestaat. Das durchschnittliche Nettovolkseinkommen je Einwohner beträgt derzeit 3500 Gulden (3200 DM) pro Monat. Wichtigster Handelspartner ist die Bundesrepublik Deutschland, mit der Holland jährlich Waren im Wert von mehr als 100 Milliarden Mark austauscht.

Landwirtschaft

Einer der landwirtschaftlichen Schwerpunkte ist die Vieh- und Milchwirtschaft. In den letzten Jahren wurden durchschnittlich jährlich mit rund 2,5 Millionen Milchkühen rund 12 Milliarden Kilogramm Milch erzeugt. Weitere wichtige Erzeugerbereiche sind: Gartenbau samt der berühmten holländischen Blumen- und Pflanzenzucht, Kartoffelanbau, Zuckerrübenanbau, ausgebreitete Obstkulturen. Nur noch rund 5 % der erwerbstätigen Bevölkerung arbeiten in der landwirtschaftlichen Produktion.

Fischerei

Die Bedeutung der Fischerei hat in den zurückliegenden Jahrzehnten stark abgenommen. Hauptsächlich durch die Abschließung der Zuidersee gingen den Niederländern viele Fischkulturen verloren. Nicht einmal 1 % der Niederländer verdient heute noch sein Geld mit den Früchten des Meeres. Das derzei-

tige Fischfangzentrum der Niederlande ist Seeland, genauer die Oosterschelde. Dort werden überwiegend Muscheln und Austern gezüchtet.

Handel

Die Niederlande sind seit jeher – bedingt durch ihre geographische Lage – eine
Handelsnation gewesen. Mehr als die Hälfte des niederländischen Sozialprodukts resultiert aus Handelserlösen. Spitzenreiter unter den Exportgütern
sind: Nahrungsmittel, chemische Erzeugnisse, Erdöl und Erdgas. Die Niederlande können als einziges Land in der EG im Handel mit der Bundesrepublik
Deutschland seit Jahren einen Leistungsbilanzüberschuß aufweisen.

Industrie

Nahrungs- und Genußmittelbranche, elektrotechnische und chemische Industrie und das metallverarbeitende Gewerbe sind die wichtigsten Schlüsselindu-
strien. Auffallend ist, daß einige Branchen stark von den großen Multinationals dominiert werden. Das gilt vor allem für die Elektronik- und Nahrungs-
mittelindustrie. Zu den wichtigsten niederländischen Multinationals zählen
Royal Dutch/Shell, Philips, Unilever, Akzo, DSM, KLM, Heineken, ABN-
Amro-Bank, Hoogovens, Fokker.

Volendam – nicht nur bekannt für schmackhafte Aale

Das moralische Gewissen Europas? –
Zwischen Tradition und Rebellion

Olivia Lie Hap Po und Pat Gorder sind außer sich vor Freude. Die beiden lesbischen Frauen schafften es auch ohne Mann – mit Hilfe eines kleinen ärztlichen Kunstgriffes –, das Mutterglück zu erleben. Und das gleich doppelt. Olivia schenkte Zwillingen das Leben. Bis dahin lief alles ohne Komplikationen. Als die beiden Lesben aber beschlossen, die Kinder taufen zu lassen, drohte die Gemeinde der Reformierten Kirche in Delfshaven, einem Stadtteil von Rotterdam, an dieser Frage beinahe auseinanderzubrechen. Nicht die künstliche Befruchtung war das Problem. Nein. Der Argwohn der meisten Gemeindemitglieder richtete sich gegen die beiden Frauen und ihr Verhältnis. Beseelt vom christlich-heterogenen Familienbild, bezweifelten viele Gläubige schlechtweg, daß die Kinder von den beiden Lesben religiös erzogen werden könnten. Doch die beiden streitbaren Damen gaben nicht auf und verwiesen darauf, daß in der »Gereformeerde Kerk«, der sie angehören, Homosexualität akzeptiert wird: »Die logische Folge davon«, meinte Olivia, »ist doch, daß in einer solchen Beziehung auch Kinder erzogen werden können . . .«

Pat und Olivia, beide Mitte dreißig, hatten Erfolg. Nach zweijährigen Dauerdiskussionen der Gemeindemitglieder zu dieser heiklen Thematik wurden die Kinder endlich getauft.

Im Norden des holländischen Königreiches mutete Pastor Heymans, Pfarrer im Bistum Groningen, seiner katholischen Gemeinde eine ähnliche Zerreißprobe zu. Er tat, was er für richtig hielt, und traute die beiden Frauen Ria Bultena und Harmanna Kalsbeek, gab damit der gleichgeschlechtlichen Liebe erstmals den kirchlichen Segen, samt Trauungszeremonie.

Holland heute.

✳

»Ich kenne meine Pflicht, nicht nach eigenen Vorteilen zu streben und über allen Partei- und Gruppeninteressen zu stehen. Diese Aufgabe will ich im festen Glauben an Gott, der mein Leben leitet, und nach bestem Wissen und Gewissen erfüllen.« Diese Worte kamen über die Lippen von Hollands First Lady: Beatrix Wilhelmina Armgard, Prinzessin von Oranje-Nassau und Lippe-Biesterfeld. Sie sprach sie am 30. April 1980 sechs Minuten nach zehn Uhr morgens anläßlich ihrer Inthronisation als Königin der Niederlande. Dann winkte sie dem wartenden Volk vom Balkon ihres Palastes zu, der den Dam-Platz im Herzen der holländischen Hauptstadt an einer Seite begrenzt. 101 Salutschüsse, abgefeuert von der im Hafen von Amsterdam vor

TRIX is OOK NIX
PUT THE CROWN UPSIDE DOWN
GEEN HONING GEEN KRONING
KEIN HAUS KEIN KLAUS
PUT THE CROWN UPSIDE DOWN!

Anker liegenden Fregatte »De Ruyter«, folgten. Holland hatte, nach beinahe 32jähriger Amtszeit von Juliana, eine neue Königin.

Aber auch woanders knallte es. Keine zeremoniellen Bollerschüsse und feierlichen Reden waren dort zu hören, sondern Parolen wie: »Trix ist auch nix!« – »Kein Haus, kein Klaus!« Unweit der feierlichen Krönungszeremonie flogen in der Kinker- und Huyenstraat die ersten Pflastersteine, explodierten rauchende Tränengasgeschosse. Ein Hubschrauber kreiste über den mittelalterlichen Häuserreihen der holländischen Hauptstadt. Die Amsterdamer Hausbesetzerszene hatte unter dem Motto: »Keine Wohnungen, keine Krönungen!« zum Protest gegen Prunk und Preis der Inthronisierungsfeierlichkeiten aufgerufen. Sie lieferten sich stundenlang wütende und gewalttätige Gefechte mit der Polizei und der »Mobilen Einheit«. Die holländischen Hausbesetzer, dort »Kraker« genannt, probten den Aufstand. Ähnliche Aktionen folgten wenig später in Zürich und Berlin.

Inzwischen ist das Wort Kraker selbst im Deutschen ein Synonym für Hausbesetzer, sind in Amsterdam Tausende von Wohnungen besetzt, leben viele Kraker der ersten Generation längst in legalisierten Mietverhältnissen, haben sich mit den Hauseigentümern arrangiert und nicht wenige erhaltenswerte Altbauten renoviert. Und in Holland ist der 30. April inzwischen nicht nur »Koninginnendag«, der Geburtstag von Ex-Königin Juliana, sondern auch »Internationaler Kraakdag«. Ist Holland auch in dieser Hinsicht ein Vorbild für Toleranz und Freizügigkeit?

∗

Liberalität ist in der Tat ein zentrales Kennzeichen der niederländischen Gesellschaft. Diese Liberalität beinhaltet nicht nur die Möglichkeit, jedwede Meinung frei äußern zu können, ohne gleichzeitig befürchten zu müssen, stigmatisiert, ausgegrenzt zu werden. Nein, zu dieser Liberalität gehört es auch, daß die öffentlich geführten Debatten, daß die gesellschaftspolitischen Kontroversen mit einer oft religiös beeinflußten, moralischen Betrachtungsweise ausgetragen werden. Denn die lutherische Lehre von den zwei Reichen und die daraus abgeleitete strikte Trennung von Staat und Kirche setzte sich im Calvinismus nicht durch. Extreme, vom lauen Mittelmaß abweichende Meinungen sind in den Niederlanden gefragt. Sie gehören zur politischen Kultur des Landes. Meinung heißt hier auch immer Provokation. Das originellste Rundfunksystem der Welt, wie das niederländische oft von Kennern genannt wird, befördert diese Meinungskultur. Wer die niederländische Sprache einigermaßen versteht, kann sich von der Lektüre von Zeitungen wie »Vrij Nederland« oder »Elseviers Magazine« durchaus inspirieren lassen, kann die Talkshows von Sonja Barend oder Adriaan van Dis genüßlich verfolgen.

Sowohl Kritiker als auch Bewunderer der niederländischen Liberalität sind sich darüber einig: Holland ist das moralische Gewissen Europas. Da kann es nicht ausbleiben, daß sich dieses moralische Moment bei öffentlichen Diskussionen manchmal bis zu missionarischem Eifer steigert, daß beispielsweise immer wieder neue Bürgerinitiativen zu Kaufboykotten von südafrikanischen Orangen aufrufen, um gegen die Apartheitspolitik zu demonstrieren. Und es soll in Holland nicht wenige Obsthändler geben, die, wenn solche Aktionen laufen, mit süffisantem Lächeln darauf hinweisen, daß ihre aus dem Buren- und Diamantenland stammenden Früchte seit einigen Tagen keine Herkunftsbezeichnungen mehr tragen...

Mit der Liberalität und Toleranz der Niederländer hängt es auch zusammen, daß Holland für viele verfolgte Europäer oft ein letzter Hort der Zuflucht war und ist. Es ist kein Zufall, daß Descartes in die Republik der Vereinigten Niederlande kam und dort sein Hauptwerk konzipierte und publizierte. Unzählige Hugenotten fanden in Holland eine neue Heimat. Ebenso der letzte deutsche Kaiser Wilhelm II. Er mußte 1918 auf der Flucht vor der ersten Republik auf deutschem Boden die niederländische Gastfreundschaft für politisch Verfolgte in Anspruch nehmen. Alle Auslieferungsversuche der Weimarer Reichsregierungen wurden von den niederländischen

Keine Orangen aus Südafrika!

Regierungskollegen kategorisch abgewiesen. Wilhelm II. starb am 4. Juni 1941. Sein letzter Wohnsitz, Schloß Doorn in der Provinz Utrecht, ist heute als Museum zu besichtigen. Eine ganze Reihe in Nazi-Deutschland Verfolgter – vor allem Juden und Intellektuelle – konnten in Holland untertauchen. Klaus Mann schrieb in Amsterdam seinen inzwischen zu Weltruhm gelangten »Mephisto«, Max Reinhardt glänzte vor einem begeisterten Publikum mit seinen Inszenierungen. Rudi Dutschke erhielt nach der Genesung vom Berliner Attentat zuerst von der Universität Groningen einen Lehrauftrag und damit gleichzeitig die Chance, auf akademischem Terrain wieder Fuß zu fassen.

Ein typisches niederländisches Phänomen erklärt diese Toleranz und Liberalität. Es heißt »Verzuiling«, Versäulung, und ist eine gesellschaftliche Entwicklung, wie sie so wohl nur in Holland stattgefunden hat. Bis zum Anfang der 50er Jahre dieses Jahrhunderts war die niederländische Gesellschaft strikt in verschiedene weltanschauliche Blöcke gespalten: Sozialisten und Liberale, Protestanten und Katholiken hatten sich im bürgerlichen Zeitalter, forciert durch die Industrielle Revolution, ihre eigene Gesellschaft in der Gesellschaft aufgebaut. Jede Säule der verschiedenen weltanschaulichen Richtungen verfügte über eigene Kindergärten, Schulen, Zeitungen, Rundfunksender und wurde von den zum Clan gehörenden Industriekreisen finanziell gesponsert. Doch trotz scharfer weltanschaulicher Gegensätze strebten die unterschiedlichen gesellschaftlichen Gruppen immer nach Konsens, suchten sie Kompromisse. Zweifellos spielte und spielt auch das niederländische Königshaus dabei eine wichtige Rolle. Es verkörpert nicht nur den unter Führung von Wilhelm von Oranien erfolgreich geführten Freiheitskampf gegen Philipp II. und die spani-

> *Dieses typisch niederländische Bedürfnis, das alltägliche Verhalten immer in Einklang zu bringen mit einem tragenden Prinzip – sei es religiöser, ideologischer oder politischer Natur – ist calvinistische Erbschaft, die sich auch Katholiken, Liberale und namentlich Sozialisten angeeignet haben. Dieses Handeln aus Prinzipien findet in der Praxis jedoch immer dort seine Grenze, wo die Anderen aufgrund anderer Prinzipien handeln wollen. Und so entwickelte sich ein System der Kompromißlösungen, eben jene pragmatische Toleranz, bei welchem jede Sekte oder Partei sich mit der Unmöglichkeit abfindet, die Gesellschaft ganz nach den eigenen Glaubenssätzen umzugestalten. Das höhere Prinzip läßt sich in einer unvollkommenen Welt nicht verwirklichen. Es ist keine Schande, es ist unumgänglich, immer wieder gewaltige Abstriche vorzunehmen und sich oft mit wenig zu bescheiden. Aber ohne die Fahne des Glaubensbekenntnisses als Richtschnur, sei es christlich oder sozialistisch, entartet Politik in Opportunismus.*
> H. W. von der Dunk (Die Niederlande und Deutschland)

sche Fremdherrschaft, sondern eben auch die niederländische Nationalstaatsidee und deren Realisierung als Ergebnis dieses Freiheitskampfes.

Zwar begann in den Niederlanden nach Ende des Zweiten Weltkrieges, einhergehend mit einer beispiellosen wirtschaftlichen Entwicklung, der Prozeß der »Entsäulung«; die niederländische Gesellschaft wandelte sich rasch von einer geschlossenen zur offenen Gesellschaft, vom Agrar- zum Industriestaat. Aber dennoch sind die alten bürgerlichen Tugenden wie Toleranz und Konsenssuche und -fähigkeit erhalten geblieben, können sich Sozialisten und Reaktionäre, Chauvis und Feministinnen, Soldaten und Pazifisten mit scheinbar unnachgiebiger Vehemenz streiten und anschließend gemütlich beim Genever zusammensitzen.

Es gehört zur Logik und zum Selbstverständnis der niederländischen Liberalität, daß das Verhältnis der Bürger zum Staat, seinen Institutionen und Repräsentanten – verglichen mit deutschen Verhältnissen – nicht untertänig, sondern eher respektlos ist. Liberalität wird in Holland als ausgeprägte individuelle Freiheit verstanden und ist damit meilenweit von der preußisch-deutschen Obrigkeitstradition entfernt. Käuze, Eigenbrötler und andere »irre Typen« haben in Holland noch echte Überlebenschancen!

Zu dieser Liberalität gehört es auch, daß neue, undogmatische Lösungen für drängende gesellschaftliche Probleme der Gegenwart gesucht werden. Für internationale Schlagzeilen sorgt in diesem Zusammenhang immer wieder die niederländische Anti-Drogen-Politik. Sie ist differenziert und auf größtmöglichen Erfolg angelegt. In ihrem Kampf gegen das Rauschgift – Amsterdam galt zeitweilig als die europäische Heroinmetropole – versucht die holländische Obrigkeit, die Drogenabhängigen, vor allem die kleinen Kiffer und Dealer, nicht von vorneherein zu kriminalisieren. Etwas ketzerisch formuliert, könnte man sagen, sie richtet sich nach dem Motto: Die Kleinen läßt man laufen, die Großen will man hängen. Das niederländische Opium-

Gesetz, gültig seit 1976, zieht einen klaren Trennungsstrich zwischen »weichen« und »harten« Drogen. So ist der Besitz (bis zu 30 Gramm) und der Konsum von weichen Drogen wie Haschisch in Holland nicht gleichzeitig auch die Eintrittskarte zu einer Gefängniszelle. Ein solches Delikt ist nach dem derzeit gültigen Gesetz kein Verbrechen mehr, sondern eine Zuwiderhandlung, vergleichbar mit einem Verkehrsvergehen. Ein Verstoß wird – wenn überhaupt – milde geahndet. In der Praxis heißt das, die Polizei drückt beide Augen zu, wenn in den mehr als 300 »Coffieshops« in Amsterdam das Haschisch, abgepackt in 2,5-Gramm-Tütchen, über den Tresen verkauft wird. Nur wenn man das weiß, kann man die Versuche verstehen, wie sie beispielsweise im städtischen Jugendzentrum »Kokerjuffer« in Enschede unternommen wurden. Dort wurden geringe Mengen Haschisch verkauft, um den Dealern das Geschäft zu verderben. In Amsterdam wollte man sogar noch einen Schritt weiter gehen. Geplant war die staatlich kontrollierte Abgabe von Heroin an etwa 300 Süchtige. Ziel: man wollte sie aus dem kriminellen Umfeld herausholen und dadurch ihre Resozialisierung erleichtern. Eine Aktion, die auch in den Niederlanden auf erbitterte Kritik stieß und letztendlich die staatliche Ausgabe der Ersatzdroge Methadon zur Folge hatte.

Mitbestimmend für die holländische Toleranz und Liberalität ist und war der wirtschaftliche Wohlstand. Er basierte früher hauptsächlich auf der Ausbeutung der zahlreichen Kolonien und resultiert heute vor allem aus der wirtschaftlichen Zusammenarbeit innerhalb der Europäischen Gemeinschaft. Als dann aber während der letzten Wirtschaftskrise auch in Holland die Kassen leer waren und die Arbeitslosigkeit stieg, bröckelte die sprichwörtliche Toleranz. In den Niederlanden spüren vor allem ethnische Minderheiten, Molukker, Surinamer, Türken, Chinesen, Marokkaner, Indonesier, das sich verändernde gesellschaftliche Klima. Die Anfang der achtziger Jahre gegründete Partei der Centrum-Demokraten propagiert offenen Rassismus und schürt mit ihren Parolen die Ausländerfeindlichkeit in dem als so tolerant bekannten Königreich. Sie verfügt über ein Stammwählerpotential von rund 1% und ist so auch zur Zeit wieder mit einem Abgeordneten im Haager Parlament vertreten.

Holland gestern

J. Brueghel I., Blick auf eine Stadt
(Rijksmuseum Amsterdam)

Das Goldene Zeitalter –
ein kultur- und kunsthistorischer Streifzug

»Der Niederländer hat stets die Dinge des gewöhnlichen Lebens hoch geschätzt und die Würde des Alltäglichen begriffen.«

J. Huizinga

Das 17. Jahrhundert. Von dieser Zeit schwärmen fast alle Niederländer mit leuchtenden Augen. Als das »Goldene Zeitalter« ging es in die Geschichte ein, wird in den Schulen ausführlich behandelt, spielt immer noch eine bedeutende, eine bewegende Rolle. Die Bücher über diese Epoche füllen die Regale der Bibliotheken. Zu Recht! Das 17. Jahrhundert war in vielerlei Hinsicht ein einzigartiger Höhepunkt der niederländischen Geschichte, eine Epoche von Rang, von europäischer und weltgeschichtlicher Bedeutung.

Städte und Straßen, Plätze und Denkmäler, Gemälde und Gedichte, Lieder und Redensarten, Bräuche und Traditionen erinnern auch heute noch überall in Holland an diese von merkantilem Geschick und weltmännischem Weitblick geprägte Zeit. Holland wäre heute nicht das wesentlich bekanntere Synonym für die Niederlande, wenn dieser Teil der Niederlande nicht damals, im 17. Jahrhundert, alle anderen Provinzen des Landes überflügelt hätte und innerhalb weniger Jahrzehnte zur Weltmacht aufgestiegen wäre.

Das zeitliche Szenario jener Ära läßt sich folgendermaßen umreißen:

Religiöse Auseinandersetzungen. Protestantismus contra Katholizismus. Reformation und Gegenreformation. Ablaß und Abendmahlslehre, Unfehlbarkeit und Evangelium sind die religiösen Streitfragen divergierender Glaubensauffassungen. Hier die protestantische Lehre, die als Quelle theologischer Erkenntnis nur noch die Bibel akzeptiert. Dort die Bewahrer der alten, allumfassenden katholischen Lehre und Kirche, samt ihren Dogmen und ihrem Unfehlbarkeitsanspruch. In den Niederlanden brodelt der Streit schon während des 16. Jahrhunderts, schließlich kommt es zur zentralen Auseinandersetzung im Land selbst und auch mit der katholischen Zentralmacht des habsburgischen Kaisers. Dieser Kaiser, Philipp II., erhöht nach seinem Amtsantritt in der schon arg gespannten Situation auch noch die Steuern und nimmt zudem den holländischen Städten die seit dem Mittelalter garantierten ständischen Selbstverwaltungsrechte. Der niederländische Freiheitskampf beginnt. Er dauert 80 Jahre und beschert nicht nur Religionsfreiheit, nationale Souveränität und Unabhängigkeit, sondern auch einen größeren wirtschaftlichen Handlungsspiel-

Willem van de Velde d. Ä., Die Schlacht von Ter Heyde (Rijksmuseum Amsterdam) ▷

raum. Der Freiheitskampf formt ein holländisches Nationalbewußtsein, das sich in der Wahl der Staatsform entsprechend widerspiegelt: 1588 gründen die Holländer die Republik der Vereinigten Niederlande. Als 1609 Waffenstillstand zwischen den Holländern und den Spaniern geschlossen wird, steht das Land bereits an der Schwelle zu seinem vielgerühmten Goldenen Zeitalter.

Die Abspaltung der nordniederländischen Provinzen hatte aber auch ihren Preis. Der südliche Teil der Niederlande, das heutige Belgien, blieb unter spanischer Flagge und damit katholisch. Dieser Riß zwischen Nord und Süd, zwischen Flandern und Holland, zwischen Katholizismus und Protestantismus, konnte nie mehr gekittet werden und führte dann letztendlich zur Abtrennung Belgiens in der September-Revolution von 1830.

Doch Friede und Unabhängigkeit, nationale Identität und Republik, gepaart mit den traditionellen Handelsbeziehungen, waren dann die zentralen Voraussetzungen für das, was nun in Holland folgte: ein beispielloser wirtschaftlicher Aufschwung der jungen Republik, Wohlstand und Reichtum für breite Bevölkerungsschichten. In dieser gesellschaftlichen Sphäre von großbürgerlich-weltmännischer Weitsicht, merkantilem Kalkül und intellektueller Toleranz entwickelte sich natürlich auch eine sprühende künstlerische Kreativität. Descartes, Spinoza, Vondel, Hooft, Sweelinck, Rembrandt, Vermeer, van Ruysdael, Hals, Fabritius, Grotius. Namen, die der Zeit ihren Stempel aufdrückten in der Malerei, der Musik, der Dichtung.

Gerrit Adriaensz. Berckheyde, Der Blumenmarkt in Amsterdam (Rijksmuseum Amsterdam)

Jan Steen, Der Geburtstag des Prinzen (Rijksmuseum Amsterdam)

Als Hugo Grotius, einer der Begründer des Völkerrechts, mit seiner philosophischen Abhandlung über die »Freiheit der Meere« die theoretische Legitimation für die holländische Handelsoffensive auf den Weltmeeren geliefert hatte, stand dem Kolonialismus der Holländer absolut nichts mehr im Wege. Im Jahre 1602 gründeten sie die Ostindische Handelskompanie. 1621 folgte die Westindische. Diese beiden Kompanien, Vorläufer der heutigen Aktiengesellschaften, kontrollierten bald ein riesiges Kolonialreich. Sie eroberten und unterwarfen Indonesien, siedelten am Kap der Guten Hoffnung, gründeten Büros und Niederlassungen in Nord- und Südamerika – zum Beispiel »Nieuw Amsterdam«, das heutige New York – und holten aus diesen überseeischen Territorien die in Holland und Europa so heiß begehrten Waren wie Kaffee und Kakao, Tee und Tabak, Pfeffer und Kautschuk. Das Goldene Zeitalter war das Zeitalter des Handels und des Kolonialismus. Sie waren die Quelle holländischen Wohlstands.

Reich und mächtig geworden durch diese Geschäfte, schwangen sich die Holländer allmählich zur führenden See- und Handelsmacht der Welt auf, überflügelten die Spanier, Portugiesen und die Engländer und kommandierten die mächtigste Flotte. Pulsierendes Zentrum jener Zeit war Amsterdam. Die damals schon rund 150000 Einwohner zählende Stadt wurde die europäische Metropole, geistig-kultureller und finanzieller Mittelpunkt. Aber auch andere holländische Städte – Haarlem, Delft, Leiden – kopierten das Amsterdamer Vorbild mit Erfolg. In den Niederlanden, vor allem in Holland, entstand eine auf kleinstem Raum zusammengeballte Städte- und Kulturlandschaft, die ihresgleichen suchte.

Pieter Claesz., Stilleben (Rijksmuseum Amsterdam)

Diese gesellschaftlich-historischen Rahmenbedingungen, dieses Klima wohlhabender großbürgerlicher Kultur mit dem nötigen Schuß Internationalität war es, das den Siegeszug der heute weltbekannten holländischen Maler förderte und ihnen die Chance zur vollständigen Entfaltung gab, einem Rembrandt und Vermeer, einem Jan Steen und Frans Hals die Möglichkeit bot, ihre künstlerischen Fähigkeiten umzusetzen. So entstanden Bilder wie »Die Nachtwache« (siehe Seite 34) oder »Gewitterlandschaft« (Rembrandt), »Das Milchmädchen« und »Ansichten von Delft« (Vermeer), »Der Hühnerhof« (Jan Steen) und »Kapitän Michiel de Wael« (Frans Hals).

Die wohlhabenden Bürger fungierten als Mäzene. Ob im Rathaus, im Flur, im Salon der Herrenhäuser oder gar im Kontor, überall fand sich Platz für Bilder. Holländische Malerei war bürgerliches Allgemeingut, gehörte mit zum guten Ton bürgerlich-holländischer Kultur. Es gab eine breite Nachfrage nach Gemälden. Sie waren beim Volk beliebt und dementsprechend verbreitet. »Die ausländischen Reisenden, die unser Land besuchten«, schreibt Huizinga, »waren über die allgemeine Verbreitung der Produkte der Malerei verblüfft. Man fand gute und schlechte Gemälde zu Rotterdam und auf den Jahrmärkten zu kaufen; man begegnete ihnen bis in die Bauernwohnungen. Die Häuser hingen voll davon. Kein Schuhflicker, der nicht seine Gemäldchen besaß.«

Dies war das völlig Neue, Bahnbrechende an der holländischen Malerei: die endgültige Loslösung und Überwindung der ausschließlich am religiösen Motiv klebenden Kunst des Mittelalters, die Hinorientierung zum Diesseits. Sie gab einem weltlich orientierten malerischen Realismus erstmals eine breite künstlerische Plattform und setzte die künstlerische Stoßrichtung der in Italien bereits abflauenden Renaissance fort. Die Holländer entwickelten und vollendeten das Motiv »Stilleben« und schufen so ein ganz neues Genre in der Malerei. Ihre Motive waren belebte Straßenszenen, Feste und Feten, Stilleben, Landschafts- und Menschenportraits, anheimelnde Häuslichkeit, kurz: es dominiert das Gewöhnliche, das Alltägliche, der Zauber des Einfachen. Die holländischen Maler hielten die täglichen, die kleinen Ereignisse fest und schufen so ein einzigartiges Portrait ihrer Heimat und dieser Zeit.

Hegel hat diesen spezifisch holländischen Malstil gar als Errungenschaft des niederländischen Nationalcharakters eingestuft. Er schrieb: »Keinem anderen Volk wäre es unter anderen Verhältnissen eingefallen, Gegenstände, wie die holländische Malerei sie uns vor Augen bringt, zum vornehmlichsten Inhalt von Kunstwerken zu machen. In allen diesen Interessen aber haben die Holländer nicht etwa in der Not und Armseligkeit des Daseins und Unterdrückung des Geistes gelebt, sondern sie haben sich ihre Kirche selber reformiert, den religiösen Despotismus ebenso wie die spanische weltliche Macht und Grandezza besiegt und sind durch ihre Tätigkeit, ihren Fleiß, ihre Tapferkeit und Sparsamkeit im Gefühle einer selbsterworbenen Freiheit zu Wohlstand, Behäbigkeit, Rechtlichkeit, Mut, Fröhlichkeit und selbst zum Übermut des heiteren täglichen Daseins gekommen.«

Das heißt natürlich noch lange nicht, daß im Goldenen Zeitalter alle Holländer in Geld badeten. Die Befreiungskriege gegen die Spanier trieben viele Flüchtlinge in die Städte, kosteten Geld und vergrößerten gleichzeitig die Armut der Massen. Armenhäuser wurden eingerichtet, in denen die »Bettler des Goldenen Zeitalters« brutal ausgebeutet und drangsaliert wurden – Zwangsarbeit zur Aufrechterhaltung der bürgerlichen Ordnung. Eine ganze Reihe reicher Kaufleute zeigte sich von diesem Elend

Rembrandt, Selbstbildnis 1630
(Rijksprentenkabinet Amsterdam)

Rembrandt, Selbstbildnis mit Saskia 1636
(Bibliothèque Nationale Paris)

Rembrandt, Die Nachtwache (Rijksmuseum Amsterdam)

menschlich berührt. Sie stifteten für Witwen, Waisen und Alte die heute noch beinahe in jeder Stadt existierenden »Hofjes«, die in den Zentren der Städte gelegenen Innenhöfe (siehe auch Farbabb. 27). Sie wurden zu Stätten der Zuflucht und der Hilfe für Bedürftige und entsprangen vor allem auch aus der christlich geprägten Verantwortung der wohlhabenden Schichten. Caritas im Goldenen Zeitalter.

Einer, der die Höhen der damaligen Zeit erleben und genießen konnte und die Tiefen der Epoche durchlitt, war Rembrandt Harmenszoon van Rijn (1606–1669), kurz Rembrandt genannt, das Mal-Genie der holländischen Schule. Schnell erklomm Rembrandt die Leiter des Ruhms. Nach intensiven Lehrjahren bei Lastmann in Amsterdam, wo er sich die Hell-Dunkel-Modellierung aneignete und sich damit zweifellos in die Licht-Schatten-Kontrast-Stil-Schule eines Caravaggio einreihte, fand er für seine Art und Weise zu malen in Amsterdam schnell Bewunderer, Gönner und Auftraggeber. Auf dem Höhepunkt seines Schaffens, seines Ruhms und seines Wohlstandes kam für den Mal-Meister Rembrandt die große Wende. 1642 starb seine Frau Saskia. Trotzdem gelang es ihm noch, im selben Jahr sein Meisterwerk »Die Nachtwache« fertigzustellen. Das Gemälde portraitiert die Bürgerschützenkompanie des Frans Cocq, die auf Befehl des Hauptmanns angetreten ist und wohl kurz vor dem Ausrücken steht. Durch das geniale Licht-Schatten-Spiel erhält das Werk seine unvergleichliche Lebendigkeit. Es ist, als würden die portraitierten Personen jeden Augenblick hervortreten, ihre Handlung fortsetzen und zu sprechen beginnen. Manche Kunstexperten halten »Die Nachtwache« für eines der genialsten Werke der europäischen Malerei; Rembrandt-Forscher streiten sich noch immer um des Meisters Meisterwerk. Einige von ihnen behaupten, die Auftraggeber seien von dem Gemälde zutiefst enttäuscht gewesen, hätten gar seine Annahme verweigert, was zu Rembrandts finanziellem Ruin beigetragen habe. Andere dagegen geben vor zu wissen, daß das Meisterwerk sehr wohl bei der Schützengesellschaft »Cloveniersgilde« angekommen sei und daß es zeitweise sogar einen Saal des Amsterdamer Rathauses zierte. Fest steht allerdings, daß Rembrandt von der »Cloverniersgilde«, die das Werk bestellte, rund 1600 Gulden Honorar erhielt, eine für damalige Verhältnisse stattliche Summe. So ist es wohl wahrscheinlich, daß die Schützengesellschaft das ›Gruppenbild mit Kind‹ akzeptiert hat und damit ihren Festsaal im Schützenhaus schmücken ließ. Wie dem auch sei, Rembrandts finanzieller Abstieg hatte begonnen. Ab 1657 war er nicht mehr in der Lage, die Zinsen und Tilgungsraten für sein Haus zu bezahlen. Seine kleine Villa kam samt der riesigen Kunstsammlung unter den Hammer.

Dennoch: Rembrandt malte, zeichnete und radierte weiter. Vor allem seine Selbstbildnisse zeugen von seiner persönlichen Entwicklung. Kein anderer Künstler der Welt hat sich selbst, die eigene Persönlichkeit und Geschichte so verewigt – es entstanden mehr als einhundert Rembrandt-Selbstportraits. Der Rembrandt-Kenner Wilhelm Pinder spricht von der »Multidimensionalität« des Menschen in Rembrandts Bildern. »Der Mensch ist bei Rembrandt in jedem Augenblick vieldimensional; er ist schier schrankenlose Möglichkeit. Erhöht und erniedrigt, verschönert und verhäßlicht, veräußert und verinnerlicht, zwischen Maske und Antlitz, zwischen Kritik und Feier des Ichs, zwischen Selbstbefragung und Selbstdurchschauung, Selbsterhöhung und Selbstverklärung.« Am treffendsten aber hat ihn sein holländischer Kollege Vincent van Gogh beschrieben: »Rembrandt sagt Dinge, für die es in keiner Sprache Worte gibt.«

Jan van Goyen, Winter
(Rijksmuseum Amsterdam)

Chronologie: Geschichte einer ehemaligen Weltmacht

Prähistorie

Schon zwischen 2000 und 3000 vor unserer Zeitrechnung siedelten im Küstengebiet der Nordsee, auf dem Territorium der heutigen Niederlande, Menschen.

Antike

Teile der südlichen Niederlande gehörten zum Imperium Romanum. Die Grenzen des römischen Herrschaftsbereichs bildeten die Mündungsarme der Flüsse Rhein und Maas (Limes). Nördlich davon siedelten die Friesen und Bataver. Während der Völkerwanderung gesellten sich noch weitere germanische Stämme zu ihnen: Franken und Sachsen.

Mittelalter

700 – 1000

Die fränkischen Karolinger erobern das Gebiet der heutigen Niederlande und verleiben es dem Frankenreich ein. Das Land wird christianisiert. Nach dem Tod Karls des Großen und der Dreiteilung des Frankenreiches fällt das Gebiet der Niederlande an Lothar I. (843–855), der den Mittelteil des Reiches – Lotharingen – erhält. Durch den Vertrag von Ribemont (880) kommt das Gebiet zum Ostfränkischen Reich.

Das im Mittelalter sich immer weiter ausbreitende Lehenswesen bildet die Grundlage dafür, daß sich die aus diesem Lehenssystem entstehenden Herzogtümer und Grafschaften im Laufe der Zeit als eigenständige Territorien von der Zentralmacht der Kaiser des Heiligen Römischen Reiches lösen können.

1024

Das Bistum Utrecht ist das geistige und kulturelle Zentrum des norddeutschen Raumes. Der Bischof von Utrecht steht während des Investiturstreites auf der Seite des Kaisers.

Siegel von Wilhelm II.

1100   Holland wird als Name einer eigenständigen Grafschaft erstmals urkundlich erwähnt.

1122   Ende des Investiturstreites durch das »Wormser Konkordat«. Der Kaiser hat das Recht zur Bischofsernennung verloren. Die ersten Kreuzzüge haben begonnen. In deren Folge nimmt der Handel in Europa einen ungeahnten Aufschwung. Die Hanse wird gegründet. Von dieser ökonomischen Blüte profitieren aufgrund ihrer geographischen Lage vor allem die niederländischen Städte rund um die Zuidersee und an den Flußmündungen von Rhein, Maas und Schelde.

1200 – 1300   Die niederländischen Städte entwickeln sich zu Dreh- und Angelpunkten für den Handel mit Skandinavien, England, Frankreich, dem Deutschen Reich und den oberitalienischen Städten. Dieser Handel ist eine zentrale Voraussetzung für das Entstehen der Städte. Die älteste Stadt der Provinz Holland, Dordrecht, sichert sich für alle ein- und ausgeführten Waren die Lager- und Stapelrechte und kassiert dafür kräftig ab. Andere Städte folgen diesem Vorbild.

1300 – 1400   Der Machtkampf um das Erbe der Staufer ermöglicht den einzelnen, noch unzusammenhängenden niederländischen Provinzen eine relativ eigenständige Entwicklung. Blüte der Hanse. Die niederländischen Städte und Kaufleute werden immer reicher und einflußreicher.

1419   Der niederländische Adel kämpft um die Vorherrschaft in den verschiedenen Gebieten. Diese Auseinandersetzungen gehen als »Hoekse en Kabeljauwse Twisten« (Machtstreit zwischen den Familien Hoek und Kabeljauw) in die Geschichte ein.

1400 – 1477	Die burgundischen Herzöge erwerben durch Heirat und Zukauf große Teile der Niederlande. Brüssel wird Sitz der burgundischen Verwaltung und steigt gleichzeitig zum Kunst- und Kulturzentrum dieser Zeit auf. Maria von Burgund gewährt den niederländischen Städten Selbstbestimmungsrechte.
1519	Karl V. (»In meinem Reich geht die Sonne nie unter«) wird nicht nur Kaiser des Heiligen Römischen Reiches, sondern qua Erbfolge auch Herrscher über die Niederlande. Ein von ihm ernannter Generalstatthalter vertritt ihn dort, assistiert von einem aus den Provinzialstaaten bestehenden Staatsrat, der vorwiegend aus Adeligen und Geistlichen besteht. Außerdem stand jeder einzelnen niederländischen Provinz noch ein eigener Statthalter vor.
1523	Luthers Bibelübersetzung erscheint in niederländischer Sprache. Die Reformation, besonders deren Fortführung durch Calvin und Zwingli, findet in den Niederlanden viele Anhänger.
1550	Karl V. hat alle 17 niederländischen Provinzen unter seine Herrschaft gebracht. Sie werden als »Burgundischer Kreis« Teil des Heiligen Römischen Reiches.
1555	Philipp II. tritt das Erbe seines Vater Karl V. an und wird damit auch Herrscher über die Niederlande. Gleich zu Beginn seiner Herrschaft versucht Philipp, den sich in den Niederlanden immer weiter ausbreitenden Protestantismus zu unterdrücken und die garantierten ständischen Privilegien einzuschränken. Im gleichen Jahr beschließt der Augsburger Reichstag das »cuius regio, eius religio«. Von nun an kann der jeweilige Herrscher die Religion seiner Untertanen bestimmen.

Philipp II.

| 1566–1567 | Bildersturm in Flandern. Die Anhänger des reformierten Glaubens stürmen, plündern und besetzen die katholischen Kirchen. Philipp II. ernennt den Herzog von Alba zum Generalstatthalter der 17 niederländischen Provinzen. Dort soll er für Ruhe und Ordnung sorgen. Alba zieht mit einem Heer spanischer Elitesoldaten gen Holland, um dort den katholischen Glauben mit Gewalt wieder überall durchzusetzen. Der protestantische Aufstand wird brutal niedergeschlagen. Viele Adelige, Bürger und Kaufleute fliehen, darunter auch Wilhelm von Oranien. Andere werden von Albas Truppen umgebracht. Zudem erhöht Alba auch noch die Steuern. |

1568

Wilhelm von Oranien, Statthalter der Provinzen Holland, Seeland und Utrecht, zieht sich auf den Stammsitz seiner Eltern nach Dillenburg, Hessen, zurück. Dort stellt er ein Söldnerheer auf und zieht gen Holland, um gegen Alba zu kämpfen. Die Aktion scheitert. Aber der achtzigjährige holländische Befreiungskrieg hat damit begonnen. Die anderen geflohenen Adeligen – in einem Bund zusammengeschlossen, der sich »Gueux«, Geusen, nennt – unterstützen Wilhelm von Oranien.

Wilhelm von Oranien

1572

Die Wassergeusen erobern die erste holländische Stadt, Brielle, zurück. Die Befreiung von Brielle am 1. April 1572 ist der Zündfunke für den Aufstand weiterer holländischer und seeländischer Städte gegen die spanische Zwangsherrschaft. Auf einem Treffen der Provinzen in Dordrecht wird der Kampf gegen Spanien koordiniert und Wilhelm von Oranien als offizieller Führer anerkannt.

1576

Die »Genter Erklärung« garantiert Religionsfreiheit.

1579 – 1581

Sieben nordniederländische Provinzen haben ihre Unabhängigkeit erkämpft und schließen sich in der »Union von Utrecht« zusammen. Ab 1581 erkennen sie Philipp II. nicht mehr als ihren Landesherrn an.

1584	Wilhelm von Oranien wird in Delft ermordet. Philipp II. hatte eine hohe Belohnung auf seinen Kopf gesetzt.

Nach 80 Jahren ist der Freiheitskampf der Niederländer siegreich abgeschlossen. Links die Vertreter der Generalstaaten, rechts die Abgesandten aus Spanien. Die »Republik der Vereinigten Niederlande« wird gegründet

1588	Niederlage der spanischen Armada. Der Sohn Wilhelms von Oranien, Moritz, wird Statthalter von Holland und Seeland. Die sieben nordniederländischen Provinzen beschließen, ihre Souveränität selbst auszuüben. Sie gründen die *Republik der Vereinigten Niederlande.*
1596	Die junge niederländische Republik wird erstmals als souveräner Staat vertraglich anerkannt. Sie schließt einen Vertrag mit Frankreich und England, um in diesem Dreierbund gemeinsam gegen die Spanier zu kämpfen.
1602 – 1604	Die Niederländische Republik eröffnet auch in Übersee die wirtschaftliche und militärische Offensive gegen die spanische Vorherrschaft. 1602 wird die Ostindische, 1621 die Westindische Handelskompanie gegründet. Die Niederländer erobern in wenigen Jahrzehnten Stützpunkte und Ländereien in Asien, Amerika und Afrika.
1609	Spanisch-niederländischer Waffenstillstand in Antwerpen. Philipp III. erkennt die Souveränität der Niederlande an.
1648	Westfälischer Friede, Münster. Die Niederlande werden als selbständiger und unabhängiger Staat anerkannt.

Neuzeit

1600 – 1700

Durch den weltweiten Handel der großen niederländischen Handelskompanien wird die Niederländische Republik reich, dieses Jahrhundert geht als das *Goldene Zeitalter* in die Geschichtsschreibung der Niederlande ein (siehe Seite 28). Der ökonomische Wohlstand ist eine wesentliche Voraussetzung für die beispiellose kulturelle Blüte dieser Zeit – vor allem in der Malerei (Rembrandt, Hals, Vermeer). Die Niederländische Republik gewährt vielen Verfolgten politisches Asyl (u. a. Descartes). Amsterdam ist das Handels-, Finanz-, Kunst- und Kulturzentrum dieser Epoche. Dort können Bücher und Flugschriften erscheinen, die in Frankreich und Deutschland mit Sicherheit der Zensur zum Opfer fallen würden.

1652 – 1654

Krieg zwischen den Niederlanden und England. Das englische Parlament hatte 1652 in der »Navigations-Akte« beschlossen, daß alle Waren, die von und nach England befördert werden, ausschließlich auf englischen Schiffen zu transportieren sind.

1665 – 1667

Zweiter englisch-niederländischer Krieg. Dem holländischen Admiral de Ruyter gelingt es, in die Themsemündung vorzudringen und die englische Flotte zu vernichten. Daraufhin Friedensschluß in Breda.

1667 – 1668

Der französische König Ludwig XIV. will die Unstimmigkeiten zwischen England und den Niederlanden ausnützen und versucht, die südlichen Niederlande zu erobern. England und die Niederlande verbünden sich gegen Frankreich und vereiteln den Versuch.

1689–1702

Der Statthalter von Holland, Wilhelm III. von Oranien – seit 1677 mit Maria, der Tochter von Jakob II., verheiratet –, wird König von England. Unter seiner Führung kämpft die »Wiener Große Allianz« gegen den Expansionismus des französischen Sonnenkönigs Ludwig XIV.

1713

Im Frieden von Utrecht wird der Spanische Erbfolgekrieg beendet. Die südlichen Niederlande fallen an Österreich.

1747

Im Österreichischen Erbfolgekrieg versuchen die Franzosen erneut, die südlichen Niederlande zu erobern. Die niederländischen Generalstaaten erklären die Statthalterschaft für erblich. Wilhelm IV. von Oranien-Nassau wird Statthalter.

1780	Entstehen eines niederländischen Patriotismus. Patriotenbewegung.
1795	Die französischen Revolutionstruppen erobern die Niederlande. Aus der Niederländischen Republik wird die *Batavische Republik;* sie wird nach dem Vorbild des französischen Zentralstaates organisiert.
1804 – 1806	Holland wird von Napoleon in ein Königreich umgewandelt.
1810	Frankreich annektiert das holländische Königreich. Der holländische Handel wird durch die von Napoleon gegen England verhängte »Kontinentalsperre« hart getroffen.
1814 – 1815	Rußlandniederlage Napoleons. Neuordnung und Restauration Europas auf dem Wiener Kongreß. Die südlichen und nördlichen Niederlande werden vereinigt. Das neue *Königreich der Niederlande* reicht jetzt von Groningen im Norden bis nach Lille im Süden. Doch das Königreich der Großniederlande besteht nicht lange. Zu unterschiedlich war die Entwicklung im calvinistischen Norden, der bereits über 200 Jahre von Spanien unabhängig war, und im katholischen Süden gelaufen.
1830	Unabhängigkeit Belgiens. Wallonen und Flamen erkämpfen sich mit der »September-Revolution« die Selbständigkeit vom Königreich der Vereinigten Niederlande.
1839	Die Niederlande erkennen im »Londoner Vertrag« die Souveränität Belgiens offiziell an.
1848	Jahr der bürgerlichen Revolutionen in Europa. Der niederländische König Wilhelm II. erkennt, daß diese Unruhen und die lauter werdenden Forderungen nach den elementaren Freiheitsrechten für ihn gefährlich werden könnten. Er läßt von dem Leidener Rechtsphilosophen Thorbecke eine Verfassung ausarbeiten. Sie garantiert die bürgerlichen Freiheitsrechte und räumt den Gemeinden ein hohes Maß an Autonomie ein.
1849 – 1868	Thorbecke wird Ministerpräsident. Erster Verfassungskonflikt zwischen König und Parlament, der zugunsten des Parlaments ausgeht. Die erste Gewerkschaft (Drucker) wird gegründet.
1870 – 1900	Industrielle Revolution. Parteiengründungen: Sozialisten, Liberale, Konservative. Große Auseinandersetzungen in der nieder-

Mit der Industriellen Revolution beginnt auch die Massenproduktion. Tonwarenfabrik 1887

ländischen Gesellschaft (Schulstreit: Konfessionsschule oder neutraler Unterricht). Diese weltanschaulichen Auseinandersetzungen fördern ein typisch niederländisches Phänomen: die »Verzuiling« (Versäulung, Blockbildung). Verschiedene religiöse und weltanschauliche Gruppen schließen sich als »Gesellschaften in der Gesellschaft« zusammen und organisieren ihr ganzes Leben ausschließlich innerhalb ihrer Gemeinschaft.

Es herrscht noch Zensuswahlrecht, das die begüterten Schichten begünstigt. Frauen sind noch nicht wahlberechtigt. 1870 wird Aletta Jacobs als erste Frau als Lehrerin an einer Schule zugelassen. Die Todesstrafe wird abgeschafft, Kinderarbeit verboten. Vincent van Gogh begründet den Expressionismus in der Malerei.

1900 – 1914   Sozialgesetze werden erlassen, z. B. Krankengeldgesetz, Rentengesetz, Schulpflichtgesetz, Gesundheitsfürsorgegesetz.

1914 – 1918   Erster Weltkrieg. Die Niederlande sind neutral. Der Krieg schränkt jedoch die weltweiten niederländischen Handelsbeziehungen erheblich ein. Holland hungert. Diese Erfahrung wird mitentscheidend dafür, die Zuidersee trockenzulegen.

1918   Ende des Krieges. Der deutsche Kaiser Wilhelm II. erhält nach seiner Flucht aus Berlin in den Niederlanden politisches Asyl.

1920	Die Niederlande werden Mitglied des Völkerbundes. Der Internationale Gerichtshof residiert von nun an in Den Haag.
1920 – 1934	Die Weltwirtschaftskrise erfaßt auch die Niederlande und hat verheerende Folgen. Jeder dritte arbeitsfähige Holländer ist ohne Arbeit. Auch in den Niederlanden entsteht eine Nationalsozialistische Bewegung (NSB). Sie erhielt aber niemals mehr als 8 % der Wählerstimmen.
1933 – 1939	Nach der Machtergreifung Hitlers in Deutschland fliehen viele von den Nationalsozialisten Verfolgte in die Niederlande und erhalten dort politisches Asyl. Amsterdam ist das Exilanten-Zentrum.
1939 – 1945	Zweiter Weltkrieg. Am 10. Mai 1940 greifen deutsche Truppen die Niederlande an. Rotterdam wird durch Flächenbombardements dem Erdboden gleichgemacht, das gleiche den anderen niederländischen Städten angedroht. Am 14. Mai 1940 kapituliert der niederländische Oberbefehlshaber, General Winkelmann. Die niederländische Königin Wilhelmina flieht mit ihrem Kabinett nach London und bildet dort bis zum Ende des Krieges eine Exilregierung.
1941	Generalstreik in Amsterdam. Die Diskriminierungen und Deportationen der Juden provozieren die ersten organisierten niederländischen Widerstandsaktionen gegen die deutschen Besatzer.
1945	Befreiung der Niederlande durch die Alliierten am 5. Mai 1945.
1948	Benelux. Gründung einer Zollunion mit Belgien und Luxemburg.
1949	Die Niederlande sind Gründungsmitglied der NATO und der Vereinten Nationen. Indonesien wird unabhängig.
1953	Holland in Not. Die Deiche halten einer Springflut nicht stand. Weite Teile der südwestlichen Niederlande werden überschwemmt. 1835 Tote. Der Delta-Plan wird als nationale Aufgabe ausgerufen.
1957	Die Niederlande unterzeichnen die »Römischen Verträge« und sind damit Gründungsmitglied der Europäischen Wirtschaftsgemeinschaft EWG.

Holland in Not. Deichbruch 1953

1960   Die Niederlande und die Bundesrepublik Deutschland unterzeichnen den »Generalbereinigungsvertrag«. Alle Grenzkorrekturen werden hinfällig. Die Bundesrepublik zahlt 280 Millionen DM Kriegsentschädigung.

1966   Prinzessin Beatrix heiratet Claus von Amsberg.

1975   Surinam wird unabhängig.

1980   Beatrix, Prinzessin von Oranje-Nassau und Lippe-Biesterfeld, wird Königin der Niederlande.

HOLLAND, MAI 1945

Brief eines Vaters an seinen Sohn

Rotterdam, 10. Mai 1945

Lieber Franz,

dies ist der erste Brief, den wir Dir schreiben können als freie Menschen in einem freien Land. Große Dankbarkeit erfüllt unsere Herzen, da es nunmehr auch hier seit einigen Tagen soweit ist. Unser großer Wunsch in diesen Tagen ist immer wieder: Wäre Franz doch nur auch hier! Wir hoffen gleichzeitig, daß die Zeit nicht mehr fern ist und Du bald auch als freier Mensch zu uns zurückkehren kannst.

Zu allerst: Herzlichen Glückwunsch zur Befreiung unseres Landes, die Ihr ja schon etwas früher feiern konntet als wir hier. Unsere tiefste Hoffnung besteht darin, daß Leben und Eigentum von Euch allen dort im Norden verschont geblieben sind. Wir sind seit Wochen in großer Erwartung, doch wir müssen uns noch mit wenigen Kontakten abfinden. Dieser Brief ist nur ein ungewisser Versuch, Dich zu erreichen. Vielleicht geht diese Tage die Post. Alles wird nun wohl langsam wieder normal werden, so hoffen wir. Nach diesen vier Monaten der Trennung sehnt sich unser Herz gerade in diesen großen Tagen nach Dir. Ich glaube, daß es Dir genauso geht. Natürlich wirst Du Dich auch über unser Schicksal beunruhigen, genauso wie wir über das Deinige besorgt sind. Sei beruhigt, uns geht es allen gut, auch Oma und Jennie. Diesen schrecklichen Winter haben wir gut überstanden, und bisher hat der Hunger noch nicht in seiner schlimmsten Form bei uns angeklopft. Daß dem so ist, haben wir unseren Freunden im Norden zu danken, um die unsere Gedanken nun in voller Dankbarkeit kreisen. Auch die Reise von Mama im Februar hat dazu beigetragen, daß wir uns bis jetzt ganz gut durchschlagen konnten. Doch noch immer ist die Not groß. Eine Ration Brot beträgt 400 Gramm pro Woche; dazu kommen dann noch einmal 400 Gramm vom Roten Kreuz, die wir aber folgende Woche nicht erhalten werden. Kartoffeln gibt es offiziell ein Kilo pro Woche, aber seit einigen Wochen haben wir sie nicht mehr gesehen. Von der Verpflegung, die per Flugzeug kommen soll und über die das Radio so begeistert berichtet, haben wir noch keinen Krümel gesehen. Du wirst daher sicher begreifen, daß die Versorgungslage hier noch ganz schön angespannt ist. Aber nun sind wir frei, und es wird daher wohl auch bald besser werden. Für Hunderte, vielleicht für Tausende Rotterdamer ist jegliche Hilfe zu spät gekommen, leider!

Wir haben spannende Wochen hinter uns. Am Samstag, 28. April, dem Geburtstag von Mama, hörten wir die ersten Berichte über die Kapitulation. Die Hoffnung lebte *bei vielen auf, die bis dahin noch trübsinnig gestimmt waren. Sonntag, 29. April, war ein Tag voller Spannung. Es war der erste Geburtstag von Mama, an dem Du fehltest. Was uns aber nicht allzusehr traurig machte, da wir wußten, daß Du in Gedanken bei uns warst. Den ganzen Tag über hatten wir viel Besuch. Jeder ist vor Neuigkeiten übergelaufen. Auf das Fenster der »Bruinisser« (es sind wohl Verwandte aus Bruinisse in Seeland gemeint, Anm. d. Übers.) wurden Extra-Ausgaben von »Der Kompaß« und der »Trouw« geklebt. Davor stand andauernd eine Menschentraube um zu lesen. Mittags eine Extra-Sensation: Mit donnerndem Geheul dröhnten ein paar viermotorige Lancasters im Tiefflug über uns hinweg. Es waren die Verpflegungs-Flugzeuge. Mit großer Begeisterung wurden sie willkommen geheißen. Auf den Dächern standen Tausende von Menschen voller Freude und winkten. Einige Flugzeuge glitten ganz eng an den Dächern entlang, und man konnte sehen, wie daraus zurückgewunken wurde.*

Wie oft haben wir an diesem Tag gesagt: Schade, daß Franz nicht zu Hause ist! Die ganze Woche über lebten wir unter großer Spannung. Wird Deutschland kapitulieren? Alle Berichte stürzten wie eine Lawine über uns herein. Berlin gefallen, Hitler tot, Goebbels tot, Göring tot (dies scheint noch ungewiß zu sein), Mussolini aufgehängt. Aber keine Kapitulation. Dönitz will weiterkämpfen. Die Stimmung fiel. Das fiese Wetter, Nieselregen, machte auch nicht mit. Und dann plötzlich, nach einem düstern Tag ohne Neuigkeiten, kam um neun Uhr abends die frohe Botschaft: Die Deutschen kapitulieren morgen.

Liebster Franz, ich kann nur recht unvollkommen die Fülle der Gedanken wiedergeben, die in diesen Tagen durch unsern Kopf gehen. Aber Du bist ja alt genug, um die Bedeutung dieser großen Tage zu verstehen. Auf Euch, der Jugend der Niederlande, gründet unsere Hoffnung. Ich hoffe doch, daß auch Du Deinen Anteil am Wiederaufbau leisten wirst. Wir alle gehen an die Arbeit, wir werden beweisen, daß wir ein zivilisiertes Volk sind, das große Dinge tun kann. Vielleicht wird unser Land dann, wenn Du so alt sein wirst wie ich jetzt, aufgebaut sein, schöner und besser denn je.

Lieber Sohn, vergib mir diese kleine Moralpredigt, es ist der Ernst, der sich mit der großen Freude dieser Tage mischt.

Sei mit allen anderen dort im Norden herzlich gegrüßt

Dein Vater

(aus: »dat kan ons niet gebeuren . . .« Het dagelijks leven in de Tweede Wereldoorlog, Amsterdam 1980, eigene Übersetzung; mit freundlicher Genehmigung von Herrn F. A. Nieuwenhuijze)

Holland-Mosaik

Portrait
eines Kleinstaates

Wasser, überall Wasser!

Drei Dominanten prägten die neuere niederländische Geschichte und folglich die niederländische Gesellschaft: Das Wasser, der Handel und der Calvinismus.

H. W. von der Dunk
(Die Niederlande und Deutschland)

Terpen und Deiche

Wasser, überall Wasser! – Das hätte der römische Chronist Plinius der Ältere auch ausrufen können, als er im Jahre 47 die Niederlande bereiste. Er gab sich allerdings etwas emotionsloser und beschrieb das Land an der Nordsee so: »Bei diesem ewigen Kampf im Naturgeschehen zweifelt man, ob der Boden zur Küste oder zum Meer gehört.« In der Tat, die Elemente Wasser und Erde liefern sich seit Jahrtausenden heftige Gefechte, und besonders an der Nordseeküste, wo sich schon vor unserer Zeitrechnung verschiedene germanische Stämme – wie Bataver, Sachsen und Niederfranken – ansiedelten, siegte in diesem Kampf bis ins ausgehende Mittelalter meist die See. Der Mensch hatte noch nicht die Fähigkeiten entwickelt, ins Naturgeschehen bestimmend einzugreifen.

Damals, zu Zeiten des Römischen Imperiums, als Plinius die Niederlande bereiste, glich dieser nordwestliche Zipfel Europas noch eher einer unwegsamen Sumpf- und Moorlandschaft als einem zusammenhängenden Landgebiet. Jede neue Überschwemmungskatastrophe riß weite Wasserbreschen, hinterließ ausgebreitete Binnenseen und nahm den dort wohnenden Menschen immer mehr Land weg. Die Hälfte der Niederlande lag – und liegt auch heute noch – unter dem Meeresspiegel. Doch damals waren die tiefliegenden Landesteile nur durch die natürlichen Dünenzüge der Küste geschützt. Wollten die Menschen, die in diesem Gebiet siedelten, trockene Füße behalten und sich und ihr Land vor Überschwemmungen schützen, so blieb ihnen gar nichts anderes übrig, als den Kampf mit dem Wasser aufzunehmen. Dieser Kampf zwischen Mensch und Wasser ist heute noch nicht ausgefochten, und die Niederländer entwickelten in der jahrhundertelangen Auseinandersetzung immer neue Techniken, erfanden immer neue Lösungen. Sie wurden zu wahren Pionieren des Deich-, Tunnel- und Brückenbaus. Sie verwandelten Wasser in nutzbare Ackerflächen und waren nie um neue Ideen verlegen, wenn es darum ging, die eigene Existenz zu sichern. Das ständige Ringen mit der Naturgewalt Wasser prägte die Kultur des niederländischen Volkes entscheidend.

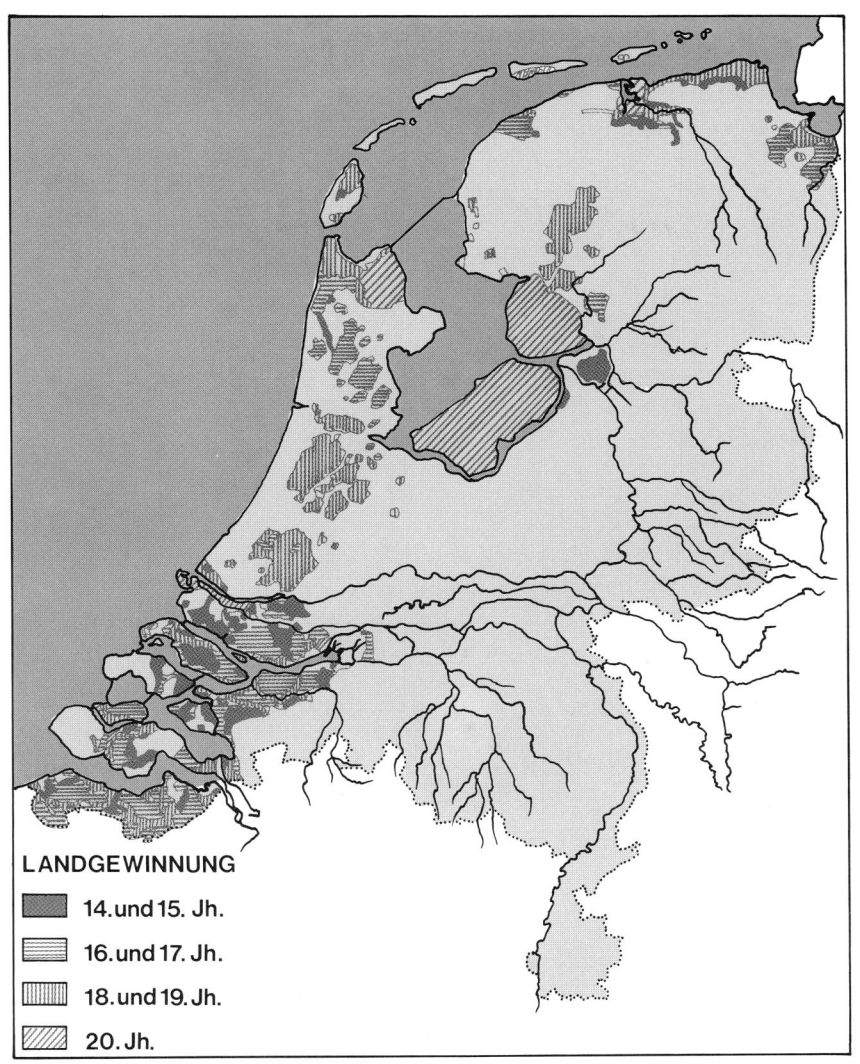

LANDGEWINNUNG

- 14. und 15. Jh.
- 16. und 17. Jh.
- 18. und 19. Jh.
- 20. Jh.

Bis ins Mittelalter mußte man sich mit einfachen Lösungen begnügen. Die Bewohner der Küstengebiete – vor allem im Norden der heutigen Niederlande – bauten auf dem flachen Land das, was fehlte: Erdhügel. Diese Erdhügel dienten ihnen als »Fluchtburgen«, wenn es die Nordsee wieder einmal geschafft hatte, bis weit ins Landesinnere vorzustoßen. Vor allem in den heutigen Provinzen Groningen und Friesland zeugen diese Erhebungen, die in Groningen »Wurten« und in Friesland »Terpen« genannt werden, auch heute noch von der ersten Phase des Kampfes der Menschen gegen das Wasser. Die niederländische Phantasie stand allerdings nicht still. Eine Weiterentwicklung der »Fluchtburgen«-Idee bestand darin, daß man die

Erdhügel durch Deiche miteinander verband und an bestimmten Stellen Öffnungen ließ, damit überschüssiges Wasser bei Ebbe abfließen konnte. Hinter den Deichen schöpften die Menschen mit Kübeln so viel von dem überflüssigen Naß ab, daß aus den Moor- und Sumpflandschaften trockenes Land entstand.

Erst als Ende des Mittelalters, im Zeichen philosophischer Aufklärung und ökonomischer Blüte der holländischen Handelsgesellschaften, die moderne Technik ihren Siegeszug begann, konnte der Mensch im Kampf gegen das Wasser die ersten Siege erringen und in die Offensive übergehen. Die im 17. Jahrhundert durch Handel zu Reichtum gelangten niederländischen Kaufleute sahen nämlich in der Trockenlegung der holländischen Binnenseen eine gewinnbringende Geldanlage im eigenen Land. Vor allem die im Norden gelegenen Gewässer Beemster-, Purmer-, Wormer- und Schermersee weckte zunächst ihr investorisches Interesse.

Mit der ökonomischen Potenz der reichen Amsterdamer Großkaufleute und dem technischen Know-how der beginnenden Neuzeit, konnte sich jetzt ein Heer von Wissenschaftlern und Arbeitern ans Werk machen, um das von Wasser zerklüftete nordholländische Gebiet zwischen Den Helder, Haarlem, Amsterdam und Enkhuizen in eine zusammenhängende »Land-Schaft« zu verwandeln. Sie schafften Land im wahrsten Sinne des Wortes. 1612 feierten Wissenschaftler, Arbeiter und Kaufleute die Trockenlegung des 2300 Hektar großen Beemstermeers in der Nähe von Edam. Die niederländische Offensive gegen das Wasser war zum ersten Mal im großen Stil erfolgreich. Wie war das damals möglich, einen 2300 Hektar großen See trockenzulegen?

Flevoland – der Nordsee abgerungen!

Anlegen eines neuen Dammes

Neues Land entsteht hinter den Deichen

Woher kommen die Windmühlen? – Das Prinzip Polder

Die niederländische Waffe im Kampf gegen das Wasser waren die Windmühlen. Vor allem ihrer Technik war es zu verdanken, daß die ersten großen Landgewinnungsaktionen im 17. Jahrhundert von Erfolg gekrönt waren.

Die Windmühlentechnik war einfach und genial. Die vier rund 24 Meter langen Schaufelräder fingen und übertrugen die Windkraft über Zahnräder auf ein Wasserrad, das das überschüssige Wasser in Kanäle beförderte; an den Kanälen standen wiederum Windmühlen, die von hier aus das Wasser in den nächstgrößeren Ringkanal, den Bussem, baggerten. Eine solche Windmühlenkette reichte in der Regel bis zum nächstgelegenen Fluß, von wo aus das Wasser sich dann seinen Weg von selbst in die Nordsee suchte. Die niederländischen Flüsse Rhein,

Maas, Waal und Lek besorgten diesen Weitertransport. Der Siegeszug der Windmühlentechnik resultierte aus der Realisierung der Idee, das Windrad in die Richtung zu drehen, aus der der Wind blies. Und Wind weht in Holland fast immer. Zehntausende von Windmühlen bedeckten bald ganz Holland. Sie standen dort, wo das Wasser noch knapp den Grund überflutete, und legten immer größere Landstriche nach und nach trokken. Das auf diese Weise gewonnene Land nannten die Niederländer »Polder«. Im 17. Jahrhundert – dem Goldenen Zeitalter – hatte das Prinzip Polder Hochkonjunktur. In Kinderdijk, dem Windmühlendorf in der Nähe von Rotterdam, kann man sich einen Eindruck dieser Methode der Landgewinnung verschaffen. 18 Windmühlen stehen dort,

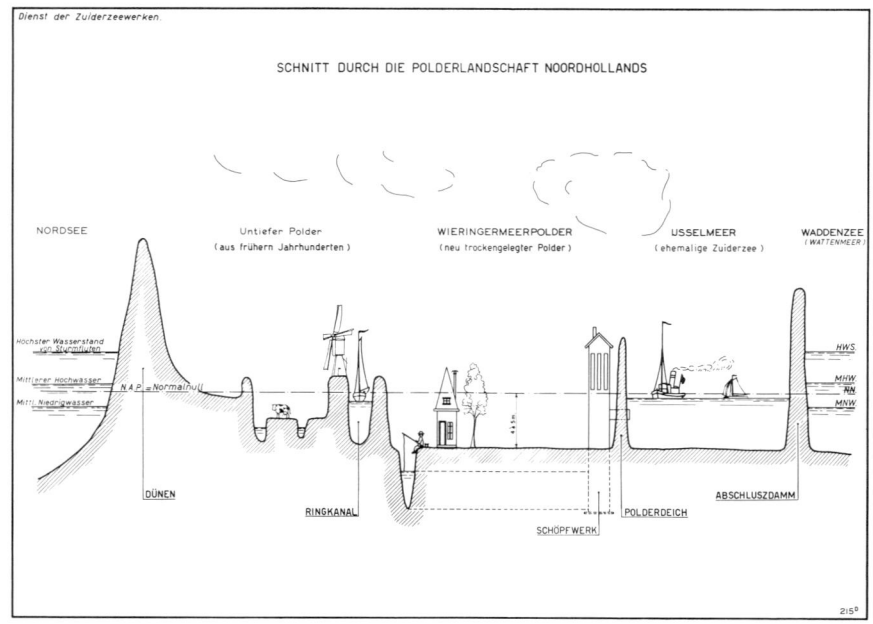

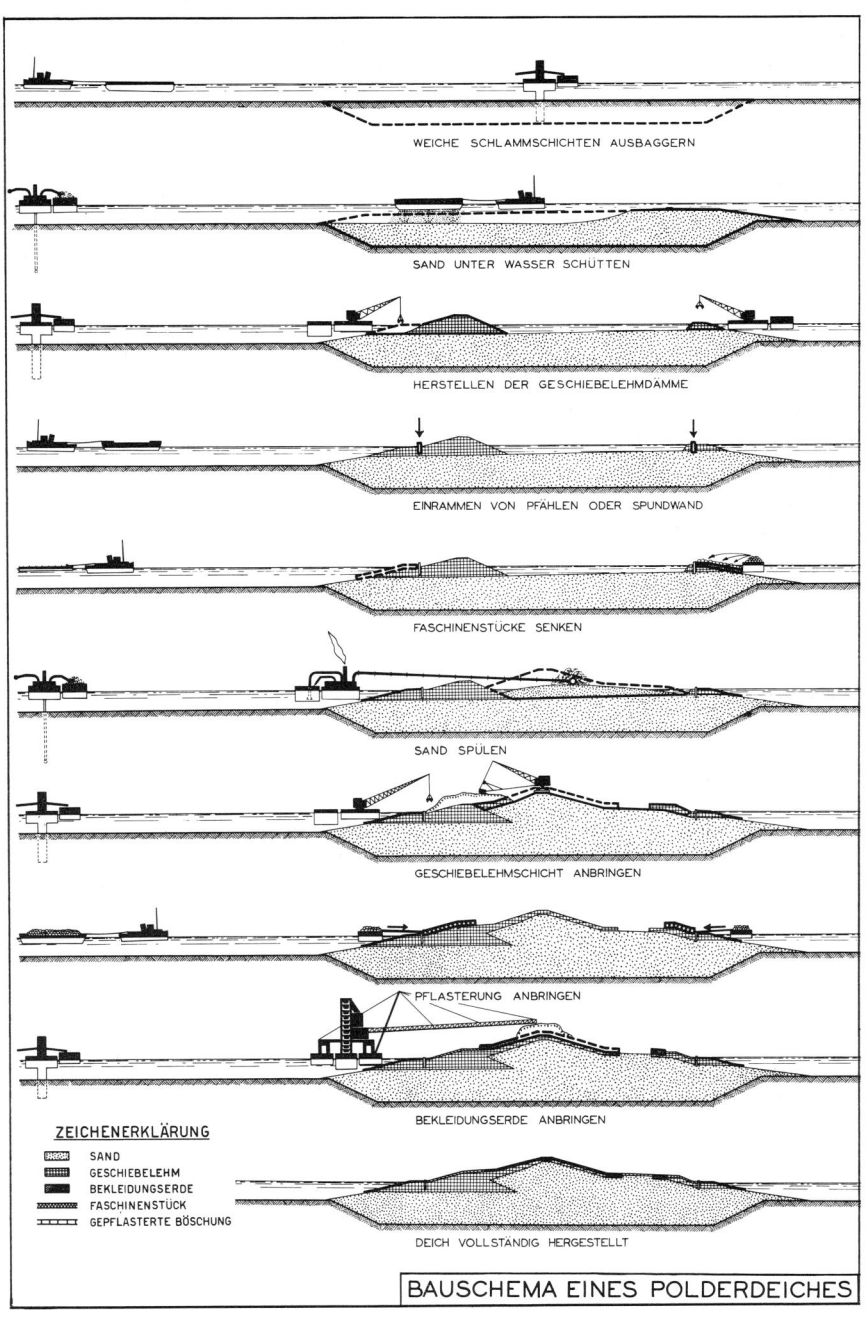

WEICHE SCHLAMMSCHICHTEN AUSBAGGERN

SAND UNTER WASSER SCHÜTTEN

HERSTELLEN DER GESCHIEBELEHMDAMME

EINRAMMEN VON PFÄHLEN ODER SPUNDWAND

FASCHINENSTÜCKE SENKEN

SAND SPÜLEN

GESCHIEBELEHMSCHICHT ANBRINGEN

PFLASTERUNG ANBRINGEN

BEKLEIDUNGSERDE ANBRINGEN

DEICH VOLLSTÄNDIG HERGESTELLT

ZEICHENERKLÄRUNG

SAND
GESCHIEBELEHM
BEKLEIDUNGSERDE
FASCHINENSTÜCK
GEPFLASTERTE BÖSCHUNG

BAUSCHEMA EINES POLDERDEICHES

fein säuberlich entlang der einzelnen Kanäle aufgereiht.

Doch die Windmühlentechnik des 17. Jahrhunderts war noch lange nicht allen Binnengewässern gewachsen. Da aber die Amsterdamer Kaufleute mit den Gewinnen, die sie aus den nordholländischen Polderprojekten erzielt hatten, zufrieden waren, wollten sie sich gar an das 18 000 Hektar große Haarlemermeer heranwagen; getreu ihrer kaufmännischen Devise, die aus dem Überseehandel angehäuften Gewinne dort anzulegen, wo die höchste Rendite winkte. Und das waren damals zweifellos die binnenländischen Polder-Projekte. Hier, am Haarlemermeer, stieß die Windmühlenentwässerungstechnik jedoch an ihre technischen und finanziellen Grenzen. Über 160 Windmühlen wären erforderlich gewesen, um das riesige, zwischen Haarlem und Amsterdam gelegene Binnengewässer trockenzulegen. Das Projekt scheiterte. Erst als im 19. Jahrhundert eine neue Technik, die Dampfkraft, eingesetzt werden konnte, gelang es den Holländern, das Haarlemermeer trockenzulegen. Lediglich drei dampfgetriebene Schöpfwerke waren noch nötig, den See leerzupumpen. Sie arbeiteten von 1849 bis 1852 ununterbrochen. In diesen drei Jahren beförderten sie rund 800 Millionen Kubikmeter Wasser in die Nordsee. Eines davon, das Croquuis-Schöpfwerk, steht in der Nähe von Haarlem heute noch ganz verloren in der Landschaft. Für Interessierte öffnet es als Industrie-Museum täglich seine Pforten. Als dann endlich das Haarlemermeer trockengelegt war – heute starten dort, viereinhalb Meter unter dem Meeresspiegel auf dem Flughafen Schiphol die Jumbo-Jets –, gehörten zwar die wassertransportierenden Windmühlen der

Kinderdijk, das Windmühlendorf bei Rotterdam

Vergangenheit an, aber das Prinzip Polder hatte sich durchgesetzt und bewährt. In über 60 verschiedenen Ländern wird heute die niederländische Poldertechnik angewandt. Über 900 Millionen Hektar fruchtbarer Grund sind auf diese Art und

Weise weltweit gewonnen worden. Das Mutterland der Polder, Holland, wird heute von nachahmenden Nachbarn und überseeischen Polder-Partnern bei der erfolgreichen Anwendung dieses Prinzips überrundet. So haben die Koreaner bereits mehr Land mit Hilfe des Polder-Prinzips gewonnen als die Niederländer selbst. Diese jedoch wagten sich im 20. Jahrhundert an immer kühnere Eindeichungs- und Landgewinnungs-Projekte...

Een Volk dat leeft ...

30 Kilometer lang, 10 Meter hoch und 90 Meter breit. Von Nordholland quer durch die Nordsee schlängelt er sich hin. Zerschneidet das einst zusammenhängende Gewässer in zwei nun völlig unterschiedliche Teile. Schnurgerade, wie ein Strich auf der Landkarte, wie mit dem Lineal gezogen. Ein Deich, der Geschichte machte. Keiner hielt es je für möglich, daß er gebaut werden könnte. Doch schon seit dem ausgehenden Mittelalter lebt er als Phantasiegebilde in den Köpfen vieler Wissenschaftler. Nach der Fertigstellung des Werkes reisten ausländische Ingenieure an, um sich das Bauwerk mit eigenen Augen anzusehen: den Abschlußdeich. Dieser »Afslutdijk«, wie er auf holländisch heißt, hat die ehemalige Zuidersee ein für alle Mal vom Muttergewässer, der Nordsee, abgenabelt, schuf eine Verbindung zwischen Den Oever in Nordholland und Zurich in Friesland, entwickelte sich zu einer wichtigen Verkehrsader des niederländischen Straßennetzes, ermöglichte ein gigantisches Landgewinnungsvorhaben. Befährt man den Deich mit dem Auto, hat man das Gefühl, über das Wasser zu fahren, ein Meer mit dem Auto zu durchqueren.

Heute längst keine Schlagzeilen mehr wert, gehört der Deich doch zu den Mei-

Der Abschlußdeich. Er verwandelte die einst wilde Zuidersee in das ruhige IJsselmeer ▷

Ein Volk, das lebt, baut an seiner Zukunft

58

lensteinen der holländischen Wasserbaukultur. Seit Jahrhunderten beschäftigten sich niederländische Wasserbaukundler mit dem Projekt. Der älteste Plan, die Zuidersee abzuschließen und dann anschließend trockenzulegen, stammt aus dem Jahr 1667 und wurde von Hendrick Stevin entworfen. Doch obwohl die Republik der Vereinigten Niederlande damals, im Goldenen Zeitalter, den Höhepunkt ihrer wirtschaftlichen und politischen Macht erklommen hatte, reichten die technischen Möglichkeiten und finanziellen Kapazitäten noch nicht aus, um dieses kühne Vorhaben in die Tat umzusetzen. Es sollte noch gut 200 Jahre dauern, bis man die Zuidersee tatsächlich in das heutige IJsselmeer umwandeln konnte: Mitte des 19. Jahrhunderts sahen einige große Geister die Zeit für gekommen, das Projekt endlich anzupakken. Mehr oder weniger fachkundige Planer ließen ihrer Phantasie freien Lauf und veröffentlichten eine wahre Flut von Plänen und Vorstellungen, wie denn die Zuidersee einzudeichen sei. Im Jahr 1873 fand dann erstmals auch die niederländische Regierung Geschmack an solchen Vorstellungen. Sie setzte, wie das in der Politik so üblich ist, erst einmal eine staatliche Kommission ein. Diese Kommission sollte die Abtrennung und Trokkenlegung der Zuidersee, die technischen und wirtschaftlichen Probleme, die ein solches Vorhaben mit sich bringen würde, genau untersuchen. Ihre Arbeit wurde nicht unmittelbar vom Erfolg gekrönt, die Regierung stürzte. Die Zuiderseepläne lagen wieder auf Eis.

Doch das Projekt ließ die Niederländer nicht ruhen. Da der Staat sozusagen ausgestiegen war, gründeten einige von ihnen den privaten »Zuidersee-Verein«. Einer der Gründungsmitglieder dieses

Cornelius Lely

Klubs war Cornelius Lely. Sein Entwurf wurde später zur Grundlage der staatlichen Durchführung des »Vorhabens Landgewinnen«. Es dauerte aber noch. Erst als Überschwemmungskatastrophen und Hungersnöte die Niederlande zu Beginn des 20. Jahrhunderts heimsuchen, ist die Zeit reif. Im September 1917 gibt die damalige Königin Wilhelmina mit folgenden Worten grünes Licht für den »Lely-Plan«: »Ich halte die Zeit für gekommen, die Abdämmung und Trokkenlegung der Zuidersee in Angriff zu nehmen. Dadurch wird der Wasserhaushalt der umliegenden Provinzen verbessert, das Staatsgebiet vergrößert und die Zahl der Arbeitsplätze erhöht werden.«

Lely, inzwischen Minister für Wasserwirtschaft, konnte nun alle seine fertigen Pläne aus der Schublade holen und mit einem Stab von Mitarbeitern ans Werk gehen. Zuerst bauten sie einen zweieinhalb Kilometer langen Damm zwischen dem nordholländischen Festland und der Insel Wieringen. Anschließend begannen sie an sechs verschiedenen Stellen gleichzeitig mit dem Hauptwerk: dem 30 Kilometer langen Abschlußdeich. Natürlich waren das genau die Stellen, an denen das Meer nicht allzu tief war. In der Mitte des noch zu bauenden Dammes wurde mit Hilfe eines Ringdeiches ein Stück Land trockengelegt, das als »Werkeiland«, Arbeitsinsel, fungierte. Die Arbeit war nicht leicht, und es gab viele Spötter, die meinten, daß das Vorhaben nie gelingen könnte. Denn je weiter sich Mensch und Maschine vorwärtskämpften und je mehr der Deich dabei wuchs, desto größer wurde die Kraft, mit der sich das Wasser nun bei Ebbe und Flut durch die immer kleiner werdenden Öffnungen zwischen Zuidersee und Nordsee zwängen mußte. Doch die über 5000 Menschen, die regelmäßig an dem gigantischen Projekt beschäftigt waren, leisteten ganze Arbeit. Mit Hilfe riesiger Schwimmkräne schütteten sie immer größere Mengen Lehm auf und trieben

damit den Deichkörper immer weiter vorwärts. Der aufgetürmte Lehm wurde dann mit riesigen, geflochtenen Weidematten gebunden und mit Betonblöcken beschwert, eine Maßnahme, die den Widerstand des Deiches gegen Strömungsgeschwindigkeiten stärkte. Der Deich wuchs Stück für Stück, Meter für Meter, bis schließlich nur noch eine einzige Öffnung übrigblieb. Diese mußte exakt in der Phase des Gezeitenwechsels geschlossen werden, genau dann, wenn die Strömung für einige Zeit stillsteht. Nichts durfte schiefgehen. Am 28. Mai 1932, mittags, zwei Minuten nach ein Uhr, war dieser historische Augenblick gekommen. Die Sirenen von 500 Schiffen heulten. Der Deich war geschlossen. Die vormals wilde Zuidersee gebändigt.

Dort, wo der Deich geschlossen wurde, steht heute ein Denkmal. Es zeigt drei unermüdlich arbeitende Menschen. Über ihren Köpfen steht zu lesen: »Ein Volk das lebt, baut an seiner Zukunft.«

Weidenmatten werden für den Deich geflochten

Wohnen auf dem Meeresgrund

Weit, fast unendlich wirken die neuangelegten Polderlandschaften im heutigen IJsselmeer. Das neugeschaffene Land wird von schnurgeraden Straßen durchzogen, die an jeder Kreuzung rechtwinklig zusammenlaufen. Ein Ergebnis arithmetischer Reißbrett-Planung. Ab und zu steht ganz vereinzelt in der Landschaft ein abgelegener Bauernhof. Auch ihm sieht man an, daß er neueren Ursprungs ist. Funktional gegliedert. Es ist schwierig sich vorzustellen, daß hier auf Flevoland, wo Bäume wachsen und im Sommer die Blumen blühen, noch vor einigen Jahrzehnten bei jedem Sturm die Wellen der Zuidersee brausten, Schiffe kenterten und Menschen ertranken. Heute ist aus dem Wasser Land entstanden. Fruchtbares Land, der Obstgarten der Niederlande. Äpfel, Birnen, aber auch Getreide und Kartoffeln, alles wächst auf dem ehemaligen Meeresboden. Immer mehr Menschen siedeln hier, zwei, drei Meter unter dem Meeresspiegel. Auf einem Landstrich, einer künstlich geschaffenen »Insel« im IJsselmeer. Rund 90 000 Hektar ist Flevoland groß; zusätzliches Siedlungsgebiet für das ansonsten so arg überbevölkerte Holland. Wie entstand dieses Neue Land?

Mit dem Abschließen der Zuidersee war ein Teil des Lely-Plans realisiert: Sicherheit für die dahinterliegenden Gebiete und die dort wohnenden Menschen. Jetzt konnte es weitergehen. In einem zweiten Schritt sollte das durch den Abschlußdeich entstandene gewaltige Binnenmeer größtenteils trockengelegt und dann in fruchtbares Ackerland verwandelt werden. Lely plante, mit Hilfe von fünf großen Poldern insgesamt über 200 000 Hektar Neuland zu gewinnen. Mit dem Wieringermeerpolder im Norden, den Nordostpolder, Ostflevoland, Südflevoland und dem Markerwaardpolder im Südwesten sollte sich die Gesamtfläche der Niederlande um 12 % vergrößern. Und dieses Land hatten und haben die Niederländer bitter nötig. Zum einen mußten viele von ihnen bereits im Ersten Weltkrieg am eigenen Leib feststellen, daß die inländische Nahrungsmittelproduktion bei weitem

Flevoland – auf dem Reißbrett geplant

nicht ausreichte, um sie alle ausreichend zu ernähren. Außerdem waren die Niederlande trotz ihrer Neutralität im Ersten Weltkrieg weitgehend von den damals noch reichlich fließenden Warenströmen aus ihren überseeischen Kolonien abgeschnitten. Das Land hungerte. Und eine solche Hungersnot sollte sich nicht wiederholen. Bis dahin war aber in den Niederlanden noch nie in einem solchen Ausmaß Wasser in Land verwandelt worden, wie Lely dies plante. Um ihr auch für damalige Verhältnisse bereits führendes wasserwirtschaftliches Wissen noch zu erweitern, starteten die

Niederländer 1926 erst einmal mit dem Versuchspolder »Andijk«. Sie wollten auf Nummer Sicher gehen und führten auf Andijk ausführliche Untersuchungen zur Entsalzung und Entwässerung, zur Mikrobiologie und Bodenbestellung, zur Gewächsauswahl und Düngung durch.

Erst nachdem diese Erfahrungen ausgewertet waren, wagten sie sich daran, Teile des riesigen IJsselmeeres trockenzulegen. 1937 begannen sie mit der Trockenlegung des Nordostpolders, der noch während des Zweiten Weltkrieges, 1942, fertiggestellt wurde. 1950 kam Ostflevoland an die Reihe, das nunmehr schon seit 1957 existiert. Und seit 1968 gibt es Südflevoland. Dazwischen lag jedoch noch viel Arbeit. Die Polder mußten trockengelegt werden. Dies geschieht so: Gleich beim Bau des Ringdeiches werden Schöpfwerke errichtet, und noch vor dem Trockenpumpen, also noch unter Wasser, baggern riesige Kräne Kanäle in den Boden des Polders. Diese Kanäle führen zu den Schöpfwerken im Ringdeich, die sich immer an den tiefsten Stellen befinden, so daß das Wasser leicht abfließen kann. Danach müssen gewaltige Wassermengen abgepumpt werden. Allein aus Ostflevoland saugten die Pumpen in neun Monaten insgesamt 1,5 Milliarden Kubikmeter Wasser. Wenn der schlammige Meeresboden erstmals zum Vorschein kommt, gleicht dieser noch eher einer pflanzenlosen Sumpflandschaft als einem Acker. Um die weitere Entwässerung zu beschleunigen und um zu verhindern, daß zu viele Unkräuter wachsen, wird in dem praktisch noch unbegehbaren Polder von Flugzeugen aus Schilf gesät, eine Pflanze, die dem noch von Wasser triefenden Polderboden nach und nach die Feuchtigkeit entzieht. Ist der Boden ganz trokken, wird das Schilf abgebrannt. Erst jetzt können auf dem neugewonnenen Grund Nutzpflanzen angebaut werden. Meist sind dies Weizen und Raps. Alles in allem dauert der Prozeß der Trockenlegung und Nutzbarmachung von neuem Ackergrund heute rund fünf Jahre und wird ausschließlich von staatlichen Stellen durchgeführt und beaufsichtigt. Danach wird das Land auf den Karten der Planer parzelliert – schachbrettartig zerteilt, das typische Bild »Neuen Landes«.

Anscheinend denken die Gehirne von Raum- und Landschaftsplanern heute immer noch rechtwinklig. Diese Parzellen für die künftigen landwirtschaftlichen Betriebe sind zwischen 15 und 40 Hektar groß, je nachdem, was die einzelnen Bauern dann anbauen wollen. Doch nicht jedermann kommt für den Beruf eines Polder-Bauern in Frage, ein Beruf, der auf Grund der äußerst fruchtbaren IJsselmeerböden in den Niederlanden sehr attraktiv ist. Man muß sich schon bewerben und bestimmte Bedingungen erfüllen: Der Prototyp des Polder-Bauern sollte verheiratet, mindestens 25 und höchstens 55 Jahre alt sein und eine bestimmte landwirtschaftliche Ausbildung hinter sich haben. Dies schreibt ein Gesetz vor. Es resultiert aus den Erfahrungen der Polder-Pionierzeiten des 17. Jahrhunderts, ebenso wie folgender Satz, der die Mühen der Landgewinnung beschreibt: »De ene z'n Dood is de ander z'n Brood«, »Des einen Tod ist des andern Brot.«

Inzwischen haben die Niederländer jedoch nicht nur bei der Landvergabe und -bebauung dazugelernt. Der gesellschaftliche Wandel, der sich in den zurückliegenden Jahrzehnten vollzog,

schlug sich auch in einer Veränderung der Polder-Planung nieder. Die von Bürgerinitiativen und Umweltschutzgruppen ausgehende Ökologiebewegung bewirkte einen Bewußtseinswandel in bezug auf das Verhältnis von Mensch und Natur. Wirtschaftswachstum und Wohlstand, Konsum und Überfluß wurden in Frage gestellt. Konzipierte man die IJsselmeerpolder früher ausschließlich als landwirtschaftliche Nutzflächen, so bieten sie heute auch Raum für Erholungs- und Naturschutzgebiete. Auf den Poldern gibt es wieder Gegenden, wo sich Wald, Wasser und Wiesen ungestört entfalten dürfen. Andererseits ist Wohlstand und Überfluß aber auch eine Voraussetzung für das Entstehen und Anlegen neuer Naturschutzgebiete auf den Poldern. Denn als Lely vor nunmehr 100 Jahren das Zuidersee-Projekt plante, herrschte Hunger in Holland. Heute ist in den Niederlanden die Nahrungsmittelknappheit den in der Europäischen Gemeinschaft produzierten Butterbergen und Weinseen gewichen, so daß das neugewonnene Land nicht mehr ausschließlich landwirtschaftlich genutzt werden muß.

So sind an Stelle der ursprünglich geplanten Gehöfte und kleinen Dörfer Städte auf den IJsselmeerpoldern entstanden. Doch nicht jeder hat Lust, auf die gradlinig gezogenen Reißbrettflächen der IJsselmeerpolder überzusiedeln und dort im wahrsten Sinne des Wortes Pionierarbeit zu leisten. Auch heute noch fehlt das Brot, genauer die Broterwerbsmöglichkeiten. Die Haager Regierung ließ sich deshalb etwas einfallen, um Industrie und Arbeitskräfte zu ködern: Jeder Betrieb, der sich in Flevoland ansiedeln will, erhält eine einmalige Prämie von 20 000 Gulden. Und die noch nicht ganz zum Umzug entschlossenen Holländer werden mit vergleichsweise preiswerten Grundstückspreisen auf die Polder gelockt. Der Wunsch nach dem eigenen Häuschen mit Garten ist hier leichter und billiger zu realisieren als anderswo in den Niederlanden. Schließlich soll nach den Plänen der niederländischen Regierung die inzwischen fast 60 000 Einwohner zählende Flevo-Metropole künftig noch weiter anwachsen und zu einem West-Ost-Verkehrsknotenpunkt ausgebaut werden.

Lelystadt – Retortenstadt

Glaubt man den offiziellen Meinungsumfragen, dann fühlen sich die meisten Menschen in Lelystadt sehr wohl. Allerdings wurden diese Umfragen von den staatlichen Stellen in Auftrag gegeben, die die IJsselmeerpolder bewirtschaften, und wer sich heute selbst in diesem auf dem Reißbrett entstandenen Stadtgebilde aufmerksam umsieht, wird feststellen, wie neu, wie unfertig hier noch alles ist. Die Stadt gleicht in manchen Teilen eher einer großen Baustelle als einem städtischen Wohn- und Lebenszentrum. Zu neu, zu frisch sind die Häuser. Stadtviertel, die das Gefühl einer vertrauten Nachbarschaft ausstrahlen, fehlen. 1967 zogen die ersten Menschen hier ein, inzwischen sind es fast 60 000, 120 000 sollen es werden. Sicher gaben sich die niederländischen Architekten Mühe, die Stadt nach ihren Vorstellungen wohnlich und funktional zu gestalten. Sie planten Wohnviertel und Stadtzentren, breite Autostraßen und schmale Fahrradwege. Doch zu einem harmonischen Ganzen ist Lelystadt (noch) nicht zusammengewachsen. Es dominieren in dieser Neuschöpfung aus der Retorte allzusehr die klotzigen Betonelemente und die uferlosen Straßen. Der Besucher hat Mühe, das Zentrum zu finden, und es kann ihm passieren, daß er auf die Frage, wo denn hier die Stadtmitte sei, die Antwort erhält: »Das weiß ich auch nicht, ich wohne erst seit zwei Tagen hier.«

Hat man sich endlich bis Lelystadt-Mitte zu der dortigen Mehrzweckhalle »Agora« durchgefragt, drängt sich angesichts dieses als Bürgerbegegnungs- und Freizeitzentrum geplanten Gebäudes der Gedanke auf, daß so manche Graffiti-Sprüche, wie »Schade, daß Beton nicht brennt«, richtig liegen. Die Stadt strahlt Kälte aus. Doch gerade in den Niederlanden hat man aus städtebaulichen Fehlplanungen bisher immer schneller gelernt als anderswo. Die zahlreichen wegweisenden Stadtbauprojekte der Gegenwart beweisen dies. Und daß in Holland Selbstkritik und das Eingestehen begangener Fehler eine vielgeübte Tugend ist, belegt der folgende Satz eines Stadtplaners, der freimütig bekennt: »Welche Fehler wir gemacht haben, werden wir erst wissen, wenn das gesamte Zuiderseeprojekt abgeschlossen sein wird.« Einige dieser Fehler sind am Beispiel Lelystadt bereits offensichtlich.

Bei der Planung und Realisation der nächsten Stadtgründung auf Flevoland, bei Almere, haben die holländischen Stadtplaner bereits Konsequenzen aus

Almere-Haven. Neue Stadt auf neuem Land

diesen Fehlern gezogen. Geschwungene Grachten, Wohnhöfe, ein geschlossenes, harmonisches Stadtzentrum geben Almere schon ein wesentlich anderes, behaglicheres Profil, lassen dort schon eher Stadt- und Wohnatmosphäre aufkommen. Almere ist noch im Entstehen. Das Stadtbild wandelt sich daher ständig. Mehr und mehr entwickelt sich der junge Ort zu einem Schlaf- und Ausweichzentrum der Hauptstadt Amsterdam. Ein Prozeß, der das Entstehen eines eigenständigen, unverwechselbaren städtischen Flairs nicht gerade begünstigt. Immerhin, Almere ist ein Beispiel dafür, daß die niederländischen Stadt- und Raumplaner lernfähig sind. In architektonischen Fachkreisen zählen sie sowieso schon zur bauplanerischen Avantgarde.

Neues Land – neue Probleme

Lernfähig sind auch die niederländischen Wasserwissenschaftler. Nachdem sie feststellen mußten, daß durch den direkten Anschluß des Nordostpolders an das Festland das dort vorhandene Grundwasser in die niedriger gelegenen Teile des Polders abfließt, veränderten sie die Landgewinnungsplanung. Die Polder-Planer setzten diese Erfahrung um und legten einen breiten Wassersaum um Flevoland. Es erweckt daher bei einem Blick auf die Landkarte den Eindruck, als schwimme es wie eine große Scheibe auf dem IJsselmeer, nur durch sechs Verbindungsseile am übrigen Land festgetäut. Was auf der Landkarte wie Seile erscheint, sind in Wirklichkeit natürlich

Brücken oder Deiche. Sie verhindern, daß aus den umliegenden Provinzen Overijssel und Gelderland Grundwasser zufließt.

Auch die noch anhaltende Diskussion über die bevorstehende Einpolderung des Markerwaardmeeres – es sollte eigentlich schon längst trockengelegt sein – zeigt immer neue Schwierigkeiten und Probleme des ganzen Zuidersee-Projekts auf. Betroffen davon sind vor allem die vielen Fischer an der nordholländischen Binnenküste zwischen Enkhuizen und Monickendam. Nicht genug damit, daß durch den Abschlußdeich und die daraus resultierende Umwandlung der salzigen Zuidersee in das süße IJsselmeer bereits die Fangmöglichkeiten für Sardellen und Heringe und auch die Muschel- und Austernkulturen verlorengingen – nur der Aal hat den Wasserwechsel überlebt –, jetzt soll den noch übriggebliebenen Fischerfamilien in Nord-Holland mit der Einpolderung der Markerwaard auch noch der letzte vorhandene Teil ihres Fischfangreservoirs weggenommen werden. Das würde für viele von ihnen die Vernichtung ihrer Existenz bedeuten. So ist es nicht weiter verwunderlich, wenn man überall in den nordholländischen Fischerdörfern am IJsselmeer zwischen Enkhuizen und Monickendam die Parole hört: »Open Markerwaard is goud waard.« (Das offene Markerwaardmeer ist Gold wert.)

Auch die Fischer des ehemaligen idyllischen Zuidersee-Inselchens Urk sahen sich nach der Vollendung des Abschlußdeiches und dem Verlust ihrer Insellage durch die Einverleibung in den Nordostpolder in ihrer Existenz bedroht. Sie fanden einen Ausweg, indem sie sich in Zusammenarbeit mit der niederländischen Regierung neue Fanggründe in der Nordsee zuweisen ließen. Die Neuorientierung hatte Erfolg. Heute liegt im Hafen der Ex-Insel Urk die zahlenmäßig größte Fischfangflotte der Niederlande. Sie läuft regelmäßig durch die Schleusen des Abschlußdeiches aus, um mit gefüllten Netzen aus der Nordsee zurückzukehren.

Trotz all dieser Schwierigkeiten und Probleme halten die in den letzten Jahren häufig wechselnden Haager Regierungen bisher alle an der ursprünglichen Zielsetzung des alten Lely-Planes fest. Sie wollen das Markerwaardmeer unbedingt noch einpoldern lassen. Neues Land lockt. Dabei verfahren sie getreu nach den alten Lely-Plan-Prioritäten des Zuidersee-Projekts, das Schutz vor Überschwemmungen, Landgewinnung und eine höhere Nahrungsmittelproduktion gewährleisten sollte. Das erste Ziel wurde durch den Abschlußdeich zweifellos

Protest gegen die weitere Einpolderung des IJsselmeeres

MARKERWAARD VAN DE KAART !

Urk

erreicht: Die Menschen, die auf den ans IJsselmeer angrenzenden Gebieten wohnen, leben jetzt sicher. Sogar der gewaltigen Sturmflut von 1953 hat der Abschlußdeich standgehalten. Aber über die zweite und dritte Priorität des Lely-Plans kann man angesichts der gegenwärtigen ökonomischen und ökologischen Krise sicher streiten, wie das Beispiel von Lelystadt – der Stadt, die den Namen des Erfinders trägt – beweist. Diese Ziele sind inzwischen zumindest fraglich geworden, wenn nicht gar durch veränderte Grundbedingungen überholt. Warten wir also ab, welche holländische Antwort wir auf die Markerwaardfrage erhalten. Noch ist alles offen.

Krämerseelen und Handelsstrategen

Es soll ja Leute geben, die behaupten, daß die calvinistisch-kühlen Holländer nicht so leicht in Rage zu bringen sind. Sie täuschen sich – gewisse Themen sorgen sogar in Holland für einigen Zündstoff. Zu diesen Themen gehören religiöse Fragen, das Königshaus und alles, was damit zusammenhängt, und natürlich, wie sollte es anders sein, das liebe Geld. Letzteres vor allem dann, wenn es knapp wird – und knapp ist es zur Zeit: In den privaten wie in den öffentlichen Kassen herrscht Ebbe. Der auch in den Niederlanden in den sechziger Jahren mit Reformoptimismus ausgebaute Versorgungsstaat, der für jeden und alles zu sorgen hat, ist in die Krise geraten. Zweistellige Arbeitslosenzahlen, Firmenpleiten noch und noch, Kaufkraftschwund. Das sind die Symptome. Der wirtschaftliche Strukturwandel hat auch Holland erfaßt.

Wie in anderen westlichen Ländern auch, stehen sich in den Niederlanden zwei konträre Problemlösungsstrategien gegenüber. Sie entsprechen nicht zufälligerweise auch den großen gesellschaftspolitischen Blöcken. Hier Sozialdemokraten, dort Konservative. Auf der einen Seite Beschäftigungsprogramme und Arbeitszeitverkürzung, auf der anderen Seite Sparprogramme und angebotsorientierte Wirtschaftspolitik. Die holländische Formel für dieses gesamtgesellschaftliche Sparen lautet: »iedereen moet inleveren.« Jeder muß seinen Teil beitragen, etwas abgeben. Spötter sprechen von einer Sparwut, die sich so langsam in ganz Holland ausbreitet und von der nach und nach alle privaten und öffentlichen Haushalte erfaßt werden; die in den Niederlanden so vorbildlich ausgebauten Sozialgesetze sind in Gefahr, das soziale Netz soll so nach und nach zerschnitten oder zumindest grober geknüpft werden. Ob an und für sich vorbildliche Sozialgesetze, Vergünstigungen wie beispielsweise der »Minimumjeugdloon« – ein garantierter, vom Alter abhängiger Mindestlohn für jeden niederländischen Auszubildenden – beibehalten werden können, das ist die große Frage.

Dabei stellt sich die Ausgangslage der holländischen Wirtschaft gar nicht so schlecht dar. Gestützt auf die riesigen Erdgasvorräte, die erst Mitte der sechziger Jahre im Norden des Landes und in der Nordsee ausfindig gemacht wurden, kann die niederländische Ökonomie auf einen eigenen soliden Energieträger zurückgreifen. Man rechnet damit, daß auf niederländischem Territorium noch mindestens 2500 Milliarden Kubikmeter Gas zu fördern sein werden – Optimisten gehen noch weiter und schätzen die gewaltigen Gaslager, die zu den größten bekannten Vorkommen auf der Welt gehören, auf sage und schreibe 2,4 Billionen Kubikmeter. Wer auch immer recht haben mag, bis zum Jahre 2050 werden die Gasvorräte mindestens reichen. Solange können die drei großen Gasförderer, die staatliche Gasunie, der Chemiekonzern DSM (Dutch State Mines) und die NAM (Nederlandse Aardoliemaatschappij) der Zukunft gelassen entgegensehen, exportieren und abkassieren.

Aber auch andere wichtige Zweige der niederländischen Wirtschaft florieren – trotz Strukturkrise und wirtschaftlichem Wandel. Der weitverzweigte niederländische Lebensmittelindustriekomplex mit dem Giganten Unilever an der Spitze versorgt Großhandel und Endverbraucher im In- und Ausland. Obwohl nur noch rund 5 % aller in Holland arbeitenden Menschen auf dem landwirtschaftlichen Sektor tätig sind (nach dem Ende des Zweiten Weltkriegs waren es noch etwa 25 %) und die Fischerei immer mehr an Bedeutung verliert, sind die holländischen Exportzahlen für Landwirtschaftsprodukte beeindruckend. Positivsalden von bis zu 15 Milliarden Gulden, aus dem Handel mit landwirtschaftlichen Produkten resultierend, sind in der holländischen Handelsbilanz bei weitem keine Seltenheit. Mit einem Exportvolumen von fast 50 Milliarden Gulden ist dieser Wirtschaftszweig zur tragenden Säule des niederländischen Wohlstands geworden. Über 10 % des Sozialprodukts werden in diesem Bereich erarbeitet. Zahlen, die sich sehen lassen können.

Die Niederländer waren und sind seit eh und je eine Handelsnation. Im 17. Jahrhundert beherrschten sie die Meere und Weltmärkte, und auch heute gehören sie wieder zu den tonangebenden europäischen Industrieländern. Denn über die Hälfte des holländischen Sozialprodukts wird aus Gewinnen in den weitverzweigten Handelsgeschäften erwirtschaftet, kommt aus den Erlösen dieses Sektors. Die Niederländer waren und sind immer Krämerseelen und Handelsstrategen zugleich. Sparsamkeit im kleinen und ökonomisches Kalkül im großen Stil begünstigen, zusammen mit der hervorragenden geopolitischen Lage, die holländischen Handelsoffensiven auf vielen Gebieten. Mit Blick auf den gemeinsamen europäischen Markt nach 1992 gründeten niederländische Unternehmen strategische Allianzen oder gingen Fusionen ein. Besonders spektakulär war beispielsweise der Zusammenschluß der beiden führenden Banken, der Algemene Bank Nederland (ABN) und der Amsterdam-Rotterdam-Bank (Amro), zur ABN-Amro-Holding NV, die ein größeres Geschäftsvolumen als die Deutsche Bank aufweisen kann.

Zu den vier ganz Großen der niederländischen Wirtschaft gehört die Royal Dutch/Shell, die innerhalb eines Jahrhunderts zum größten Öl- und Energiekonzern der Welt aufstieg. Einen Fehlschlag mußte das Paradepferd der niederländischen Elektronik, die Philips Electronics NV in Eindhoven, die aus einer kleinen Glühlampenfabrik hervorging, einstecken. Bei dem Unterfangen zusammen mit Siemens und der französischen SGS-Thomson eine europäische Offensive gegen die japanische Überlegenheit auf dem High-Tech-Gebiet und insbesondere der Mikroelektronik zu starten, ging den Holländern Ende der achtziger Jahre plötzlich die Puste aus. Philips hatte sich übernommen. Das Unternehmen stieg aus dem gemeinsamen europäischen Forschungsprojekt aus und begann sich grundsätzlich neu zu orientieren. Die Philips-Misere schockte ganz Holland. Massenentlassungen waren unvermeidlich; rund 60 000 Stellen mußte das Unternehmen 1990/91 weltweit abbauen.

In der Entwicklung der niederländischen Multis – vom kleinen Lädchen zu internationalen Giganten – liegt ein klares Indiz für den sich in Holland vollziehenden wirtschaftlichen Wandel. Das Land wurde innerhalb eines Jahrhunderts von der vorwiegend landwirtschaftlich strukturierten Enklave im Westen Europas zu einem der modernsten und wohlhabendsten westlichen Industriestaaten.

Die enorme Produktivitätssteigerung, vor allem in der Landwirtschaft, die auf der industriellen Produktionsweise beruht, fordert auch in Holland einen hohen Preis für den »Fortschritt«. In den zurückliegenden Jahren verging fast kein Quartal, in dem nicht ein aufsehenerregender Umweltskandal aufgedeckt wurde. Ganze Landstriche

in der Nähe von Rotterdam sind durch chemische Ablagerungen völlig verseucht. In Lekkerkerk und anderswo mußten Menschen evakuiert, neugebaute Häuser abgerissen, der verseuchte Grund abtransportiert werden. Ähnliche Kritik trifft auch die industriell arbeitende Landwirtschaft, die mit Kunstdünger nicht gerade zimperlich umgeht. Auch die berühmten holländischen Hähnchen sind größtenteils in Legebatterien und Mastkäfigen eingesperrt und werden so schnell wie möglich zum Verkauf und Verbrauch hochgepäppelt. Unter dem Druck sozialer Bewegungen, Umweltschutzgruppen und Bürgerinitiativen beginnt man aber auch in den Niederlanden umzudenken. Die Bio-Food-Bewegung wächst. Von den Atomenergieprojekten scheint sich die niederländische Regierung ganz verabschieden zu wollen. Nach der Nichtinbetriebnahme des Schnellen Brüter in Kalkar wird der niederländische Staat voraussichtlich Schadensersatzansprüche in Milliardenhöhe gegenüber der deutschen Betreibergesellschaft erheben. Inzwischen wird die Entwicklung alternativer Energien, vor allem von Wind und Sonne, massiv gefördert. Das Land kann sich solches Experimentieren auch mit Muße leisten. Immerhin sitzt man in Holland ja noch auf einer riesigen Gasblase, die man bei Bedarf beliebig anzapfen und ausbeuten kann. Die Niederländer wissen das zu schätzen. Von »unserem Gas« wird überall im Lande gesprochen. In gewisser Weise ist dieses Gas heute schon eine Art niederländisches Tischlein-deck-Dich. Und aufgrund dieser Ausgangs- und Rohstoffsituation ist es nicht weiter verwunderlich, daß die Niederlande – trotz der Rezession in den achtziger Jahren – zu den wirtschaftlich stabilsten Ländern Europas zählen.

Die Geschichte der »Königlichen«

»Wenn ein Unternehmen schon in seiner embryonalen Phase wie kein anderes dazu vorherbestimmt war, sich zu einem echten Multinational zu entwickeln, dann war das die Königliche«. Mit diesem selbstbewußten Satz leitete die niederländische Royal Dutch/Shell-Gruppe, im Volksmund und unter Börsianern nur die »Königliche« genannt, einen Essay über die Entwicklungsgeschichte des Konzerns ein, der 1990 sein hundertjähriges Jubiläum feierte. Die Königliche hatte in der Tat allen Grund zum Feiern, denn ihre Geschichte ist eine einzige Erfolgsstory. Auch wenn hie und da Rückschläge nicht ausblieben, Royal Dutch/Shell hat sie immer gemeistert. Und wie!

Der Gruppe gelang es zwischen 1985 und 1990 den amerikanischen Erzkonkurrenten Exxon, der ihr immer eine Nasenlänge voraus gewesen war, glatt zu überrunden. Geradezu auf den Rang verwiesen wurde Exxon von der Königlichen dann 1989. Während der niederländische Konzern den stolzen Reingewinn von sage und schreibe 6,5 Milliarden US-Dollar (rund 13 Milliarden Mark) vorweisen konnte, blieb das Exxon-Ergebnis bei 3,5 Milliarden US-Dollar stecken. Royal Dutch/Shell hatte fast doppel soviel verdient wie Exxon und war das bestrentierende Unternehmen der Welt. Fairerweise erwähnt werden muß jedoch, daß Exxon 1989 wegen des Tankerunglücks der Exxon Valdez vor Alaska rund 1,7 Milliarden US-Dollar für kommende Schadensersatzansprüche zurückstellte.

Auch die Ölkonkurrenten British Petroleum (BP) und Mobil Oil wurden von Shell klar deklassiert, so daß der Multi nun eine dominierende Stellung im Ölgeschäft einnimmt. Die Königliche ist inzwischen der größte Benzinlieferant in den USA, beschäftigt weltweit rund 135000 Mitarbeiter, ist in 100 Ländern der Erde präsent und überschritt bei den Umsätzen Anfang der neunziger Jahre erstmals die 100 Milliarden-Dollar-Grenze. In der Umsatzstatistik wird die Royal Dutch/Shell-Gruppe nur noch von General Motors übertroffen.

Dabei hätte nicht viel gefehlt und der heute führende Öl-, Gas- und Chemiekonzern der Welt, wäre nie gegründet worden. Denn als der friesische Bauernsohn Aeilko Jans Zijlker aus Liebeskummer in den sechziger Jahren des letzten Jahrhunderts seine niederländische Heimat verläßt, um in der holländischen Kolonie Niederländisch-Indien – dem heutigen Indonesien – sein Glück zu versuchen, will dem Friesen zunächst niemand Geld leihen. Zijlker war auf die für damalige Zeiten recht ausgefallene Idee gekommen, in Niederländisch-Indien nach Öl zu bohren. Ein Vorhaben, das die reichen Finanziers in Amsterdam als nicht gerade lukrative Geldanlage ansahen. Doch der Friese läßt nicht locker. Schließlich schafft er es, sich in der Kolonie selbst rund 25000 Gulden zusammenzupumpen und beginnt bei dem Dörfchen Telaga Toengal mit den Bohrungen. Er wird fündig; das schwarze Gold sprudelt. Nun wittern auch die Amsterdamer Finanziers das große Geschäft in Indonesien. Am 18. April 1890

gründet Zijlker in Amsterdam die »Koninklijke Nederlandse Maatschappij tot Exploitatie von Petroleumbronnen in Nederlandsch-Indie«. Selbst der niederländische König Wilhelm III. ist bei der Gründungszeremonie der Königlichen in Amsterdam mit von der Partie. Er soll sich ein fünfprozentiges Aktienpaket in Royal Dutch gesichert haben, das sich vermutlich noch in Händen des Königshauses – und damit heute von Königin Beatrix – befindet.

Von nun an geht es nur noch bergauf mit der Königlichen. Nach dem Tod von Zijlker und dem Interimspräsidenten August Kessler übernimmt um die Jahrhundertwende Henri Wilhelm Deterding die Führung des Unternehmens. Er forciert den weltweiten Ausbau und geht auch dem Konkurrenzkampf mit John D. Rockefeller und seiner Standard Oil in den USA nicht aus dem Weg. Um gegen den Amerikaner bestehen zu können, wird auf Initiative von Deterding 1907 ein europäischer Verbund – Joint Venture würde man heute wohl sagen – ins Leben gerufen: Royal Dutch schließt sich mit der britischen Shell Transport and Trading Company und dem französischen Handelshaus Rothschild zusammen, um Rockefeller Paroli bieten zu können. An den damals festgelegten Besitzverhältnissen: 60 % erhielten die Niederländer, 40 % die Briten, hat sich bis heute nichts geändert.

Nach der Fusion erlebt der neue Multinational einen geradezu kometenhaften Aufstieg. Das Unternehmen war längst zum Lieblingskind der Anleger in aller Welt geworden, denn kurz vor dem Zusammenschluß – also 1906 – schüttete die Königliche 73 % ihres Reingewinns in Form von Dividenden an die Aktionäre aus. Zwar ist die Pay-out-Ratio heute

wesentlich geringer, die wohl einmalige Reputation von Royal Dutch/Shell bei den Anlegern ist jedoch ungebrochen. Schließlich hat der Konzern in seiner hundertjährigen Geschichte nie die Dividende gekürzt.

Was ist das Erfolgsgeheimnis von Royal Dutch/Shell? »Man muß flexibel sein und schnell auf die sich verändernden politischen, wirtschaftlichen und technischen Veränderungen reagieren«, antwortet Lodewijk van Wachem, der Präsident des Konzerns, auf diese Frage. Von großem Vorteil sei auch die »dezentrale Organisation« des Unternehmens. So der oberste Shell-Lenker, der das in dieser Kombination weltgrößte Öl-, Gas- und Chemie-Imperium von der Carel van Bylandtlaan in Den Haag aus seit 1982 regiert. »Außerdem«, gibt van

Wachem zu bedenken, »wird bei uns langfristig geplant.« Unternehmensstrategische Entscheidungen über Zeiträume von zehn, 20 oder gar 50 Jahren seien manchmal zu treffen. »Was Shell an die absolute Spitze gebracht hat, waren die Ölkrise Anfang der siebziger Jahre und die heimischen Gasvorkommen in Groningen«, meint dagegen der Wirtschaftswissenschaftler Professor Peter Odell von der renommierten Rotterdamer Erasmus Universität. »Shell hatte trotz der Ölkrise eine positivere, optimistischere und aggressivere Einstellung als Exxon. Während Exxon die Investitionen in der Krise drosselte, wurden sie bei Shell erhöht. Das zahlte sich dann aus, als die Ölkrise vorbei war.« Royal Dutch/Shell profitiert noch heute von dieser historischen Weichenstellung.

Holland – die Idylle hat Schattenseiten

DIOXIN IN DER MILCH – BLEI IM VIEHFUTTER – VERSEUCHTES
TRINKWASSER – GIFTSCHIFF VOR NORDSEEKÜSTE GESUNKEN –
KÜSTENEROSION INFOLGE DES TREIBHAUSEFFEKTS

Das sind nur einige der Schlagzeilen, mit denen die Niederländer in letzter Zeit
konfrontiert wurden. »Holland«, so urteilte eine von der Haager Regierung eingesetzte Umweltkommission, »ist eines der am meist verschmutzten Länder Europas.«
Das weitverbreitete typische Holland-Klischee von friedlich grasenden Kühen auf
sattgrünen Weiden, gemächlich rotierenden Windmühlen, emsigen Bauern, die auf
Holzschuhen über Grachten hüpfen, ist damit endgültig dahin. Das Land und viele
seiner 15 Millionen Einwohner erlitten einen regelrechten Umweltschock.

Während in einigen anderen europäischen Ländern, etwa der Bundesrepublik
Deutschland oder Belgien, Anfang der achtziger Jahre Umweltschutzparteien unter
dem Etikett »Grüne« antraten und den Umweltschutz zu einem Politikum machten,
rührte sich in Holland in dieser Hinsicht lange Zeit nichts. Die ökologisch orientierten Wähler wurden zunächst weitgehend von den traditionellen Parteien, insbesondere den linksliberalen Demokraten '66 absorbiert.

Erst als sich die Hiobsbotschaften und Umweltkatastrophen immer mehr häuften,
und infolge dessen ein radikaler Wandel im Bewußtsein der Bevölkerung einsetzte,
erkannte auch die Haager Regierung das Problem und die Brisanz des Umweltschutzes. Die großen Volksparteien, der Christdemokratische Appell (CDA) und die
Partei der Arbeit (PvdA), wetteifern seitdem darum, sich als die beste Umweltschutz-
partei zu profilieren. Ökologische Fragen sind zu einem der wichtigsten Themen der
niederländischen Politik überhaupt geworden. Anfang Mai 1989 stürzte die damals
amtierende Mitte-Rechts-Regierung über eine strittige Frage in der Umweltpolitik.
Und in dem Ende 1989 veröffentlichten Regierungsprogramm der neuen Haager
Mitte-Links-Koalition aus CDA und PvdA nimmt der Umweltschutz eine zentrale
Stellung ein. Es beginnt vielen Niederländern zu dämmern, daß sie in einem Land mit
einer Bevölkerungsdichte von rund 400 Menschen pro Quadratkilometer nur überle-
ben können, wenn bei allen Entscheidungen die ökologische Komponente berücksichtigt wird. Aus diesem Bewußtsein heraus ist die niederländische Regierung auf
europäischem Niveau – insbesondere in der EG – in letzter Zeit zu einem der rigoro-
sesten Vertreter des Umweltschutzes geworden. Aber nicht nur deshalb – mit dem
Thema Umwelt lassen sich heute nämlich auch Wählerstimmen gewinnen.

Seit eh und je haben die Niederländer ein besonderes Verhältnis zum Wasser. Fast
zwei Drittel des von ihnen bewohnten Landes, das in einem Jahrhunderte während en
Kampf der Nordsee abgerungen wurde, liegen unter dem Meeresspiegel; fast ein
Viertel des niederländischen Territoriums sind Wasserflächen. Wasser, das war
immer Bedrohung und Herausforderung zugleich. So illustrieren die folgenden beiden Beispiele – Trinkwasserversorgung und Küstenschutz – besonders treffend die
prekäre Umweltsituation in den Niederlanden.

Daß in dem wasserreichen Land Trinkwasser einmal knapp oder seine Gewinnung schwierig werden könnte, hielt vor Jahren noch kaum jemand für möglich. Jetzt droht diese Situation einzutreten. BENTAZON IM AMSTERDAMER TRINK-WASSER: Eine Schlagzeile, die die Niederländer aufschreckte. Das Pflanzenvertilgungsmittel war von einem deutschen Chemieunternehmen in den Rhein abgelassen worden, der das wichtigste Trinkwasserreservoir für die niederländische Hauptstadt darstellt. Das Gift kann nur von teuren Kohlefiltern absorbiert werden, die bisher von den Trinkwasserbetrieben und Wasserwerken in den Niederlanden nicht eingesetzt wurden. Und gerade die Niederlande bekommen als Schlußlicht all den Dreck ins Land, den der Rhein auf seinem Lauf von Basel bis Rotterdam in die Nordsee transportiert. Aber nicht allein die Industrie auch die Landwirtschaft trägt einen nicht unwesentlichen Teil zur Trinkwasser-Problematik in den Niederlanden bei. Durch die intensive Massentierhaltung – das geographisch kleine Holland ist einer der größten Fleischexporteure der Welt – und die daraus resultierende jahrelange Überdüngung der Felder sind heute weite Teile des Grundwassers verseucht. Experten suchen derzeit intensivst nach einem Ausweg aus diesem Dilemma. Geplant sind für die Zukunft Gülleverarbeitungsfabriken, die den Dung trocknen, entgiften und als umweltfreundliches Dünge- oder Futtermittel wieder aufarbeiten sollen. Den Prototyp einer solchen Anlage haben niederländische Wissenschaftler auf dem Papier bereits entworfen und wollen ihn möglichst bald in der Praxis erproben. Hieran zeigt sich, daß der ökologische Sektor neuen Industriezweigen ein enormes Wachstumspotential öffnet. Außer der Verschmutzung durch Industrie und Landwirtschaft stellt sich in den Niederlanden zusätzlich das Problem der zunehmenden Versalzung der Binnengewässer. Anfang der neunziger Jahre forderten die Trinkwasserbetriebe der Provinz Nordholland PWN von der Haager Regierung eine zusätzliche Finanzspritze in Höhe von umgerechnet 30 Millionen Mark, um die immer stärker werdende Versalzung des IJsselmeers – größtes Trinkwasserreservoir des Landes – eindämmen zu können. Und Entsalzung (Hyperfiltration) ist eine extrem teure Angelegenheit.

Aufgrund der wachsenden Umweltverschmutzung werden immer aufwendigere und kostenintensivere Techniken zur Säuberung und Aufbereitung des Wassers nötig. »Wir gehen davon aus«, so ein Sprecher der Vereinigten Trinkwasserbetriebe der Niederlande Vewin, »daß sich der Trinkwasserpreis in den kommenden zehn bis 20 Jahren mindestens auf etwa 3,50 Gulden je Kubikmeter verdoppelt.« Jährlich fließen aus niederländischen Wasserhähnen rund 1,2 Milliarden Kubikmeter Trinkwasser für die 15 Millionen Einwohner des Landes. Und Niederländer drehen den Wasserhahn noch immer regelmäßig auf, um einen kühlen Erfrischungsschluck zu nehmen. In der Umweltpolitik der Haager Regierung nimmt die Sicherstellung der Trinkwasserversorgung deshalb auch eine zentrale Rolle ein. »Trinkwasser ist so wichtig, daß es gut und in genügendem Maße vorhanden sein muß«, lautet die Maxime. Vor allem die Reduzierung der intensiven Massentierhaltung und die Wiederbelebung des Ökosystems Rhein werden als künftige Prioritäten genannt.

Die langfristig elementarste Bedrohung für die Niederlande ist allerdings der aus dem Treibhauseffekt resultierende Anstieg des Meeresspiegels sowie die damit einhergehenden häufiger zu erwartenden Sturmkatastrophen. Bereits jetzt hat die Nordsee vielerorts zu einem Großangriff auf die holländischen Küsten angesetzt. Das Meer versucht sich das mühsam erkämpfte Land zurückzuholen. Die Watteninsel Texel beispielsweise hat 1989 durchschnittlich zwölf Meter Küste verloren. Die Bewohner fürchten vor allem die Novemberstürme, die ihre Dünen fortreißen. Durch die Erwärmung der Erdatmosphäre, so haben Wissenschaftler errechnet, wird der Meeresspiegel in den kommenden Jahren voraussichtlich zwischen 35 und 85 Zentimeter ansteigen. Eine Horrorvision für jeden Niederländer, denn Großstädte wie Amsterdam, Rotterdam oder Den Haag sind von den Wassermassen unmittelbar bedroht. Schon heute sorgen zahlreiche rund um die Uhr arbeitende Pumpstationen, daß das Land trocken bleibt. Die Gefahr, in der die Niederlande schweben, verdeutlicht ein Rückblick: Stieg der Meeresspiegel nach Angaben des niederländischen Ministeriums für Wasserwirtschaft in den letzten 2000 Jahren durchschnittlich nur um fünf Zentimeter in 100 Jahren, wird nun für den gleichen Zeitraum ein Anstieg von bis zu einem halben Meter oder mehr prognostiziert.

Ganze Expertenstäbe arbeiten im Haager Wasserwirtschaftsministerium fieberhaft daran, eine neue wirksame Strategie zur dauerhaften Verteidigung der niederländischen Küstenlinie zu entwerfen. Vor dem Hintergrund der heutigen Situation, in der

Mühsam ist der Kampf gegen das Meer

die Hälfte der niederländischen Nordseeküste als »gefährdet« eingestuft wird, diskutieren diese Experten drei Lösungsvarianten: Variante eins, der geordnete Rückzug, hieße, die Nordsee an Stellen vordringen zu lassen, an denen sie für das Deichsicherungssystem und die dahinter lebenden Menschen keine Bedrohung darstellt. Variante zwei, die selektive Verteidigung der Küstenlinie, bedeutete, den Küstenschutz nur dort zu verstärken, wo er am allernötigsten ist. Variante drei sieht die offensive Verteidigung der heutigen Küstenlinie vor. Welche Variante ausgeführt werden wird, ist noch unklar. Ihre Realisierung ist eine Frage des Geldes. Für die Durchführung des selektiven Küstenschutzes, so haben die Wissenschaftler errechnet, wären jährlich bis zum Jahr 2000 mindestens 45 Millionen Gulden nötig. Die Ausführung von Variante drei würde 60 Millionen Gulden pro Jahr verschlingen.

Die Politiker haben die Probleme erkannt und wollen, so sagen sie, entsprechend handeln. Der von der inzwischen abgelösten Haager Mitte-Rechts-Regierung 1989 präsentierte »Nationale Umweltschutzplan 2010 (NMP): Handeln oder untergehen«, gilt als einer der ehrgeizigsten, den eine europäische Regierung bisher ausarbeiten ließ. Dennoch kritisieren führende niederländische Umweltschutzorganisationen den NMP als »unzureichend«. Fest steht aber: Sollte er in dieser Form in Zukunft tatsächlich realisiert werden, wird das zu einschneidenden Veränderungen in der holländischen Industrie ebenso wie im Alltag vieler Niederländer führen. Gefordert wird darin unter anderem die Verringerung der schädlichen Emissionen, hauptsächlich der Fluorchlorkohlenwasserstoffe (FCKW), bis 1994 um 70 bis 90 %. Ferner werden rigorose Energiesparmaßnahmen als unverzichtbar angesehen, wird eine drastische Veränderung im Konsumverhalten der Bürger als notwendig erachtet, werden selbst Produktionsverbote für bestimmte Industriezweige, die als Hauptverschmutzer angesehen werden, zur Diskussion gestellt. »Im Prinzip«, kann man in dem Nationalen Umweltschutzplan lesen, »sei nicht nur vieles notwendig, sondern auch vieles machbar. Die Gretchenfrage laute jedoch: Ist es auch finanzierbar?« Als Antwort darauf skizziert der NMP drei Möglichkeiten: Würde man im Umweltschutz so weitermachen wie bisher, was nach Ansicht der Haager Regierung nicht ausreichend wäre, würden jährlich für Umweltschutzmaßnahmen rund sieben Milliarden Gulden anfallen. Eine Summe, die sich bis zum Jahr 2010 auf rund 20 Milliarden Gulden pro Jahr erhöhen wird. Für die Durchsetzung und Finanzierung der radikalen Verringerung schädlicher Emissionen durch den Einbau teurer Filteranlagen und Produktionsverbote müßten bis zum Jahr 2010 jährlich rund 20 bis 30 Milliarden Gulden aufgebracht werden. Das sind über 3 % des niederländischen Bruttosozialprodukts. Für den Versuch, die Umweltkrise strukturell, also auch international, anzupacken und zu lösen, was eine radikale Veränderung bestimmter industrieller Produktionsprozesse aber auch der Lebensweise vieler Menschen nach sich ziehen müßte, wären jährlich rund 55 Milliarden Gulden in den Umweltschutz zu investieren. Abgerechnet werden sollen diese Kosten nach dem Verursacherprinzip. Im Klartext: der Autofahrer muß ebenso zur Kasse gebeten werden wie die Industrie. Für jeden Haushalt in Holland werden, entschied man sich für die erste Option, in Zukunft jährlich Mehrkosten von 360 Gulden entstehen. Ein Finanzopfer, so meinen die meisten Politiker, das jedem Bürger durchaus zuzumuten ist.

Ein Besuch in Staphorst

»Ein Holländer ist ein Theologe,
zwei Holländer gründen eine Kirche,
drei Holländer spalten die Kirche!«

Sie stehen da, wie aus dem Ei gepellt, die Staphorster Bauernhöfe. Zwei, drei Kilometer längs der Hauptstraße aneinandergereiht und farbenprächtig – weiß, grün, blau – herausgeputzt. Staphorst, ein Dorf zwischen Meppel und Zwolle, ist ein besonderes Dorf. Das künden nicht nur die gepflegten Höfe und Häuser. Was dem Besucher hier noch gleich auffällt, sind die wehenden Trachtenröcke der Frauen, die Monturen der Männer, die Zöpfe der Mädchen. Die Mehrzahl der Staphorster Bürger legt noch tagtäglich Tracht an. Doch nicht nur in dieser Hinsicht ist Staphorst ein besonderes Dorf.

Mitte der siebziger Jahre war es bereits in die Schlagzeilen der Weltpresse geraten. Damals wütete in Staphorst eine Polio-Epidemie, und die Eltern weigerten sich, ihre Kinder impfen zu lassen. Ihr Glaube verbot es ihnen. Staphorst ist eine der vielen calvinistischen Gemeinden, die im 16. Jahrhundert während der Reformation entstanden. Entsprechend ihrer pietistisch-puritanischen Tradition legen sie die Bibel äußerst streng aus und werden daher als »orthodox« bezeichnet. Diese Orthodoxie brachte die Staphorster oft in den Ruf, einer engstirnigen Bibelexegese zu huldigen.

Denn zur Lektüre der Heiligen Schrift ist in Staphorster Kirchenkreisen nur die erste im 15. Jahrhundert in niederländischer Sprache erschienene Bibelübersetzung zugelassen. Keine Neubearbeitung, kein Katechismus oder andere, abweichende Interpretationen sind erlaubt. Wenn daher der »Dominee«, der Pfarrer, sagt, daß die Menschen ihr Schicksal, Krankheit und Tod als einen unbeeinflußbaren, gottgewollten Schöpfungsakt und -ablauf hinnehmen müssen, so ist dies gültiges Staphorster Gesetz. Kritiker aus anderen Kirchen sehen in solch einem Credo durchaus einen gewissen Fatalismus, da nach Staphorster Auffassung der Mensch nicht befugt ist, in diesen gottgewollten Schöpfungsablauf einzugreifen. Er darf also auch keine präventive Krankheitsvorsorge treffen, keine Schluckimpfung gegen Kinderlähmung durchführen. Das ist der Grund dafür, daß die Kinder in Staphorst während der Polio-Epidemie reihenweise starben, weil sie nicht geimpft waren und nicht geimpft werden durften. Der Pfarrer blieb hart. Einige Eltern aber wurden nach und nach vernünftig. Heute sind in Staphorst die meisten Kinder gegen Polio geimpft.

Die isolierte Lage in den »Veen«, den Sumpf- und Moorgebieten von Overijssel und Drenthe, mag dazu beigetragen haben, daß sich die Tradition in Staphorst bis heute beinahe ungebrochen erhalten konnte. Im säkularisierten Computerzeitalter wirken daher manche Umgangsformen der Staphorster »nicht zeitgemäß«; doch wer glaubt, die Staphorster seien verstockte Menschen und gingen zum Lachen in den

Keller, der irrt sich. Eine junge, gläubige Staphorsterin erzählt freimütig und offen, warum sie nie und nimmer aus ihrer Dorfgemeinschaft weg will: »Wir leben hier wie in einer großen Familie, einer ist für den anderen da, wir helfen uns gegenseitig, wo wir nur können; bei der Ernte, beim Hausbau, überall. Als vor einiger Zeit die Scheune eines unserer Bauern brannte, sammelten alle Bürger aus der Gemeinde für den Feuergeschädigten. Seine Scheune wurde von den Nachbarn wieder aufgebaut, unentgeltlich natürlich, sie stockten auch die Futtervorräte auf. Der Bauer war für den kommenden Winter gerüstet, sein Vieh versorgt.«

Freilich, die Kehrseite dieser engen Dorfgemeinschaft und der Nachbarschaftshilfe mit viel menschlicher Wärme ist die im Dorf äußerst stark ausgeprägte soziale Kontrolle. Wer die in der Gemeinde geltenden Normen übertritt, wird rücksichtslos sanktioniert, ausgegrenzt oder gar von der Gemeinschaft ausgestoßen. Das wirkt manchmal wie der Bannstrahl der Papstes im Mittelalter. Auf die Polio-Epidemie angesprochen, weiß die junge Staphorsterin auch heute, zehn Jahre danach, keine Antwort auf die Frage, an welcher Stelle die Bibel behaupte, daß das Impfen verboten sei. Mit kaum zu beschreibender Bestimmtheit und mit viel Nachdruck in ihrer Stimme antwortet sie pathetisch: »Ich weiß, es steht darin geschrieben!«

Wer Staphorst erleben möchte, sollte vor allem beim Fotografieren mit der nötigen Sensibilität vorgehen und vor dem Betätigen des Auslösers um Erlaubnis fragen.

Religionen in den Niederlanden

40 % aller Niederländer glauben an ein höheres Wesen
34 % aller Niederländer glauben daran, daß Gott eine persönliche Beziehung zu ihnen hat
20 % glauben nicht
42 % glauben an ein Leben nach dem Tod
58 % sind Mitglied in einer Kirche

Religionszugehörigkeit:

	1947	1966	heute
Römisch-katholische Kirche	38 %	36 %	31 %
Niederländisch-hervormde Kirche	31 %	19 %	15 %
Gereformerd (reformiert)	7 %	8 %	10 %
Sonstige	7 %	4 %	2 %
Außerkirchliche Glaubensgemeinschaften und Konfessionslose	17 %	33 %	42 %

Inneres der Nieuwe Zijds Kapel in Amsterdam um 1659, das Gemälde wird J. Coesermans zugeschrieben (Katharinen Konvent, Uetrecht)

»De Moffen komen« – Einkaufen in Venlo

»De Moffen komen« heißt es mindestens einmal pro Woche in Venlo, der nördlichsten Großstadt Limburgs, frei übersetzt etwa: »Die muffeligen Preußen kommen.« Und in der Tat: Am Wochenende oder wenn in der Bundesrepublik ein Feiertag ist, an dem die Niederländer arbeiten müssen, strömen Zehntausende Deutsche, vor allem aus dem Rheinland, bei Niederdorf über die Grenze, um in Venlo einzukaufen. Lohnend sind dort vor allem Tee, Kaffee, Zigaretten und Diesel. Deutsch ist dann die Umgangssprache in Venlo. Es soll sogar schon vorgekommen sein, daß ein Händler auf dem Wochenmarkt den angebotenen 25-Gulden-Schein nicht wechseln konnte, weil er nur auf Deutsche Mark eingerichtet war.

Die »Germanisierung« Venlos hat zu einigen Problemen geführt: In vielen Geschäften waren die Waren zeitweise nur noch in der deutschen Währung ausgezeichnet, Niederländer mußten beim Bezahlen mit Gulden einen Aufschlag von 10 % in Kauf nehmen. Dem setzte der Stadtrat inzwischen ein Ende. Jetzt muß die Ware mindestens auch in der niederländischen Währung ausgepreist werden – auch bei den »Zwei Brüdern von Venlo«, dem wohl bekanntesten Kaufhaus, das fast ausschließlich auf deutsche Grenzgänger eingestellt ist, wie ein Blick auf das Sortiment verrät. Es gibt kaum etwas, das die kauflustigen deutschen Konsumenten davon abhält, wie ein Heuschreckenschwarm in Venlo einzufallen: Da zählt weder, daß der Preisunterschied zwischen den Niederlanden und der Bundesrepublik bei vielen Waren immer geringer wird, ja, daß die meisten Dinge dort sogar teurer sind. Auch die Straßen-

schilder, die keine sehr freundlichen Worte für Falschparker finden (»Fout gestaan ... in der kraan!«, Falsch gestanden, abgeschleppt!) mindern das samstägliche Verkehrschaos nicht – die Autos mit den weißen Nummernschildern und der schwarzen Schrift haben die erdrückende Mehrheit.

Die Venloer und alle übrigen niederländischen Städte haben bereits seit 1978 den »langen Koopavond«, den langen Einkaufsabend. Läden in den Niederlanden dürfen bis zu 52 Stunden pro Woche geöffnet haben und an einem Wochentag erst um 21 Uhr schließen. Doch die seit langem heftig umstrittenen Ladenschlußzeiten sollen nun noch weiter verlängert und stärker liberalisiert werden. In Venlo ist am Donnerstag »Koopavond«. Dann allerdings sind die Venloer unter sich, denn viele Deutsche wissen nichts davon, oder ihnen ist die abendliche Zeitspanne zum Einkaufsbummel nebenan in »Nederland« doch zu kurz.

In Venlo ist man großenteils abhängig von den einkaufenden Deutschen. Als im Sommer 1981 die Umsatzzahlen stark zurückgingen, klagte Loi Rooskens vom Einzelhandelsverband der Provinz Limburg: »Die Mobilität der Leute geht zurück durch die hohen Benzinpreise. Verschiedene Zigarettengeschäfte sind schon geschlossen, aber auch die Läden auf dem Sektor Gemüse/Obst/Pflanzen/Lebensmittel sind besonders stark betroffen.« Inzwischen, so hört man, kommen wieder mehr Deutsche nach Venlo. Der Grund: Die cleveren holländischen Händler schaffen es immer wieder, die in Deutschland beliebtesten Zigarettensorten in Venlo billiger anzubieten. Und daß pro Person nur 300 Glimmstengel zollfrei über die Grenze genommen werden dürfen, wird von so manchem stillschweigend übergangen – oder die ganze Familie wird zum Einkaufen nach Venlo abkommandiert. Hauptsache, der Zoll drückt ein Auge zu!

Holland culinair oder »Borreluur« und »Bitterballen«

Gourmets und solche, die es werden wollen, finden ihr kulinarisches Mekka links des Rheins, in Frankreich. Auch die Niederlande liegen linksrheinisch. Nur läßt sich allein aus dieser geografischen Lage noch lange nicht schließen, daß dort die Kochkunst der französischen ebenbürtig ist. Der niederländischen Eß- und Trinkkultur haftet eher das Fluidum des Gewöhnlichen, der Makel der Einfachheit an – doch von solchen Vorurteilen sollte man sich nicht abschrecken lassen, selbst auf kulinarische Entdeckungsreise durch einige niederländische Provinzen zu gehen, getreu der Devise: erst selbst probieren und dann urteilen.

Wer schon einmal mit offenen Augen durch die zwölf niederländischen Provinzen zwischen Nordsee, Niedersachsen und Nordrhein-Westfalen gereist ist, kennt bestimmt eine der niederländischen Nationalspeisen. Ab Oktober, spätestens aber mit dem Einsetzen der ersten typischen holländischen Herbstnebel, hängen alle Gastronomen zwischen Groningen und Maastricht kleine Schultäfelchen vors Fenster, auf denen zu lesen steht: »Erwtensoep«. Ein Wort, das nicht übersetzt zu werden braucht, ein Gericht, das erwartungsgemäß in geschmacklicher Hinsicht der deutschen Erbsensuppe weitgehend ähnelt. Liest der hungrige Gast allerdings das Wörtchen »Snert« auf der Speisekarte, ist damit die gleiche Erbsensuppe gemeint,

allerdings kann man jetzt darauf hoffen, daß der Koch oder die Köchin in dieser Terrine vielleicht echte holländische »Rookworst«, eine geräucherte Mettwurst, versteckt hat. Dieses Suppengericht stillt vor allem während des Winters als kleiner Snack mittags oder abends den ersten Hunger. Und wer es in den Niederlanden beim allmittäglichen Lunch ganz eilig hat, verzehrt noch schnell ein »Broodje half om«, das meist mit gekochter Leber, Fisch oder Fleisch belegt ist. Weitaus beliebter sind jedoch andere kulinarische Kleinigkeiten: Kroketten und Bitterballen. Beide sind mit feingehacktem Kalbfleisch gefüllt, werden anschließend dick paniert und knusprig gebacken – die Bitterballen in runder, die Kroketten in länglicher Form. Serviert werden sie als »Borrelhapje«, Senf gehört in jedem Fall dazu! Bitterballen und Kroketten bekommt man überall. Kein Café, Bistro oder Restaurant in den Niederlanden, das es sich leisten könnte, diese Landesspezialität nicht zu führen. Doch Vorsicht, bei unsachgemäßer Zubereitung kann es passieren, daß die zu kräftig geröstete Kruste den Gaumen ramponiert!

»Een Jonge, alstublieft«

Jetzt aber muß erst einmal der Begriff »Borrel« erklärt werden, denn er stellt eine niederländische Institution dar, deren Bedeutung und gesellschaftliche Funktion beinahe an die des Königshauses heranreicht. Der Niederländer meint mit »Borrel« seinen Schnaps. Nein, nicht irgendeinen und auch nicht nur den Genever. Ein »Borrel« – oft auch liebevoll »Borreltje«, »Propje« oder »Neutje« genannt – kann alles sein, was sich unter dem Begriff »Binnenlands Gedestilleerd« zusammenfassen läßt. Meistens ist das natürlich »een Jonge«, ein Genever, von dem das Vierzehnmillionenvolk an der Nordsee jährlich rund 50 Millionen Liter trinkt. Ein Friese dagegen schwört auf seinen »Beerenburger«, einen Kräuterschnaps, dem jegliche deutsche Bitterkeit fehlt. Er käme nie auf die Idee, ausschließlich Genever zu trinken. Wenn schon, dann braut er dieses Getränk selbst.

Zwischen den beiden Volksgetränken »Beerenburger« und »Jenever« – das Bier soll hier einmal unerwähnt bleiben, denn es ist in Deutschland hinreichend bekannt und auch in den Niederlanden beliebt – gibt es in der Angebotspalette des »Binnenlands Gedestilleerd« noch jede

Menge geschmacklicher Variationen, vom »Bessenjenever« bis hin zum »Brabantse Brandewijn«, der mit dem bekannten Saft, den man aus Trauben preßt, gar nichts gemeinsam hat. Apropos Wein: Er gehört in den Niederlanden zweifellos zu einem richtigen Essen, egal, ob es zu Hause oder im Restaurant eingenommen wird. Dem niederländischen Weintrinker kommt zugute, daß das Land eine lange Weinhandelstradition hat. Im 17. Jahrhundert, dem Goldenen Zeitalter, wurden die feinen Gewächse der Loire, von Vouvray bis Sancerre, samt und sonders in holländische Frachtkähne verschifft und hauptsächlich gen Amsterdam gefahren, wo sie durch die Kehlen der reichen Kaufleute und wohlhabenden Bürger flossen – oder weiterverkauft wurden. Ähnlich wie England haben die Niederlande auch heute noch – als Nicht-Weinproduzent – große Marktanteile am internationalen Weinhandel. Vor allem Port und Sherry werden vielfach direkt importiert, nicht unerhebliche Mengen Bordeaux-Weine werden erst hier in den Niederlanden auf Flasche gefüllt. Unzählige Weinhandelshäuser, in denen man auch oft noch selbst direkt vom Faß zapfen kann, zeugen von dieser niederländischen Weinkultur.

Trotz alledem, gegen den heimischen Genever kommt der Wein noch lange nicht an. Der »Borrel« ist eben das Nationalgetränk schlechthin. Zieht sich das Trinken eines Borrels etwas länger hin, weil man sich noch einen genehmigt oder gerade in ein interessantes Gespräch vertieft ist, dann spricht der Niederländer von der »Borreluur«, der Borrelstunde. Sie findet meist nach Feierabend im Café oder zu Hause im Familienkreis im Laufe des Abends statt. Sie gehört ebenso

zum normalen Tagesablauf wie das »Hapje« – Käse oder Bitterballen – zum Borrel. Die Niederländer lieben dieses ungezwungene Zusammensitzen, halb Diskussion, halb Gaudi, immer aber mit Witz durchsetzt; Geselligkeit ist eine prägende Konstante im privaten und gesellschaftlichen Leben der Niederländer, weder schichten-, noch einkommensabhängig. Nicht umsonst ist das Wort »gezellig« eines der meist gebrauchten in der niederländischen Sprache. Man geht »gezellig winkelen«, gesellig einkaufen, »gezellig praten«, sich angeregt unterhalten, man ist »gezellig bij elkaar«, gemütlich zusammen. Allerhöchstens das inflationär verwendete Adjektiv »lekker« rangiert im Sprachgebrauch noch vor dem Begriff »gezellig«. Absolut sicher ist dies aber nicht – empirische Ergebnisse, die diese Behauptung untermauern könnten, fehlen.

»Hollandse Nieuwe«

Wenden wir uns einem weiteren typisch holländischen Nahrungsmittel und seiner verfeinerten niederländischen Eßweise zu: dem Hering. Als »Hollandse Nieuwe« überall zwischen Middelburg und Den Helder, Den Haag und Enschede bekannt, ist er ab September beinahe an jeder Straßenecke fangfrisch und filetiert erhältlich. Hering ist in Holland nicht nur ein Katerfrühstück, sondern ein Volksgericht. Seit jedoch die Zuidersee durch den Abschlußdeich von der Nordsee abgetrennt, teilweise trockengelegt und als IJsselmeer in ein süßes Binnengewässer verwandelt worden ist (siehe Seite 58), sind die hier einst reichlich vorhandenen Heringe ausgestorben. »Holländische« Heringe werden daher heute fast ausschließlich in dänischen Gewässern gefangen, was den Niederländer aber nicht daran hindert, seinen »Haring« auch weiterhin als »Hollandse Nieuwe« zu bezeichnen und natürlich auch seine eigenwillige Verzehrweise dieses Fisches unverändert beizubehalten:

Wer kennt ihn nicht, diesen – durch die spezielle Speisetechnik hervorgerufenen – Anblick eines Niederländers: Da steht er, mit zwei Fingern gekonnt den Heringschwanz haltend, die anderen drei so weit abgespreizt, daß sie ja nicht mit diesem baumelnden Etwas in Berührung kommen können oder gar dessen Geruch annehmen. Bei jedem Biß öffnen sich Augen und Mund gleichzeitig – und schwupp, schon hat der Hering, dieser köstliche Fisch, wieder einige Zentimeter seiner sowieso schon nicht beeindruckenden Größe eingebüßt. Jetzt erst

Doch nur Mut. Beim nächsten Mal in Scheveningen klappt es sicher ...

Alles Käse!

Unsere nächste kulinarische Station ist ein Käsebauernhof. Diese oft schon seit Generationen betriebenen Mini-Käse-Fabriken sind übers ganze Land verstreut und an ihren nicht zu übersehenden Aushängeschildern »Kaasboerderij« leicht auszumachen. Die Käsebauern produzieren trotz des nahezu immer gleichen Herstellungsprinzips eine recht ansehnliche Geschmacksvielfalt von echtem holländischen Käse. Ein Besuch auf einem solchen Käsebauernhof lohnt sich daher immer. Viele »Kaasboeren« geben dem interessierten Gast auf telefonische Voranmeldung hin die Möglichkeit, selbst Käse herzustellen. Und das geht so: Die festen und flüssigen Bestandteile der Milch werden mit Hilfe von »Stremsel«, einem Konzentrat, das aus dem Magensaft von jungen Kälbern gewonnen wird, und durch ständiges Rühren bei 28 bis 37 Grad Celsius voneinander getrennt. Es entsteht dann eine feste Masse aus Eiweiß, Fett, Mineralien und Vitaminen, die durch den Zusatz von Milchsäurebakterien weiter abgebunden wird. Hat dann der Käsebrei sein festes Stadium erreicht, kann er in der gewünschten Menge und Größe in die Käsebottiche getan werden, in denen er unter einer Käsepresse seinen kurzen oder langen Reifungsprozeß beginnt. Die fertigen gelben Scheiben lagern auf geräumigen Holzregalen, bis sie entweder nach fünf Wochen als »junger« oder aber frühestens nach zehn Monaten als »alter« Gouda oder Edamer angeschnitten werden können. Zehn Liter Milch sind nö-

einmal in Ruhe kauen – dann kann sich das Spielchen mit dem Fisch noch einige Male wiederholen. Aber eins nicht vergessen: nach jedem Heringshappen die dazugehörenden Zwiebeln nachschieben. Allein dieses Speiseritual läßt dem Zuschauer schon das Wasser im Munde zusammenlaufen und weckt den unwiderstehlichen Wunsch, es so schnell wie möglich selbst nachzuahmen. Wer will, kann das in Holland ungestört an fast jeder Straßenecke tun. Allerdings sollte man diesem verständlichen Imitationsbedürfnis nicht ausgerechnet in Amsterdam nachkommen wollen. Denn dort pflegt der örtliche Konsument nicht selbst Hand an den Hering zu legen. Scheibenweise zerschnitten und mit mehr an verunglückte Zahnstocher als an Eßbesteck erinnernden Holzstäbchen wird der Hering hier über den gläsernen Verkaufstisch des Fischwagens geschoben, schon so hergerichtet, daß der erste Versuch, die Heringszeremonie nachzuahmen, zum Scheitern verurteilt ist.

1 Edamer	8 Bauernkäse und Bauern-	14 Gouda mit Kümmel und
2 Schmelzkäse	käse mit Kräutern	Maasländer Käse
3 Maasdamer	9 Amsterdamer	15 Gouda
4 Kernheimer	10 Hirtenkäse	16 Frischkäse
5 Leidener Käse	11 Leidener Bauernkäse	17 Magerkäse 48% Fett
6 Friesischer Nagelkäse	12 Diätkäse	18 Viereckskäse
7 Rahmkäse	13 Rohmilch Gouda	19 Kräuterkäse 50% Fett

tig, um daraus ein Kilo Käse zu erzeugen. Die bunte Sortenvielfalt reicht von dem niederländischen Standardkäse schlechthin, dem Gouda, in der Bundesrepublik auch einfach unter dem Namen »Holländer« bekannt, über den Kümmelkäse, auf holländisch »Komeinekaas«, bis hin zu dem ebenfalls weltberühmten Edamer, der Käsekugel mit der roten Schale. Neueste Variationen der einfallsreichen Käsebauern sind: Friesischer Nelkenkäse, Brennesselkäse (Brandnetelkaas), ein Gouda, dem feingehackte Brennesselblätter beigegeben werden.

Die auf »Kaasboerderijen« erzeugten Produkte sind allesamt mit einem ovalen Aufkleber »Boerenkaas«, Bauernkäse, gekennzeichnet und so auf den ersten Blick von dem mit einem runden Aufkleber versehenen Fabrikkäse zu unterscheiden. Denn die computerisierten Käsefabriken, von denen die größten tagtäglich bis zu 50 000 Kilogramm Käse herstellen, produzieren zwar nach dem gleichen Prinzip wie die Bauern, aber in der Fabrik muß die Milch erst pasteurisiert werden, und dabei werden auch einige Bakterien abgetötet, die für den Geschmack entscheidend sind – ein Unterschied, den ein geübter Gaumen festzustellen vermag. Es gibt gegenwärtig ungefähr 750 Käsebauernhöfe in den Niederlanden, die zusammen rund sechs Millionen Kilo pro Jahr herstellen.

Die Niederlande sind seit jeher ein Käseland. In den friesischen Terpen wurden steinerne Käsefässer gefunden, die beweisen, daß dort schon vor über

Die Käsebäuerin in Aktion. Nach dem Bad darf der echte »Boerenkaas« in Ruhe reifen

2000 Jahren Käse hergestellt wurde. Doch das heutige Zentrum der niederländischen Käseproduktion liegt unzweifelhaft in Holland, genauer: in den beiden Provinzen Nord- und Südholland. Städte aus diesen Regionen gaben den berühmtesten Sorten auch ihren Namen: Gouda und Edam.

Wie wichtig für die niederländische Wirtschaft der Käse ist, zeigen folgende Zahlen. In den letzten Jahren exportierten die Niederlande durchschnittlich rund 300000 Tonnen Käse, das brachte der niederländischen Volkswirtschaft Exporterlöse von rund zwei Milliarden Gulden pro Jahr. Beinahe die Hälfte des gesamten niederländischen Käseexports geht in die Bundesrepublik. Im letzten Jahr waren das rund 120000 Tonnen. Aber auch den Holländern selbst schmeckt ihr eigenes Milchprodukt. Sie vertilgen davon durchschnittlich 13 Kilo pro Kopf und Jahr und werden in Sachen Käsekonsum in Europa nur noch von den Franzosen (19 Kilo) und den Griechen (ebenfalls 19 Kilo) übertroffen.

Nord-Süd-Gefälle

Nur mit Snert, Käse, Bitterballen und Hering gibt sich natürlich kein Mensch, der auch andere Genüsse kennen – und kultivieren gelernt hat, auf Dauer zufrieden, auch der Niederländer nicht. Ab und zu muß ein ordentliches Essen her, das vom deftigen Schweinebraten bis zum kunstvoll zubereiteten Wildgericht reichen kann. Hier, bei den Hauptmahlzeiten, setzt allerdings auch in den Niederlanden das in einigen europäischen Nachbarstaaten hinlänglich bekannte Nord-Süd-Gefälle ein. Was in Deutschland der Weißwurstäquator ist, der unter anderem den kulinarisch wesentlich weiter entwickelten Süden von den wenigen Gourmetzentren des Nordens trennt, das sind in den Niederlanden die drei großen Flüsse Maas, Waal und Lek. Alles, was nördlich davon liegt, heißt »Boven de Rivieren«, oberhalb der Flüsse, alles, was südlich davon liegt, »Beneden de Rivieren«, unterhalb der Flüsse. Diese Flüsse bilden nicht nur eine geographisch-kulinarische Grenze zwischen dem calvinistisch geprägten Norden und dem katholischen Süden des Landes, sondern sie stellen tatsächlich eine gewisse Kulturscheide zwischen den nördlichen und den südlichen Landesteilen des niederländischen Königreichs dar, wobei Seeland zum Norden gezählt werden muß. Denn es waren die Generalstaaten des Nordens, hauptsächlich repräsentiert durch Holland und Seeland, die sich als erste von Philipp II. und der spanischen Fremdherrschaft freigekämpft hatten (siehe Seite 28). Seit ihrer Unabhängigkeit von der spanischen Krone, die de facto bereits 1588 bestand, entwickelten sich die nördlichen Niederlande auf ökonomischem, kulturellem und religiösem Gebiet relativ eigenständig. Kein Wunder also, daß sich diese unterschiedliche Geschichte auch in einer anderen Mentalität und Lebenseinstellung

der jeweiligen Bevölkerungsgruppen niedergeschlagen hat und auch verschiedene Eß- und Trinkgewohnheiten hervorbrachte. Diese Differenzen sind heute noch erfahrbar. Auf der einen Seite der stark protestantisch-calvinistisch geprägte Norden, in dem zuviel Genuß schon beinahe als Sünde betrachtet wird, auf der anderen Seite der katholische Süden, in dem Pracht und Prunk nicht nur in den Kirchen erhalten blieben, sondern sich auch heute noch im Alltag widerspiegeln. Die südlichen Regionen, vor allem Brabant und Limburg, gelten als die Schlemmerecke der Niederlande.

»Brabantse Koffietafel«

Wir machten die Probe aufs Exempel zuerst in Brabant mit einer typischen Spezialität dieser Region, der »Brabantse Koffietafel«. Der Name »Koffietafel« weckt Assoziationen mit deutschen Kaffeekränzchen, man erwartet bei einem solchen Namen doch Kaffee und Kuchen, höchstens noch ein Wurstbrot oder eine Käseschnitte. Weit gefehlt! Was sich in einem Restaurant in der Nähe von Tilburg vor unseren staunenden Augen auftat, hatte mit einem Kaffeegedeck absolut nichts mehr zu tun. Nach einer kräftigen Gemüsesuppe warteten auf uns: Bratwürste, die der feinen Nürnberger Zubereitungsart in nichts nachstanden, Schweinebraten, gebackene Blutwurst, die vortrefflich gewürzt war, vortrefflich – gekochte Eier, verschiedene Sorten Schinken – sowohl geräuchert als auch gekocht –, Mettwürste wie aus Westfalen, selbstgemachte Sülze, verschiedene holländische Käsesorten, gekochter Speck, fünf verschiedene Brotsorten, die von hellen Weizen- bis dunklen Roggenbroten reichten, frische Brötchen und noch andere, vorwiegend süße, Brotaufstriche. Das letzte freie Eck auf dem Tisch füllte eine Kaffeekanne. Doch eine Frage blieb zunächst offen: Warum sollte man zu all diesen kräftigen Speisen Kaffee trinken? – Dieses Rätsel wurde erst gelöst, als das zweite Getränk, das zu einer »Koffietafel« gehört, serviert wurde: »Brandewijn met Suiker«, eine verdauungsfördernde Mischung aus Genever und Kandiszucker, die, zwischendurch mit Kaffee genossen, nach jedem Schluck den Appetit neu anregte. Zwar schafften wir es nicht mehr, bis zu den Apfeltaschen vorzudringen, eins aber wußten wir bereits: Die kulinarische Zweiteilung der Niederlande scheint zu stimmen. Wir waren zwar noch nicht ganz im Schlaraffenland, wohl aber in Brabant. Wer in diese Region kommt, sollte sich ein solches Kaffee-Spektakel auf keinen Fall entgehen lassen. Es ist ein genüßlicher Beweis für brabantische Eßkultur und Gemütlichkeit, ein Erlebnis, das man am besten mit mehreren Leuten begeht, damit man die deftigen Speisen mit vereinten Kräften bezwingen kann.

Gourmet-Tempel

Nach diesem vielversprechenden Auftakt wollten wir es ganz genau wissen und schlemmten uns daher durch einige holländische Restaurants, die sich der niederländischen Version der Nouvelle Cuisine verschrieben haben. Ganz oben im Norden und tief unten im Süden des Landes fanden wir drei Häuser, die uns besonders erwähnenswert scheinen. Im Norden, dem äußersten Zipfel der Provinz Overijssel, zwischen ausgestreckten Seengebieten und Sumpflandschaften, liegt verschlafen und verträumt das einstige Zuidersee-Handelsstädtchen Blokzijl. Hier, wo die Handelsschiffe der Ostindischen Kompanie auf ihrer An- oder Abreise von den Niederlanden über die Zuidersee bei Sturm Zuflucht suchten, fanden auch wir nicht nur Zuflucht, sondern gar einen der feinsten Gourmet-Tempel der Niederlande: *Kaatje bij de Sluis*. Abgelegen von den hektischen Großstadtzentren, aber dennoch von dort aus gut und schnell zu erreichen, offerieren Fons und Anneke Groeningen und ihr Küchenchef Edzard Delstra in ihrem »Kaatje«, wie sie es liebevoll nennen, das Feinste vom Fein-

Kaatje bij de Sluis

sten. Was sie bieten, ist mehr als beacht-
lich und widerlegt auf genüßliche Art
und Weise so manches voreingenomme-
ne Urteil vom »kulinarischen Entwick-
lungsland Niederlande«. Wer auf einer
seiner Touren durch Holland dem ver-
wöhnten Gaumen etwas Gutes tun will,
der sollte ein Blokzijl bei »Kaatje« ausgie-
big Station machen. Bei einem weißen
Mersault oder einem roten Corton-
Grancey 1976, bei »Consommé de Fai-
sant«, Hummer und Rehnüßchen kann
man den Alltag vergessen und sich ganz
und gar kulinarisch verwöhnen lassen.
Guide Michelin vergibt an dieses Haus
einen Stern. Ein zweiter wäre mit Sicherheit angebracht.

Weiter unten, im Süden der Niederlande, wo das ausgiebige Speisen ja mehr
Tradition hat als im »kühlen Norden«,
stießen wir auf ein altes Schloß, das man
mit gutem Gewissen zur Einkehr ansteuern kann, *Kasteel Wittem*. Von seinen

jetzigen Inhabern, der Familie Ritzen,
mit viel Mühe und Geschmack nach dem
Erwerb Ende der sechziger Jahre renoviert und ausgebaut, ist Kasteel Wittem
beides zugleich: anspruchsvolles Hotel
und Restaurant. Am besten gefiel uns,
daß zu jedem Menügang ein dazu pas-
sender Wein ausgewählt wurde. Für fünf
oder acht Gänge zum Preis zwischen 80
und 120 Gulden kann sich solcher Ser-
vice sicher sehen lassen. Die Weine kann
man auch als Autofahrer ruhigen Gewis-
sens auftrinken, denn das geräumige
Schloß bietet zwölf Doppelzimmer mit
mittelalterlicher Atmosphäre und mo-
dernem Komfort. Hotel und Restaurant
sind eine der ersten Adressen in den Niederlanden und für einen anspruchsvollen
Wochenendausflug geradezu ideal.

Geographisch gesehen dazwischen
liegt die dritte Adresse für vorzügliches
Essen: *De Zwaan* in Etten-Leur, von
Restaurateur Ad Peijnenburg und seinen

Mitarbeitern (Küchenchef John Jansen) in puncto Essen, Stil und Atmosphäre hervorragend versorgt. Die unverwechselbaren Kennzeichen des »Zwaanes« sind: saisonal wechselnde Küche, in der auch der Fisch gebührend berücksichtigt wird, eine auch äußerlich erkennbare Atmosphäre von klassischer Restaurant-Kultur. Zwischen den Gängen wird man die Gemäldesammlung genießen und spätestens nach dem ersten Weinwechsel feststellen, welche hervorragenden Tropfen hier zu einem vernünftigen Preis angeboten werden. »De Zwaan« verfügt über einen mit 25 000 Flaschen bestückten Weinkeller, aus dem man sich zur abschließenden Krönung einen 1973er Volnay servieren lassen kann. Ein Haus für Weinliebhaber und Kenner. Und nicht nur für diese!

Alle drei Häuser sind Mitglied der renommierten »Alliance Gastronomique Néerlandaise« – Kasteel Wittem gehört auch dem »Relais et Chateaux« an. Alliance ist ein Zusammenschluß hervorragender niederländischer Restaurants, zu der auch die in Holland hochgelobten Gourmet-Adressen *De Hoefslag* in Bosch en Duin bei Zeist und *Vreugd en Rust* in Voorburg gehören.

Das *China Delight* im Hafen von Scheveningen bietet die beste authentisch chinesische Küche nicht nur in den Niederlanden, sondern in ganz Europa. Der Gast kann hier zwischen den vier großen chinesischen Landesküchen: Peking, Shanghai, Kanton und Sichuan, wählen. China-Delight-Chef Theo Chang veranstaltet auch regelmäßig kulinarische Weinproben, die zu einem lukullisch exotischen Erlebnis werden können. Nur einen Katzensprung vom Friedenspalast im Herzen von Den Haag entfernt befindet sich das berühmteste indonesische Restaurant in Holland, das *Tampat Senang*.

Café Central in Delft

Sinterclaas – St. Nikolaus auf holländisch

Alle Jahre wieder ... kommt er aus Spanien mit dem Schiff angereist. Das niederländische Fernsehen überträgt seine Ankunft live. Begleitet von seinem Kompagnon, den die Niederländer »De Zwarte Piet« nennen, bringt er viele Neuigkeiten mit und beglückt Kinder und Erwachsene mit Unmengen an großen und kleinen Geschenken. Von Sinterclaas ist die Rede, dem holländischen Weihnachtsmann, und jenem niederländischen Nikolausfest, das dort als die »große Bescherung« eines jeden Jahres begangen wird. Alle Jahre wieder, am 5. Dezember. In jeder niederländischen Familie natürlich auf eigene Art, doch die Zeremonie ist im ganzen Land die gleiche. Die Kinder warten mit glänzenden, neugierigen Augen sehnlichst auf den Beginn der Bescherung; endlich geht es los, die Geschenke werden hereingeholt. Sie sind, auch das ist wie überall, vom Einfallsreichtum und vom Geldbeutel der Schenkenden bestimmt. Unter den vielen großen und kleinen, runden und eckigen Paketen aber befindet sich die niederländische Besonderheit: die Surprise, ein Überraschungspäckchen.

Die Surprise – ob verpackt in riesigen Kartons oder versteckt in winzig kleinen Streichholzschachteln oder zu einem symbolträchtigen Kunstwerk modelliert – ist ein liebenswertes Produkt menschlicher Phantasie, ein Ausdruck niederländischer Sinterclaas-Tradition. Sie ist mit dem Namen des Adressaten/der Adressatin versehen, und dieser/diese darf sich dann an das Enthüllen der Überraschung heranwagen. Das geht oft nicht ohne Schere. Manchmal benötigt man gar einen Schraubenzieher. Ist der Beschenkte dann endlich bis zum »Ei des Kolumbus" vorgedrungen, wartet mit Sicherheit noch ein kleines Briefchen, mit oder ohne Kuvert, ein speziell für ihn oder sie bestimmtes Gedicht. Meist in Form einer humoristisch aufgemachten Generalabrechnung über Schwächen und Vorzüge, Laster und Leidenschaften des Beschenkten. Dieser ist, zum Vergnügen der übrigen Anwesenden, nun verpflichtet, das oft vor Spott triefende, aber immer lieb gemeinte Gedicht vorzulesen. Die Stimmung steigt. Der/die nächste ist an der Reihe ...

Dieses vergnügliche Sinterclaas-Spielchen setzt sich solange fort, bis jeder seine Surprise, seine Lektion erhalten hat. An Weihnachten gibt es dann allerhöchstens noch eine klitzekleine Aufmerksamkeit oder eben gar nichts mehr. Selbstredend sind die familieninternen Gepflogenheiten der Sinterclaas-Zeremonie unterschiedlich. Die einen legen erst nach zwei Stunden eine Borrel-Pause ein, die anderen bitten schon vor der Bescherung zu Tisch. Eins aber haben die holländischen Sinterclaas-Feiern gemeinsam. Sie sind immer für Überraschungen gut!

Friesland – Freistaat im Königreich?

Wer nach Friesland fährt und glaubt, dort die Bayern der Niederlande zu finden, wird schnell enttäuscht feststellen müssen, daß er auf dem Holzweg ist. Keine durch tiefe Dekolletés beeindruckenden Trachten, keine ausgefallenen Hosen oder Hüte, keine besondere Art, auf Holzschuhen zu laufen. Nicht einmal größere Biergläser – allerdings ein eigenes Getränk: Beerenburger, ein herber Kräuterlikör, der noch im vorigen Jahrhundert von den Ärzten als Medizin gereicht wurde. Allenfalls die eigene Sprache und Geschichte gibt der nordwestlichen Ecke des niederländischen Königreichs ein eigenes, unverwechselbar friesisches Flair. Doch auch hier wieder hinkt der Vergleich mit Bayern. Im weißblauen Freistaat werden zwar viele für Nordlichter schwer verständliche Mundarten gesprochen. Im niederländischen Friesland jedoch spricht man eine eigene, selbständige Sprache, das »Frysk«. Friesland heißt darin »Fryslan«, und allein schon die Frage, ob denn Friesisch nicht doch nur eine regionale niederländische Mundart sei, treibt jedem waschechten friesischen Lokalpatrioten mit Sicherheit die Zornesröte ins Gesicht. Kundige Sprachwissenschaftler behaupten, daß Friesisch mehr mit dem Englischen gemeinsam habe als mit dem Niederländischen oder dem Deutschen. In der Regel wird das Wort »Schlüssel« als Beweis für diese These angeführt. »Schlüssel« heißt auf niederländisch »sleutel«, auf englisch »key« und auf friesisch »kaei«.

Glaubt man den Auskünften der amtlichen friesischen Stellen, dann sprechen auch heute noch rund 75 % der zwischen Harlingen und Drachten, Sneek und Dokkum lebenden Menschen tagtäglich Friesisch, ziehen die eigenen Laute de-

Harlingen, Frieslands wichtigster Hafen

nen der niederländischen »Fremdsprache« vor. Wer aber in der Hauptstadt der Friesenprovinz, in Leeuwarden, die Ohren spitzt, wird ohne viel Mühe herausfinden können, daß dort in vielen Gesprächen ausschließlich Niederländisch gesprochen wird, die »Fremdsprache« also. Immerhin haben die Friesen durchgesetzt, daß alle Ortsschilder in ihrer

Provinz dem Autofahrer nun zweisprachig sagen, in welche Stadt er gerade einfährt, welches Dorf er gerade hinter sich gelassen hat. Einige Eiferer fordern jetzt sogar, daß alle Hinweisschilder, die den Weg in eine friesische Stadt weisen, ausschließlich in »Frysk« beschriftet werden sollen. Eine Forderung, die auch im liberal-pluralistischen Holland wohl

kaum reale Durchsetzungschancen hat. Auch in der Schule wird heute wieder eifrig Friesisch als Zweitsprache gepaukt. Ein offizielles Lehrfach, das in den sechziger Jahren eingeführt wurde, weil man befürchtete, daß diese Sprache aussterben könnte.

Besonders stolz sind die Friesen auch auf ihre lange Geschichte. Gern bezeich-

Rathausturm von Franeker

Typische Giebelverzierung eines friesischen Bauernhofs

Kirche in Kondum

nen sie sich als die »Europäer der ersten Stunde« und erinnern dabei an Groß-friesland, Frisia Magna. Damals – noch lange bevor Karl der Große im Jahre 800 zum Kaiser des Heiligen Römischen Reiches gekrönt wurde – reichte Frisia Magna von Brügge im heutigen Belgien bis nach Bremen. Großfriesland fiel der fränkischen Eroberungslust zum Opfer; es wurde dem Frankenreich einverleibt und christianisiert. Bonifatius brachte den Friesen den rechten Glauben und wurde dafür ermordet. Ob, wie man bislang annahm, in Dokkum oder nicht, ist derzeit Gegenstand eines Historikerstreits...

Zu Friesland gehören natürlich auch die Terpen, von Menschenhand im flachen Land aufgeworfene Erdhügel, Fluchtburgen, die schon vor über 2000

Straßenfest in Harlingen

Jahren vor den immer wieder anstürmenden Fluten der Nordsee Schutz gewährten. Auf einigen Terpen findet man noch romanisch-frühgotische Kirchen, steinerne Zeugen für den Überlebenswil-

len der Siedler, die sich hier am Rande Nordwesteuropas niederließen. Wer auf Terpen-Tour gehen möchte, wähle das nordfriesische Gebiet zwischen Harlingen, Leeuwarden und Dokkum. Hier prägen die friesischen Fluchtburgen fast noch überall die Landschaft. Das charakteristischste und unverwechselbarste Terpenbild bietet Hogebeintum. Der Erdhügel ragt acht Meter aus dem Flachland empor. Obenauf thront die romanische Kirche, umgeben vom Friedhof. Auf den im Laufe der Jahrhunderte der Nordsee abgerungenen Landflächen stehen heute auf saftigen Wiesen die weltberühmten friesischen Kühe. Weltberühmt, weil sie mehr Milch geben als irgendeine andere Rasse und weil ihre Milch obendrein auch noch einen höheren Fettgehalt aufweist. Die Friesen wußten diesen Vorteil natürlich gewinnbringend zu nutzen. 1879 führten sie das

»Fries Rundvee Stamboek« ein, das Stammbuch für echtes friesisches Vieh, und seither achten sie penibel auf die Reinhaltung ihrer schwarzgescheckten Rinderrasse. Doch damit noch nicht genug. Da das Rind vielen Friesen zu Ansehen und Wohlstand verholfen hat und noch verhilft – 40% aller friesischen Bauern konnten ihr Vieh in das Stammbuch eintragen lassen –, setzten die Friesen ihrem geliebten Milchtier auch noch ein Denkmal. Neben dem Bahnhof in Leeuwarden und – wie nicht anders zu erwarten – vor dem Amtssitz der Viehstammbuchhalter steht, in Bronze gegossen, ein beinahe fotogetreues Abbild der friesischen Milchkuh. Ruhig, fast majestätisch steht sie da, die Bronzekuh. Und im Volksmund hat sie auch schon ihren Spitznamen weg: »Us Mem«, unsere Mama. Kritiker aber nennen sie einfach: die heilige Kuh Frieslands.

Auf den Spuren von Eise Eisinga und Mata Hari

Nicht nur den Kühen setzt man in Friesland Denkmäler, nicht nur auf Milch ist man dort stolz. Voller Freude verweist der lokalpatriotisch gesinnte Friese auch auf die Prominenz aus den eigenen Reihen, auf Eise Eisinga etwa, der in seiner Wohnstube in Franeker in siebenjähriger Kleinarbeit, von 1774 bis 1781, das heute weit über die Grenzen Frieslands hinaus bekannte und bewunderte Planetarium zusammenbaute. Eine Meisterleistung. Auslösendes Moment für seine gigantische Puzzlearbeit war eine Meldung in der Tageszeitung »Leeuwarder Courant« vom 8. Mai 1774. Die Zeitung behauptete nämlich, daß in Folge einer bestimmten Planetenkonstellation – Merkur, Venus, Mars und Jupiter standen an

diesem Tag zusammen mit dem Mond im Himmelszeichen Widder – die Welt untergehen würde. Da man auch damals dem gedruckten Wort schon großen Glauben schenkte, versammelten sich auch in Franeker die Friesen auf den öffentlichen Plätzen und Straßen und warteten in Panik und Angst auf den Weltuntergang. Doch er blieb aus. Eisinga jedoch, dessen Hobby es schon lange war, sich in die faszinierende Sternenwelt zu vertiefen und die Planetenbahnen zu erkunden und zu berechnen, faßte aufgrund der für ihn wohl bestürzenden Tatsache, daß seine Mitbürger über das Planetensystem absolut nichts wußten, den Entschluß, in seinem Wohnzimmer

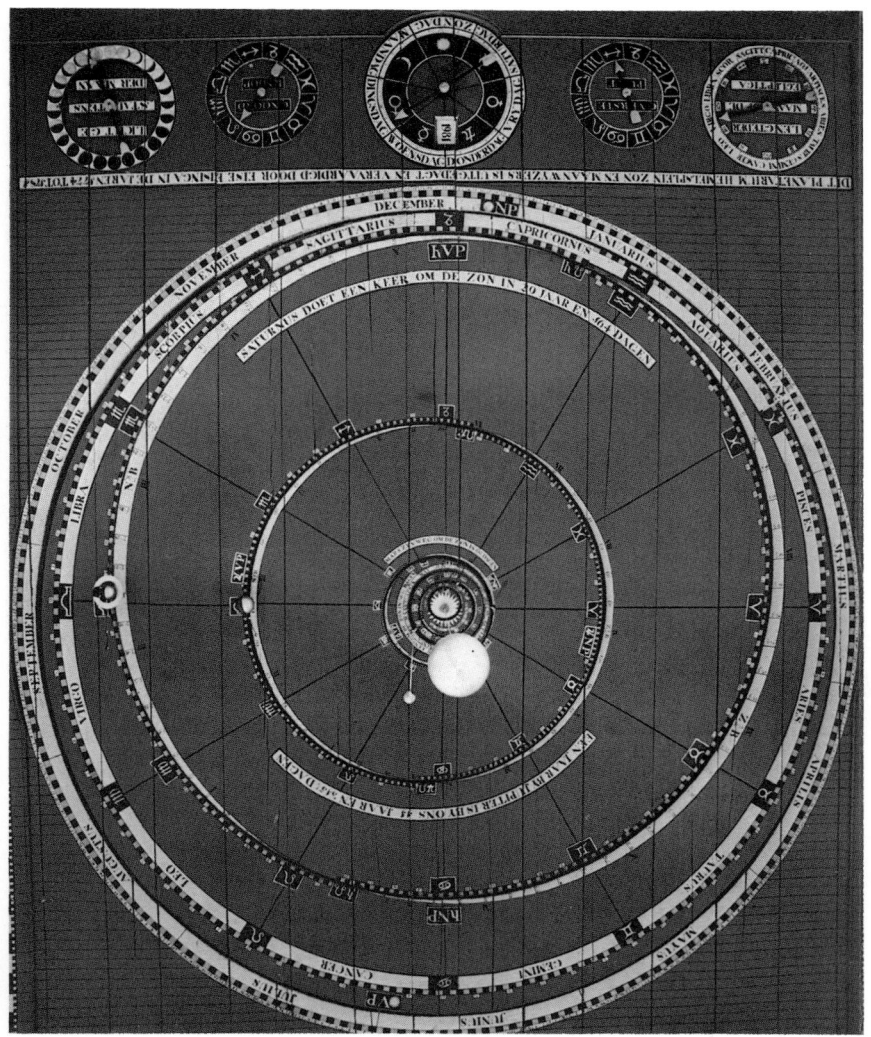

An der Decke seines Wohnzimmers konstruierte Eise Eisinga sein Planetarium

ein naturgetreues Modell davon zu bauen. Sein höheres Ziel war, seinen Mitmenschen den Unsinn solcher Weltuntergangsprophezeiungen plastisch zu verdeutlichen. Eisingas Planetarium arbeitet auch heute noch exakt. Echte friesische Wertarbeit, könnte man sagen. Nicht weiter verwunderlich aber, wenn man weiß, daß des Erfinders Maxime lautete: »Erst abwägen, dann wagen.«

Die berühmteste und wohl auch phantasieanregendste Friesin aber ist Mata Hari. Zwar wird sie von ihren heimischen Verehrern noch nicht als »Us Mata« bezeichnet, und sie erhielt ihr bronzenes Standbild auch erst 1976, weil man bis dahin wohl mit der offiziellen Bewältigung des lustvollen Lebenswandels der hübschen Doppelagentin einige Mühe hatte. Inzwischen aber ist Mata Hari ganz und gar in die Reihe der friesischen Vorzeige-Prominenz aufgerückt und wohl sogar zu der bekanntesten Friesin überhaupt avanciert. Unzählige Bücher wurden über sie geschrieben, Filme gedreht, Musicals und Opern aufgeführt. Sie war schon zu Lebzeiten eine Legende, und ihr Tod unter der Guillotine trug zu ihrem Nimbus bei. Welche Spionagerollen die mit weiblicher Raffinesse agierende Doppelagentin spielte, wird wohl nie eindeutig geklärt werden können. Das Pech der hübschen, neutralen Niederländerin (Holland war während des Ersten Weltkrieges neutral) scheint darin bestanden zu haben, daß sie ihre internationalen Amouren ausgerechnet in den Offiziersreihen der im Ersten Weltkrieg als Erzfeinde gegeneinander kämpfenden Franzosen und Deutschen suchte. Ihr permanentes Hin- und Hergependel zwischen ihrer Erstwohnung in Den Haag und ihrem Künstlerdomizil in Paris, zwischen französischen und deutschen Offizierszelten, machte sie schnell auf beiden Seiten der Fronten suspekt, ließ den begründeten Verdacht der Doppelspionage in beiden Lagern schnell wachsen. Dabei war sie auch und vor allem eine international anerkannte und

vielgefragte Künstlerin. Sie trat im Olympia und im Odeon in Paris auf, war im Apollo-Theater in Wien zu sehen, tanzte in Monte Carlo und spielte in der

In diesem Haus wohnte Mata Hari 10 Jahre. Heute ist dort ein Museum zur friesischen Landesgeschichte untergebracht

Mailänder Scala. Für einen Auftritt in Berlin war der Vertrag schon unterzeichnet. Doch die deutschen Generäle und ihr Kaiser waren schneller. Sie inszenierten vor dem Auftritt von Mata Hari in Berlin ihr Kriegsspektakel.

Ihre letzte Vorstellung gab Mata Hari im Dezember 1914 im Königlichen Theater in Den Haag. Am 13. Februar 1917 wurde sie von der französischen Spionageabwehr in Paris verhaftet und nach einem »kurzen Prozeß« am 15. Oktober des gleichen Jahres guillotiniert. Seither inspiriert die Legende der friesischen Frau mit der »Kirmeswagennatur«, wie sie sich oft selbst nannte, die Phantasie der Medienmacher. Ihr bürgerlicher Name lautete: Margaretha Geetruida Zelle. Ihr Geburtshaus steht in Leuuwarden, Grote Kerkstraat 28. Dort begann am 7. August 1876 ihr kurzes, aber legendenbildendes Leben.

Mata-Hari-Denkmal in Leeuwarden

Ohne von der Verhaftung Mata Haris zu wissen, brachte ein ihr befreundeter Maler diese Zeichnung auf der Fußleiste im Treppenhaus an

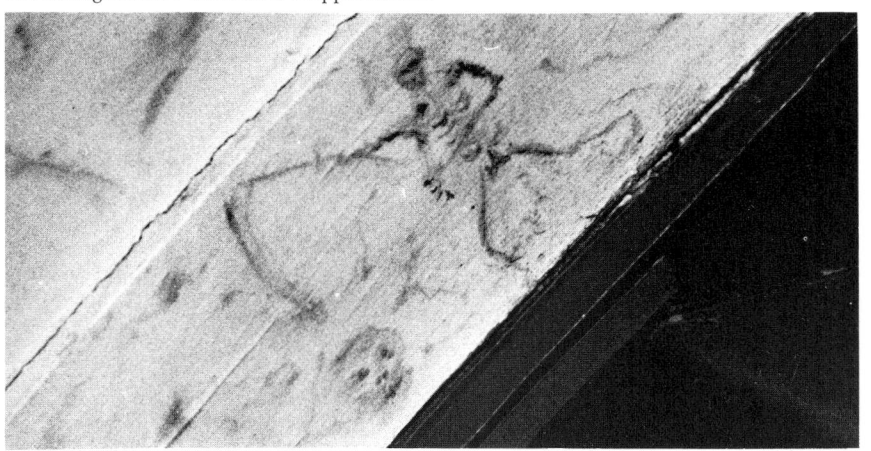

Legenden zu den Farbabbildungen

5

6

7

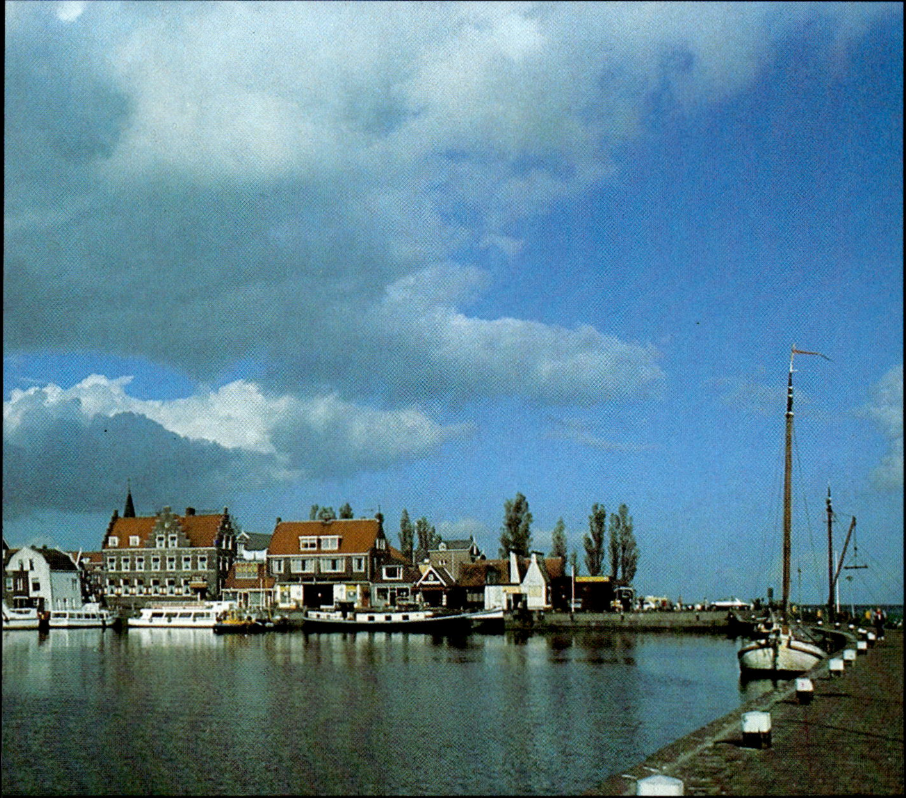

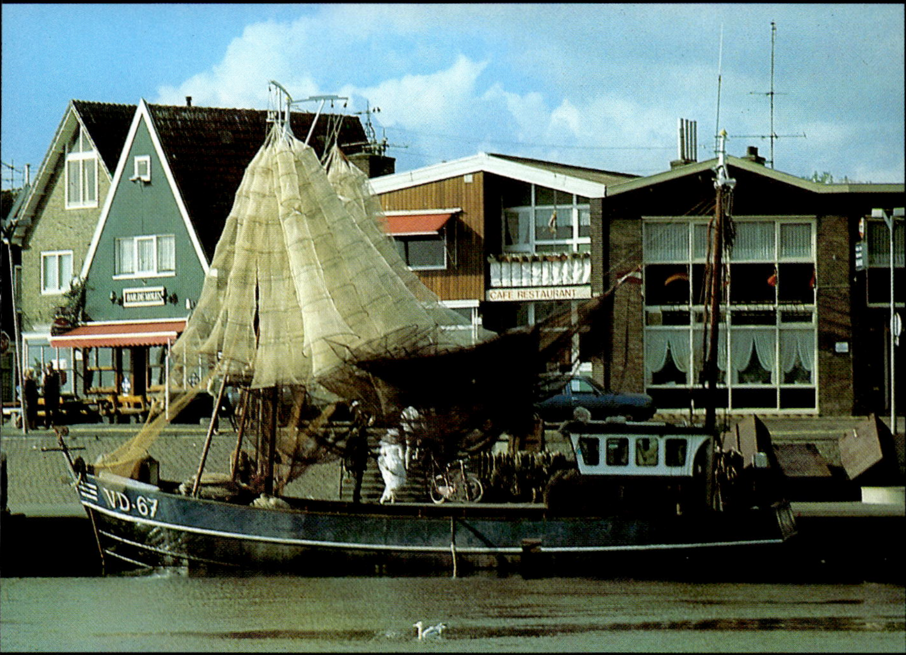
CAFE RESTAURANT
VD-67

14

15

16

22

23

24

25

26

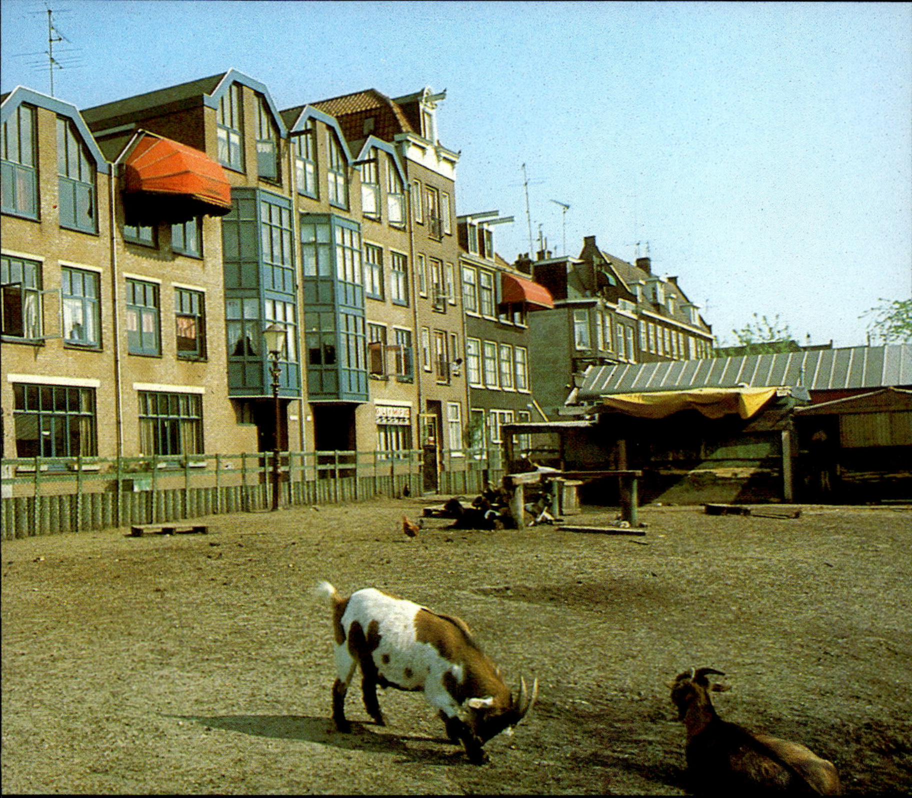

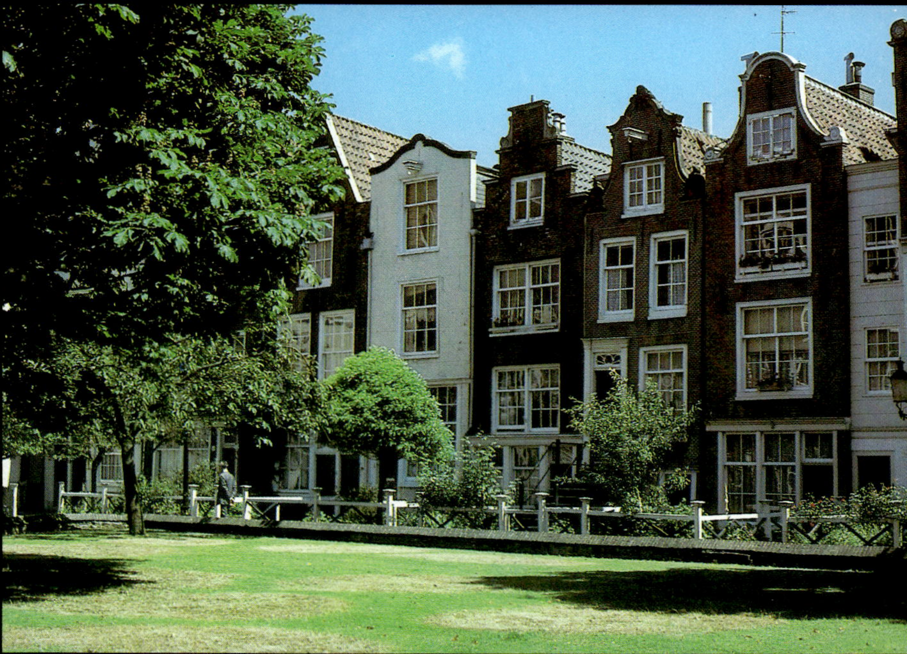

28

29

30

34

35

36

37

38

39

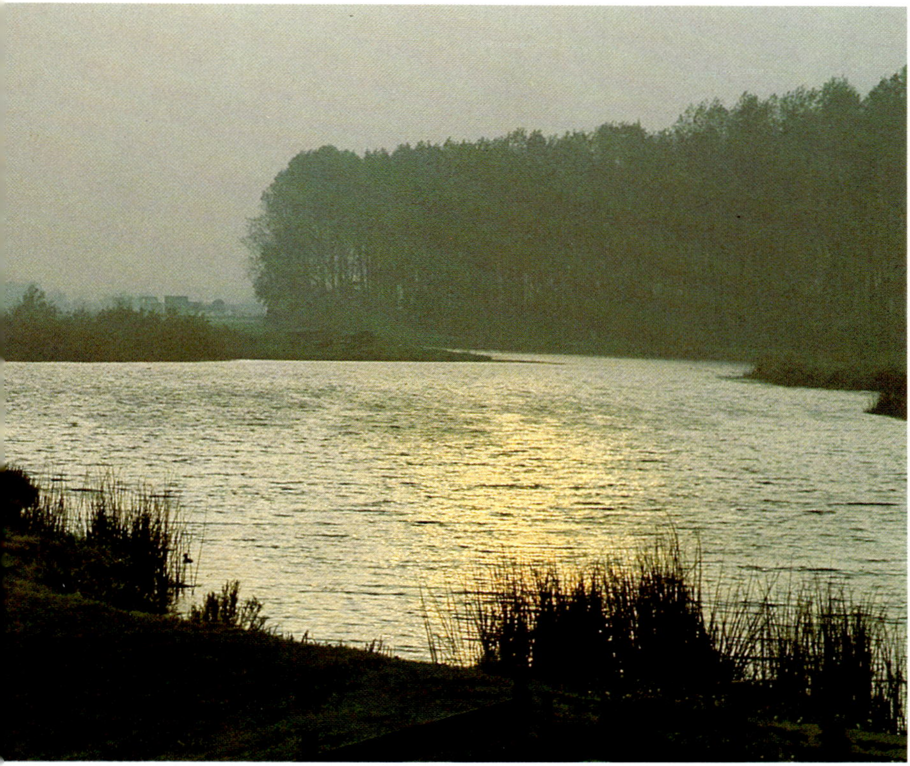

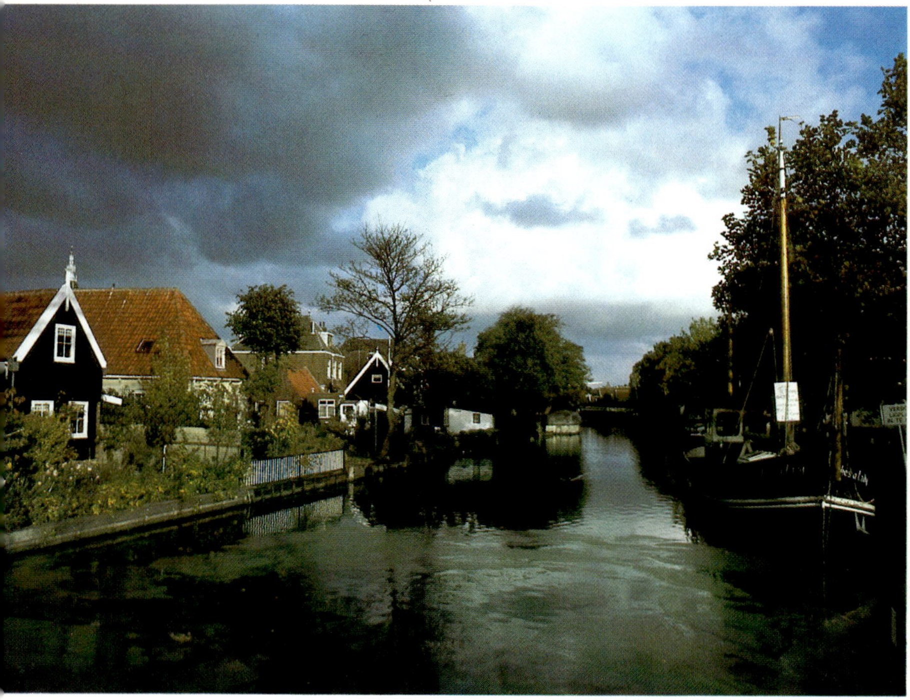

41

CAFE - BILJART
Heineken
bier
LOODSMANS-
WELVAREN
Loodsmans Welvaren

42

43

44

45

47

46

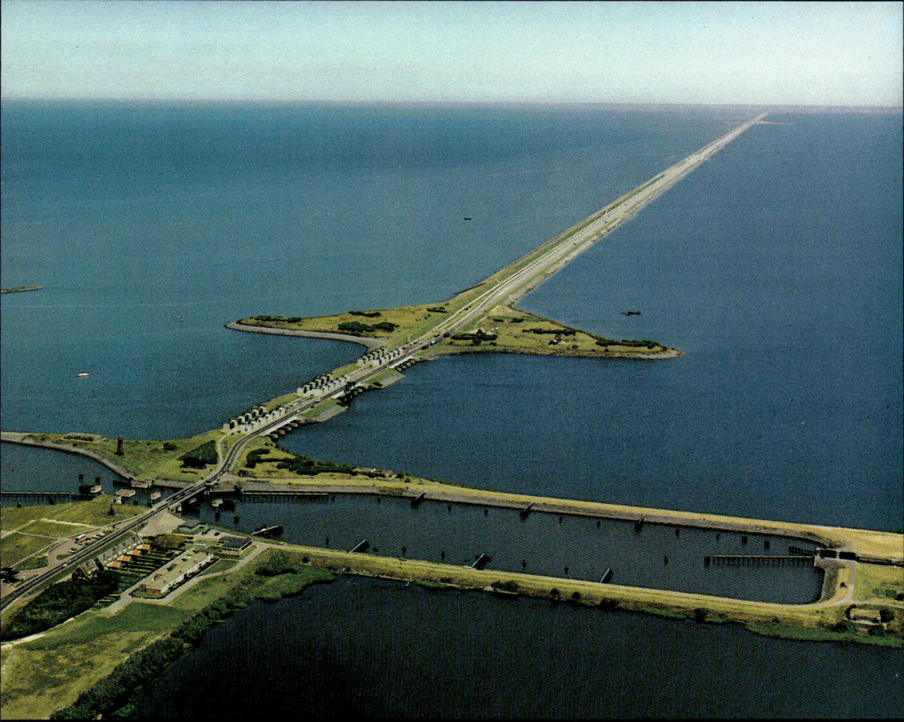

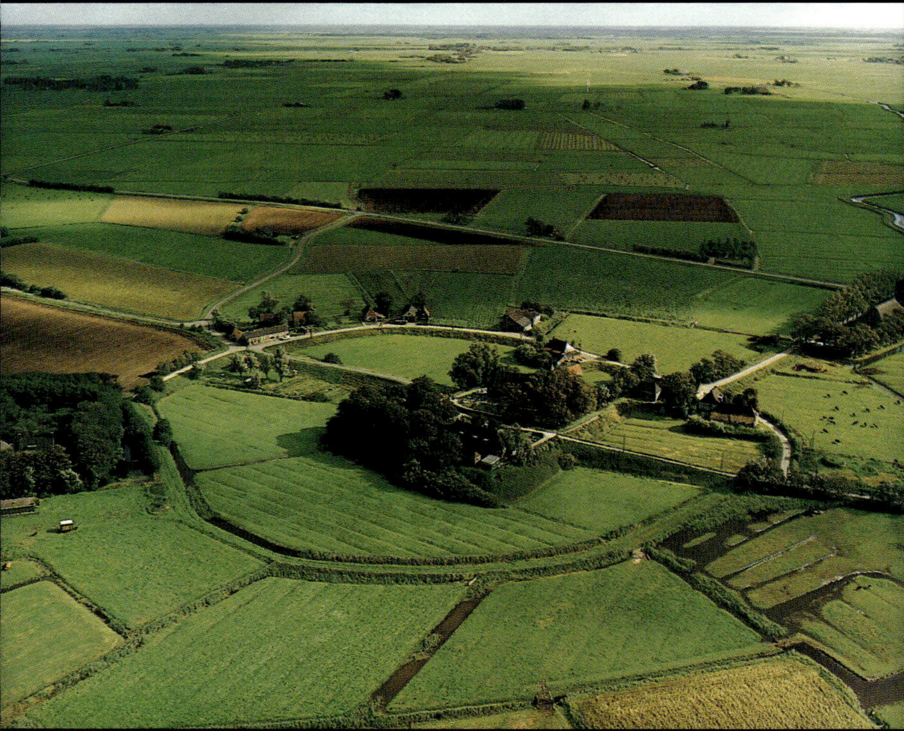

49

50

51

53

52

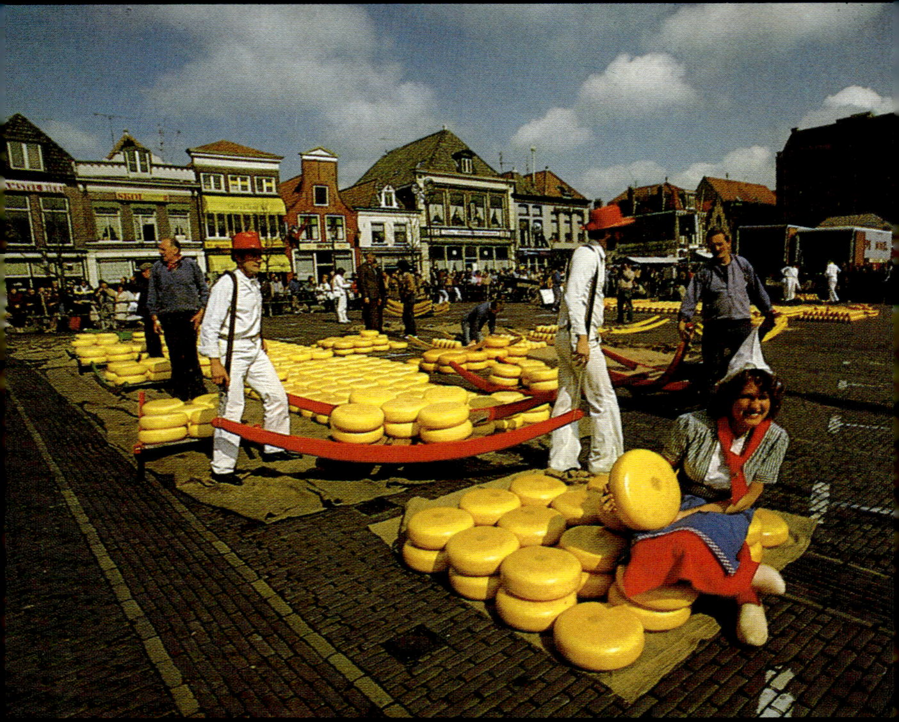

65

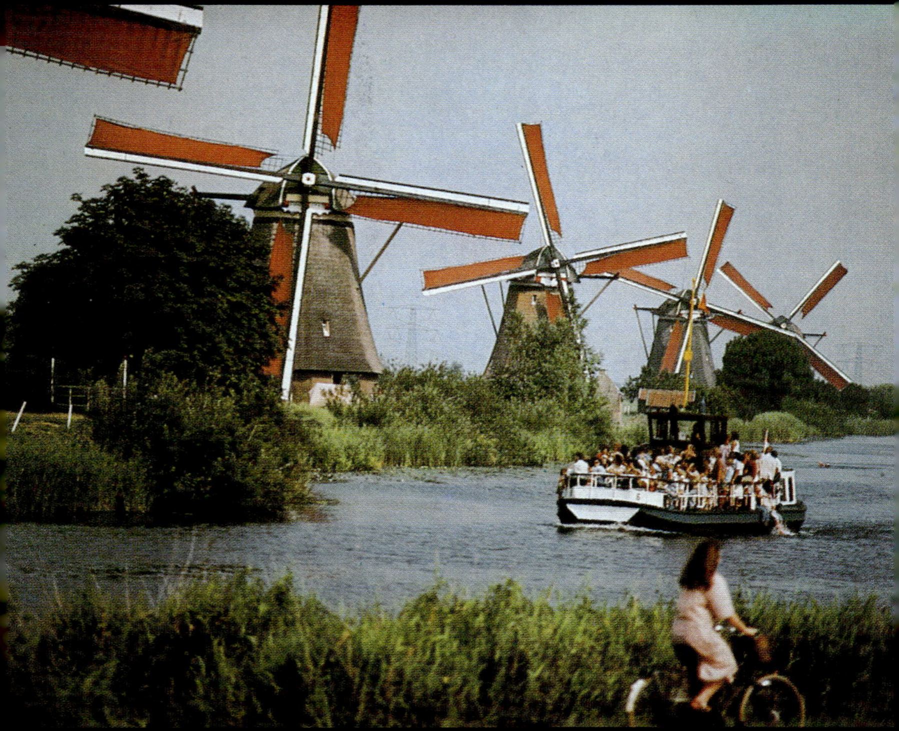

66

Die Delta-Werke:
Ein niederländisches Wunder – oder Gigantomanie eines Kleinstaates?

Es geschah mitten in der Nordsee, auf einer künstlich geschaffenen Insel namens »Neeltje Jans«. Dort fand am 4. Oktober 1986 ein Gipfeltreffen europäischer Staatsoberhäupter und prominenter Adliger aus der ganzen Welt statt. Sie gaben sich ein Stelldichein aus ganz besonderem Anlaß: Königin Beatrix der Niederlande weihte das neue wasserbautechnische Wunderwerk der Holländer, die Delta-Werke, ein. Mit von der Partie bei diesem Festakt, der anschließend von mehr als 20000 Gästen mit einem Volksfest auf der künstlich angelegten Insel gefeiert wurde: der deutsche Bundespräsident und sein französischer Amtskollege, Belgiens König Baudouin und seine Gemahlin Fabiola, Großherzog Jan aus Luxembourg und aus Großbritannien Prinz Andrew und Sarah Fergusson, die Herzogin von York.

Der Zeiger der Uhr rückte auf Zwölf vor. Es war soweit. Königin Beatrix schloß per Knopfdruck zum ersten Mal die 42 Meter langen und rund 500 Tonnen schweren Stahlschiebetore, die wie Fallbeile zwischen den 65 gigantischen, mitten in der Nordsee stehenden Betonpfeilern hängen. Schiffssirenen tönten, Tausende jubelten. »Seeland ist jetzt endgültig vor der Nordsee sicher«, sagte die niederländische Königin – historische Worte an einem historischen Tag. Denn nach einer Bauzeit von 28 Jahren und Investitionen von über 10 Milliarden Mark, ist das »Achte Weltwunder« nun Realität. Kernstück der Anlage ist das 7,2 Milliarden Mark teure, bewegliche Sturmflutwehr inmitten der Oosterschelde, dem südlichen Mündungsdelta von Rhein und Maas.

Dieses Wunderwerk funktioniert folgendermaßen: Die zwischen den 45 Meter hohen und bis zu 18000 Tonnen schweren Betonpfeilern hängenden Stahltore können bei einer drohenden Springflut jederzeit geschlossen werden. Sie bieten nach Angaben ihrer Konstrukteure dem dahinterbefindlichen, einige Meter unter dem Meeresspiegel liegenden fruchtbaren Ackerland einen optimalen Schutz. Die Möglichkeit, daß es einer erneuten Springflut nicht standhalten könnte, beträgt nach den Berechnungen der Fachleute nur 1 zu 4000.

Das holländische »Mega-Projekt Delta-Werke«, wie es immer genannt wird, ist aber auch noch in anderer Hinsicht bemerkenswert. Denn noch nie zuvor mußten sich die Ingenieure beim Küstenschutz den Erfordernissen des Umweltschutzes beugen und diesen als gleichrangig mit dem Sicherheitsanspruch in ihre Planungen einbeziehen. Die für die Oosterschelde gefundene Lösung eines beweglichen Sturmflutwehres mit Stahltoren gewährleistet neben dem Schutz vor Flutkatastrophen gleichzeitig auch, daß der Gezeitenwechsel aufrechterhalten und somit die einzigartige Flora und Fauna, die Muschel-, Austern- und sonstigen Seewasserkulturen, in diesem Meeresarm erhalten bleibt.

Wie kam dieses »Achte Weltwunder«, bei dessen Anblick selbst amerikanische und japanische Wasserbauingenieure immer wieder in sprachloses Staunen versetzt werden, zustande?

Der Kalender zeigte den 31. Januar 1953. Ein ganz gewöhnlicher Tag in Holland. Alles ging seinen normalen Gang. Die seeländischen Bauern genossen ihre Winterruhe. Doch bereits am Nachmittag erreichten die ersten Sturmwarnungen des königlich-niederländischen Wetterdienstes die noch ahnungslos in ihren Wohnzimmern sitzenden Menschen in den bedrohten Küstengebieten. Für viele von ihnen sollte dieser letzte Januarabend des Jahres 1953 zum Todestag werden. Doch zunächst blieb noch alles ruhig. Schließlich waren die seeländischen und holländischen Küstenbewohner Sturm gewohnt. Doch die Ruhe war trügerisch. Noch wußte niemand genau, was sich an diesem Abend auf der Nordsee zusammenbraute. Erst

Flutkatastrophe 1953

in der Nacht geschah, was viele für unmöglich hielten oder kaum zu denken wagten – die Deiche brachen. Ein Zusammenwirken der Springflut mit orkanartigen Westwinden verlieh dem aufgepeitschten Nordseewasser solche Kräfte, daß die Deiche der südwestniederländischen Regionen – vor allem die Seelands – gleich an 589 Stellen zerstört wurden. Mit gewaltiger Wucht ergossen sich die Wassermengen in die dahinterliegenden Landstriche, rissen alles weg, was nicht niet- und nagelfest war, und überfluteten große Teile Seelands und Südhollands. Die Nordsee holte sich ein Stück der Niederlande zurück ...

Als das ganze Ausmaß der Flutkatastrophe von den Tageszeitungen einige Wochen später bilanziert wurde, zählte man 1835 Tote, Zehntausende Obdach-

lose, Tausende von ertrunkenen Tieren und Sachschäden in Millionenhöhe. Über 4000 Häuser waren einfach weggespült worden. Es dauerte Monate, bis die überfluteten Gebiete wieder trockengepumpt und die Deiche aufs neue geschlossen waren. Diese furchtbare Bilanz der Flutkatastrophe – der schwersten seit der »St. Elisabethflut« von 1421, bei der noch mehr Menschen starben – erschütterte die niederländische Gesellschaft und das Selbstverständnis, mit dem man in Holland gewohnt war, mit Hilfe der modernen Technik den Wassergewalten der Nordsee zu begegnen und diese oft genug zu bezwingen. Viele Fragen wurden jetzt gestellt: »Wie könnte ein Küstenschutz geschaffen werden, der künftig absolute Sicherheit vor Überschwemmungen garantiert?« –

Deichbautechnik mit Hilfe einer Seilbahnkonstruktion: Betonblöcke werden ins Meer geworfen und bilden einen Damm

»Mußten die Deiche einfach erhöht werden?« – »Waren neue Schutzkonstruktionen erforderlich?« Die Wasserbaukundigen des ganzen Landes zerbrachen sich darüber den Kopf. Dann, 1958, hatten einige – die von der Regierung eingesetzte »Delta-Kommission« – eine brauchbare Lösung gefunden; ihr Plan wurde vom Parlament als »Delta-Gesetz« angenommen. Er sah vor, alle Meeresarme der Nordsee, die in das holländische Flußdelta zwischen dem Badeort Rockanje in Südholland und der Hafenstadt Vlissingen in Seeland hineinragten, vollständig abzuschließen. Nur der »Nieuwe Waterweg«, eine für den Rotterdamer Hafen unentbehrliche Wasser-

straße, und die »Westerschelde«, der für das flämische Antwerpen lebenswichtige Wasserweg, sollten offen bleiben.

Die Arbeiten an der Ausführung des Delta-Plans begannen 1967. Acht verschiedene Dämme mußten gebaut werden. Drei Milliarden Gulden standen dem Ministerium für Verkehr und Wasserbau insgesamt zur Verfügung. Neue Deichbautechniken sollten erstmals ausprobiert werden, die Küstenlinie der Niederlande sollte um 700 Kilometer verkürzt werden. Als erstes schlossen die experimentierfreudigen Wasserbauingenieure das »Veerse Gat«, einen kleinen, halbrunden Meeresarm zwischen den Inseln Nord- und Süd-Beveland. Sie arbeiteten mit einer für die damalige Zeit recht neuen Technik, den Senkkästen. Diese schwimmenden Stahlkonstruktionen hatten den Vorteil, daß sie im fertigen Zustand über das Meer transportiert werden konnten, um dann Stück für Stück aneinandergereiht einen geschlossenen Damm zu bilden. Nach der richtigen Plazierung, dem Öffnen der Ventile und dem anschließenden Vollaufen der Hohlräume mit Wasser boten diese Senkkästen die Möglichkeit, die Nordseefinger schnell und wirksam abzukappen. Die Ingeieure waren mit dieser Lösung aber noch lange nicht zufrieden. So führten wasserbaukundliche Erkenntnis und die damit verwobenen ökonomischen Interessen zu immer neuen, gewagteren Dammbautechniken. Als 1971 der Haringvlietdamm, das Bindeglied zwischen der südholländischen Insel Voorne und dem seeländischen Goeree, stand, konnten die niederländischen Wasserwissenschaftler wieder auf eine

Das Schließen des Brouwersdam ▷

erfolgreich angewendete Deichbautechnik zurückblicken. Nicht Plastik, sondern Beton hatte ihnen zu diesem Triumph verholfen. Von einer den Meeresarm überspannenden Seilbahn ließen sie so lange Betonblöcke ins Meer fallen, bis ein schmaler, das Wasser überragender Betondamm entstanden war.

Mit der Vollendung des Haringvlietdammes waren insgesamt fünf der acht geplanten Deichbauprojekte realisiert, ein großer Teil des Delta-Werkes erfüllt, die Sicherheit der hinter diesen Dämmen lebenden Menschen gewährleistet. Dafür war man auch bereit, einen hohen Preis zu zahlen. Wie hoch dieser Preis wirklich war, stellte sich jedoch erst jetzt heraus. Die Gezeiten blieben aus. Die von der salzigen Nordsee bestimmte Flora und Fauna wich allmählich den Binnengewässerkulturen. Lediglich die Bauern hatten Grund, sich zu freuen – die über das Grundwasser einsickernde Versalzung ihrer Äcker nahm ab. Schon hatten die Bautrupps mit den Arbeiten am letzten Teilstück, dem Damm in der Oosterschelde, begonnen, da zog die damalige sozialliberale Regierungskoalition in Den Haag die Notbremse. Immer stärker werdende Proteste und Petitionen der Umweltschutzgruppen und Fischereiverbände hatten dazu geführt. Denn den im Delta-Plan Priorität genießenden Sicherheitsinteressen der Küstenbevölkerung wurden mehr und mehr unersetzbare Naturgebiete geopfert.

Operation Oosterschelde

Die Oosterschelde, der Mittelfinger der wie eine ausgestreckte Hand in den Südwestteil der Niederlande hineingreifenden Nordsee, ist einer der fruchtbarsten Fischfanggründe der Niederlande. Jährlich werden in dieser Meereszunge, die von den seeländischen Inseln Schouwen, Duiveland, Nord-Beveland und Walcheren eingerahmt ist, Zehntausende Tonnen von Muscheln, Hummern, Garnelen, Seezungen und Austern gezüchtet und gefischt, die anschließend auf den feingedeckten Tafeln der europäischen Gourmet-Gilde landen. Über 10 % des gesamten Fisch- und Schalentieraufkommens der Niederlande kommen aus der Oosterschelde. Das meiste davon wird exportiert. Durchschnittlicher Jahreserlös für die niederländische Wirtschaft: rund 180 Millionen Gulden. Kein Wunder also, daß sich neben zahlreichen Fischern und Umweltschutzgruppen auch beinahe die gesamte holländische Fischindustrie für die Offenhaltung der Oosterschelde stark machte.

Das »schwarze Gold«, wie einige Fischer ihre Muschelkulturen in der Oosterschelde nennen, wird von Ende Juli bis Anfang April aus den vom Staat gemieteten Parzellen in der Nordsee geholt und dann, qua Versteigerung in dem kleinen Fischerdorf Yerseke, in bare Münze umgewandelt. Die Preise schwanken. Hoch sind sie dann, wenn es wenige Muscheln gibt und die knappe Meeresfrucht auch noch groß gewachsen ist. Niedrig, wenn das Angebot überquillt, die Tiere klein und ohne viel Fruchtfleisch sind. Jede Fracht Muscheln wird gemessen. Zweieinhalb Kilo aus der angelieferten Ladung werden vor dem Verkauf genau unter die Lupe ge-

nommen. Jede einzelne Muschel aus diesem Muster wird gemessen und sortiert nach ihrer Größe – sechs, fünf, vier Zentimeter; dann wird für die gesamte zum Verkauf stehende Muschelladung der prozentuale Anteil der Muschelgrößen hochgerechnet, Tara – meist Seesterne und Schlamm – abgezogen. Anschließend säubert und kocht man die Muscheln. Flinke Hände entfernen dann das Muschelfleisch, dessen Anteil wieder nach der gleichen Meß- und Wiegeprozedur per Computer für die gesamte zu verkaufende Ladung exakt ausgerechnet wird. An diesen Daten, die für jedes Schiff, für jede Ladung extra, öffentlich ausgewiesen werden, kann sich der potentielle Käufer orientieren; sie bestimmen neben der Angebotsmenge den Muschelpreis. In jedem Fall erhalten die Fischer den staatlich garantierten Mindest-

preis pro Muscheltonne, wobei eine Muscheltonne nur 100 Kilo zählt.

Bart Schot, ein Muschelfischer aus Zierikzee, fährt während der Muschelhochsaison, von Oktober bis Dezember, jeden Tag hinaus auf die Oosterschelde, um seine Parzellen abzuernten. Ihm und seinen beiden Brüdern gehören vier Schiffe, zusammen fischen sie jedes Jahr zehntausende Tonnen dieser beliebten Schalentiere – Muscheltonnen, versteht sich. Jedes der Fangboote ist mit vier Netzen bestückt, die, an langen Stahlseilen befestigt, langsam über den Meeresboden gezogen werden. Wenn so ein Netz prall voll ist, werden darin etwa 600 Kilo Muscheln an Bord des Schiffes gehievt.

Bart Schot war dabei, als Fischer und Umweltschützer Mitte der siebziger Jahre ihren grandiosen Erfolg im Kampf um

143

die Oosterschelde feierten. »Oosterschelde open of dicht« hieß das Motto
der jahrelang geführten Diskussion, eine
»dichte Oosterschelde« – ein fester Abschlußdeich – hätte den natürlichen Le-
bensraum der Meeresflora und -fauna
verändert, das Ende der Fischer bedeutet. Die damals amtierende Regierung
unter Joop den Uyl ließ schließlich die
bereits auf Hochtouren laufenden Arbeiten für einen festen Abschlußdeich in der
Oosterschelde stoppen. Ein Team von
Technikern erhielt den Auftrag, sich eine
neue Deichkonstruktion, die sowohl die
Sicherheits- als auch die Umweltinteres-
sen der Niederländer berücksichtigte,
auszudenken. Einzige Auflagen: Die
neue Konstruktion sollte bis spätestens
1985 fertig sein und dürfte das bisherige
Budget nicht sprengen.

Wenn Bart Schot heute mit seinem
Boot über die Oosterschelde tuckert, ist
er wieder in seinem Element. Er weiß,
die Oosterschelde bleibt ihm als Fang-
grund und Broterwerb erhalten – die
Techniker fanden eine nicht nur für die
Fischer, sondern auch für die Regierung
in Den Haag akzeptable Deichbaulö-
sung: ein bewegliches Sturmflutwehr! 65
gigantische Betonpfeiler, jeder davon
zwischen 35 und 45 Meter hoch und
rund 18 000 Tonnen schwer, wurden dafür mitten in die Strömung der Ooster-

schelde gesetzt. Sie dienen als Stützpfei-
ler, zwischen denen riesige, bewegliche
Stahlplatten hängen, die, normalerweise
offen, bei einer sich ankündigenden
Sturmflut jederzeit geschlossen werden
können, um die Wassermassen abzuhal-
ten und das dahinterliegende Land zu
schützen. Eine solche Konstruktion erfüllt die beiden geforderten Planziele:
Sicherheit und Umweltschutz. Auf dem
Weg vom Plan zu dessen Realisierung allerdings stellten sich mannigfache Probleme: Wie konnten die Pfeiler – trotz
ihres hohen Eigengewichts – auf dem
sandigen, von den Strömungsgeschwindigkeiten ständig in Bewegung gehalte-
nen Meeresboden eine absolute Standfestigkeit erhalten? Wo und wie sollten
diese Betongiganten gebaut werden? Wie
sollte man die Pfeiler an die vorgesehe-
nen Standorte transportieren? Fragen
über Fragen. Aber auch dafür fanden die
Techniker Lösungen.

Jeder der Betonpfeiler ist zwischen 35 und 45 Meter hoch und rund 18000 Tonnen schwer

Erst wurde der Meeresboden mit einem eigens dafür konstruierten Spezialschiff, »Mytilus« sein Name, das mit 40 Meter langen Vibratoren ausgerüstet war, solange durchgerüttelt, bis er fest geworden war. Anschließend goß man in einer extra dafür errichteten Fabrik viereinhalb Millionen Quadratmeter Betonblockmatten, die dann, Matte für Matte, auf dem Meeresgrund ausgerollt werden. Die Oosterschelde erhielt einen Teppichboden. Diese Betonmatten müssen

die optimale Standfestigkeit der Pfeiler garantieren. Sie ragen auf beiden Seiten des Sturmflutwehrs je 450 bis 650 Meter ins Meer hinein. Für den Pfeilertransport wiederum bauten die Niederländer ein weiteres Spezialfahrzeug, die »Ostrea«. Dieser schwimmende Schiffshebekran hatte die Aufgabe, die 18000 Tonnen schweren Betonpfeiler genau dorthin zu schleppen, wo sie laut Plan hingehörten, um als Stützen für die beweglichen Stahlplatten dienen zu können. Doch bevor man die gigantischen Betonpfeiler in einem genau berechneten Moment langsam auf den präparierten Meeresboden absacken lassen konnte, mußte der Betonmattenteppichboden im Meer von einem riesigen schwimmenden Unterwasserstaubsauger Meter für Meter gereinigt werden. Kein aufgeschwemmter Sand oder Kies darf die Standfestigkeit der Pfeiler beeinträchtigen. Sie wurden zentimetergenau plaziert und müssen auch so stehenbleiben.

Mit dieser beweglichen Sturmflutwehrkonstruktion stießen die Niederländer bis an die Grenze des derzeit wasserbautechnisch Machbaren vor. Nirgendwo auf der Welt gibt es etwas Vergleichbares! Für die Befürworter der Konstruktion ist das Sturmflutwehr das »Niederländische Weltwunder«. Kritiker dagegen halten es für pure Geldverschwendung. Auf jeden Fall grenzt das ganze Projekt an Gigantomanie und erinnert gar an den Turmbau zu Babel. Doch noch sprechen alle am Bau Beteiligten die gleiche Sprache.

Eine Kritik jedoch trifft sie alle: Die »Musterlösung Oosterschelde« drohte zeitweilig alle Staatskassen zu sprengen. Frühere Kostenvoranschläge werden heute nur noch belächelt. Ursprünglich einmal sollten die gesamten Delta-Werke, also alle acht Deiche, rund drei Milliarden Gulden kosten. Als Folgen der »Musterlösung Oosterschelde« mußten noch zwei weitere Dämme gebaut werden. Die Komplementärdeiche »Philipsdam« und »Oesterdam« sind für eine einwandfreie Regulierung des Süß- und Salzwasserhaushalts unerläßlich. Außerdem bindet ein Vertrag mit Belgien die Niederländer, in dem sie dem südlichen Nachbarn zusichern, den künftigen Schelde-Rhein-Kanal, von und nach Antwerpen führend, gezeitenfrei zu halten. So explodierten die Ausgaben. Mehr als elf Milliarden Gulden kostete das »Niederländische Wunder« schließlich. Diese Summe riß ein riesiges Loch in das Budget des ansonsten reichlich ausgestatteten Wasserbauministeriums. Das damals von der weltweiten ökonomischen Dauerrezession geschüttelte Holland sah sich mit immer größeren Finanzierungsproblemen konfrontiert. »De pot is leeg«, dieser Satz malte zwischenzeitlich das Ende des Wunders drohend an die Wand. Allerdings war der »point of no return« längst passiert. Eine Umkehr oder gar ein Stopp des Jahrhundertbauwerks war nicht mehr möglich.

Doch täglich tauchten in der Diskussion um dieses »holländische Wunderwerk« neue Fragen auf. Immer mehr Menschen begannen daran zu zweifeln, ob das Sturmflutwehr in der Oosterschelde auch das halten kann, was seine Erfinder und Erbauer zu Beginn der Arbeiten so großzügig versprochen haben: absolute Sicherheit vor Überschwemmungen und den uneingeschränkten Erhalt des Natur- und Fischreservoirs Oosterschelde. Auch Bart Schot, dem seeländischen Fischer, kommen Zweifel, wenn er daran denkt, daß auch das bewegliche Sturmflutwehr den bisherigen Hochwasserpegel um ein Drittel auf circa 2,70 Meter reduziert. Er stellt sich jetzt die Frage, ob das nicht doch einen Einfluß auf seine Muschelkulturen haben könnte. Daher experimentiert er vorsorglich, wie er sagt, mit einer Forellenzucht in salzigen Nordseegewässern.

Noch skeptischer war der Wasserbauwissenschaftler Jan Bosker, der das bewegliche Sturmflutwunderwerk bereits in einigen Jahren einstürzen sah und dieser Mahnung noch süffisant hinzufügte:

»Das Günstigste, was den Delta-Ingenieuren passieren kann, ist, daß die Pfeiler nicht exakt aufgestellt wurden.« Er glaubte nicht daran, daß trotz Sandschüttelaktion, Betonmatten- und Meeresstaubsaugereinsatz die Hindernisse und Tücken des Sandbodens und der Strömungsgeschwindigkeiten der Nordsee zu überwinden seien. Seine Kritik klingt plausibel. Denn schon eine geringfügige Verschiebung der Betonpfeiler um nur fünf Zentimeter kann das bewirken, was kein Niederländer zu denken wagt: daß die bei Flutalarm so dringend benötigten Stahlplatten, wenn sie in höchster Not heruntergelassen werden sollen, ihren Dienst versagen, weil sie klemmen.

Dagegen waren sich die am Projekt beteiligten Ingenieure des Gelingens ihres Wunders ganz sicher. Sie hatten vollstes Vertrauen in ihre »Operation Oosterschelde« und brachten gar den Satz über die Lippen, daß man mit diesem Team von Wissenschaftlern, dem man das Delta-Wunder verdankt, beinahe alle wasserbautechnischen Probleme der Welt lösen könne. »Dieses Bauwerk hält den Fluten mindestens 200 Jahre stand, bietet den Menschen, die dahinter leben, Sicherheit und schützt gleichzeitig die natürliche Gewässerkultur der Oosterschelde.« Zahllose Einsätze des Sturmflutwehrs haben bislang die Zuversicht der Ingenieure bestätigt.

Allerdings stellte man inzwischen fest, daß das Projekt einen stärkeren Einfluß auf die Strömungsverhältnisse an der niederländischen Nordseeküste hat, als berechnet. Es verschwindet mehr Sand von den Stränden als zurückkommt. Doch im Haager Ministerium für Wasserwirtschaft ist man optimistisch, auch dieses Problem meistern zu können. Im August 1987 erhielten die Delta-Werke eine Auszeichnung, den europäischen Design Award.

Die ehemalige Arbeitsinsel »Neeltje Jans« ist heute zu besichtigen. Sie wurde zu einem einzigartigen wasserbautechnischen Museum ausgebaut und beherbergt auch die »Delta-Expo«. Diese Ausstellung, die den Verlauf des Delta-Projekts im Detail hervorragend beschreibt, ist heute bereits zu einer der größten touristischen Attraktionen der Niederlande geworden. Jährlich kommen über 300 000 Menschen hierher, um sich das Wunderwerk der Wasserbautechnik anzusehen. Man fährt am besten mit dem Auto auf die seeländische Insel Schouwen-Duiveland Richtung Zierikzee und dann weiter Richtung Burgh. Immer den Schildern »Delta-Werke« folgen, bis zum großen Parkplatz mit einer Mini-Cafébar. Gegen eine Eintrittsgebühr wird man mit dem Bus auf der ganzen Arbeitsinsel herumgefahren und hat auch noch Gelegenheit, das Informationszentrum, in dem alles Wissenswerte über die Delta-Werke zu erfahren ist, zu besuchen. Wer will, kann sich einen Film über die Delta-Werke ansehen. Auch in deutscher Sprache.

Winter auf den Watteninseln –
Oasen der Ruhe

Windstärke neun. Stürmischer Südwestwind. Die Schafe kauern sich jetzt noch enger zusammen, um sich aufzuwärmen. Texel liegt im Winterschlaf. Nur wenige, eingefleischte Texel-Fans verirren sich zu dieser Jahreszeit auf das zur Provinz Nord-Holland gehörende »Eiland«, die größte niederländische Watteninsel. Sie wissen, daß Texel im Winter seinen Reiz am besten entfaltet. Denn in der sommerlichen Hochsaison gesellen sich zu den rund 12500 Einheimischen noch jedes Jahr rund 250000 Gäste. In der kalten Jahreszeit dagegen erlebt man die Insel am ursprünglichsten. Die Texelaner gehen wieder ausschließlich ihren angestammten Beschäftigungen nach und erledigen das, wozu ihnen der hektische Sommer keine Zeit ließ. Es ist nämlich ein Mißverständnis zu glauben, Texel und seine Bewohner wären ökonomisch ganz und gar auf die touristischen Geldbringer vom Festland angewiesen. Ganz im Gegenteil. Texel ist ein Beispiel dafür, wie die einheimische Kultur und der touristische Kommerz auf einem für alle Beteiligten befriedigenden Harmoniepegel gehalten werden können.

Die Texelaner und ihr örtlicher Verkehrsverein wissen ganz genau, worum es geht. Nur wenn sie den landschaftlichen Reiz, das typisch texelsche Fluidum von schafbegrasten Weiden, einsamen Vogel- und Naturreservaten, nicht allzu überfüllten Stränden erhalten und mit einer hervorragenden touristischen Infrastruktur verknüpfen können, nur dann wird Texel langfristig bleiben, was es heute schon ist: Eine Insel mit eigenem Charme, unverwechselbar, ein Vogel- und Fahrradparadies ohne klotzige Hotelbetonburgen, eine Insel, die aber dennoch den alljährlich anströmenden Erholungssuchenden ansprechende und ausreichende Unterkunfts- und Freizeitmöglichkeiten bietet; eine Insel, die neuerdings mehr und mehr eigene Produkte, zum Beispiel köstliches Lammfleisch oder selbsterzeugten Schafskäse, anbieten kann. Texel soll nicht zugebaut werden. Das steht fest. Deshalb haben die örtlichen Touristik-Manager und der zuständige Gemeinderat die Bettenkapazität auf maximal 47000 Übernachtungsmöglichkeiten festgesetzt. Ein vernünftiger Entschluß, wenn man bedenkt, wie manche ostfriesischen Watteninseln heute schon aussehen. Dennoch gibt es immer noch Widerstand gegen diesen an und für sich schon bescheidenen Bettenausbau. Eine Bürgerinitiative, die »Werkgroep Landschapszorg«, sorgt sich um die vielen einmaligen Natur- und Vogelreservate, befürchtet deren Beeinträchtigung durch zu viele Badegäste. Immerhin nisten hier auf Texel unzählige

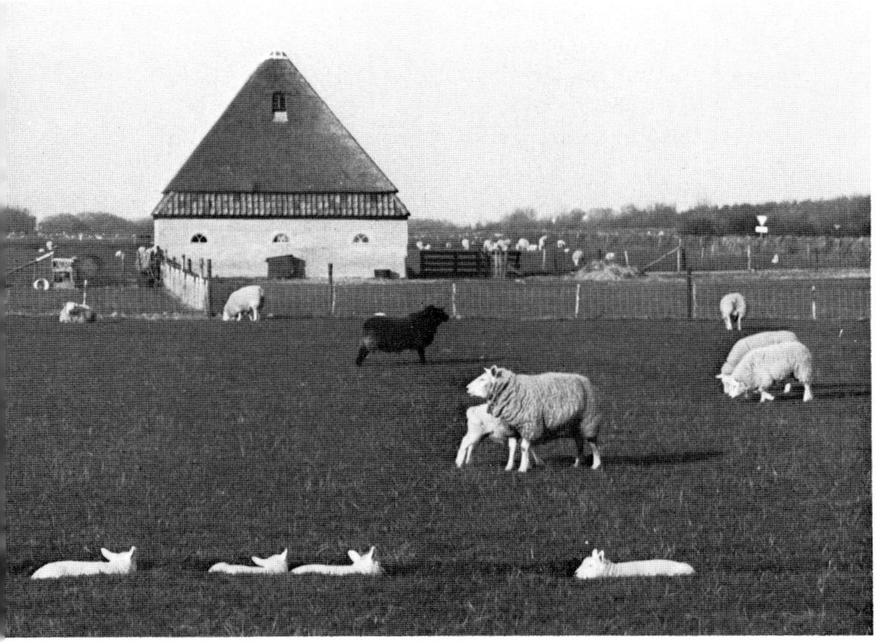

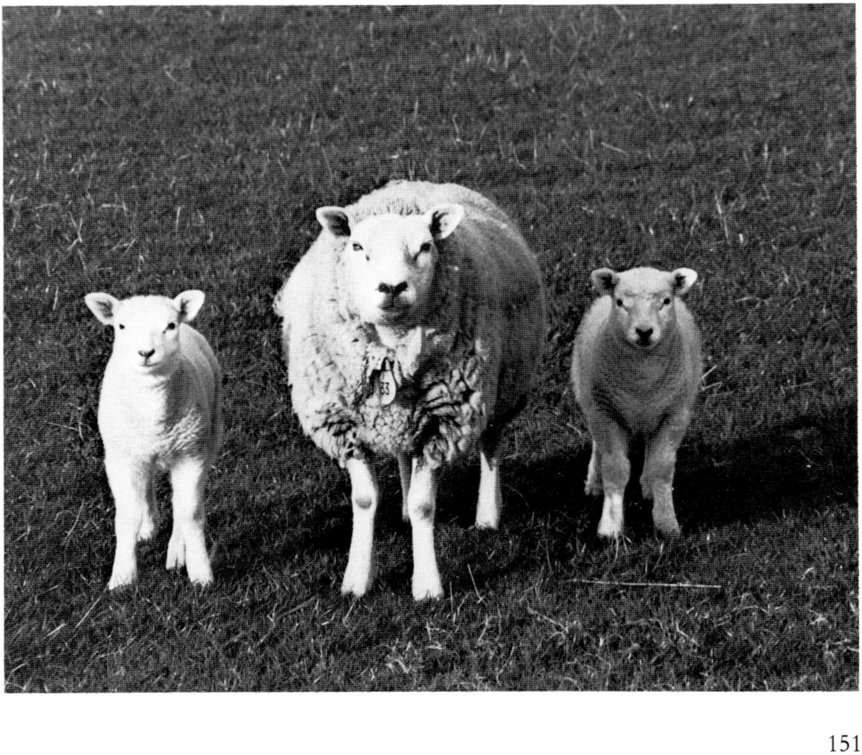

Strandcafés in De Koog

Vogelarten, darunter Rot- und Grünschenkel, dunkler Wasserläufer, Säbelschnäbler, Alpenstrandläufer und viele Pfeifenten. Trotzdem, die Bürgerinitiative stößt mit ihren allzu weit gehenden Forderungen bei der Bevölkerung auf taube Ohren. Denn die Texelaner wissen genau, was der alljährliche Besucherstrom für sie bedeutet, nämlich rollende Gulden und damit die Möglichkeit, auf der ökonomisch strukturschwachen Insel einigermaßen gut zu leben. Sie sind daher keineswegs für den Stopp des Ausbaus der touristischen Infrastruktur und heißen die zahlreichen und zahlenden Gäste herzlich willkommen. Das Leitmotiv des Verkehrsvereins formuliert Hans Bakker, einer der führenden Tou-

Vogelbeobachter

ristik-Fachleute vor Ort, daher wie folgt: »Weder Stopp noch grenzenloser Ausbau des Tourismus. Die Wahrheit liegt irgendwo dazwischen.«

Was tut man aber im Winter auf der Insel, wenn Strandbummel und Wasserfreuden temperaturbedingt ausfallen müssen? Den meisten wird bei einer solchen Frage sicher die obligatorische Regenantwort einfallen: ins Museum gehen. Gut, das ist eine Möglichkeit. Eine andere wäre es, sich etwas über die Ge-

schichte der Insel, über deren Eigenarten kundig zu machen. Über das »Queesten« beispielsweise. Queesten war im 19. Jahrhundert noch die texelsche Variante des bayerischen Fensterlns. Allerdings ohne Leiter. Die brauchte Mann dort nicht. Dafür mußte der Liebhaber über Weiden und Wiesen und über »Slote« (Wasserkanäle), bis er endlich bei seiner Geliebten angelangt war. Die Eltern halfen dem jungen Glück oft augenzwinkernd nach, indem sie an bestimmten Ta-

gen in der Woche die Haustür nicht verriegelten und dabei hofften, daß es der künftige Bräutigam sein werde, der da nächtens eintrat. Texelsches Nachtleben im 19. Jahrhundert. Heute dagegen locken die Discos, warten Sauna und Solarium auf den Trimm nach Sonnenuntergang. Der Drink kommt später. Texel hat auch auf diesen Gebieten einiges zu offerieren, in Den Hoorn, Den Burg oder De Koog. Aber auch von der eigenen Trinkgeschichte her, wie der Gemeindeschreiber List aufschlußreich zu berichten weiß. Noch 1852 sollen die trinkfreudigen Texelaner pro Kopf rund zehn Liter Genever jährlich zu sich genommen haben. Und die Pfarrer wetterten jeden Sonntag von der Kanzel gegen die Trunksucht. Solange, bis sie es endlich schafften, den Geneverkonsum langsam aber sicher durch Kaffee zu ersetzen. Heute trinkt der Texelaner auch nicht mehr als die übrigen Niederländer, nämlich rund vier Liter pro Kopf und Jahr.

Texelsche Geschichte und Geschichten. Dazu gehört auch der »Aufstand der Georgier«. Von den deutschen Besatzern im Zweiten Weltkrieg auf der Insel als »Kollaborations-Bataillon« geködert und stationiert, machten diese sowjetischen Kriegsgefangenen zunächst gute Miene zum bösen Spiel. Um dem beinahe sicheren Hungertod in deutschen Kriegsgefangenenlagern zu entgehen, entschlossen sie sich, für die deutsche Wehrmacht zu kämpfen. Das aber brachte sie gegen Ende des Krieges, als die Niederlage Nazi-Deutschlands sich immer klarer abzeichnete, in arge Bedrängnis. Sie wußten oder ahnten wohl alle, was sie nach einer Befreiung und Rückkehr nach Stalin-Rußland zu erwarten hatten. Eine heroische Heldentat

156

sollte sie daher vom Makel der Kollaboration befreien: der Aufstand gegen die Deutschen. Er begann in der Nacht vom 5. auf den 6. April 1945. Im Morgengrauen stachen die Georgier mit ihren Messern zu. Lautlos lief die Rebellion ab. Nur zwei deutsche Einheiten, die draußen in den Dünen lagen, bemerkten den Aufstand und schlugen unverzüglich Alarm. Verstärkung vom Festland rückte an. Dauerartilleriefeuer ging auf die Insel nieder. Erst nach fünf Wochen waren die Georgier niedergekämpft, ihr Ausbruchversuch gescheitert. Ungefähr 565 von ihnen kamen dabei um. 800 Deutsche starben, und 120 Texelaner verloren ihr Leben. Einige der Einheimischen auch deshalb, weil sie den Aufständischen Unterschlupf gewährt hatten. Manche Georgier, die auf diese Art und Weise untertauchen konnten, kehrten dann doch noch, wie geplant, als Helden in die Heimat zurück. Die wenigen Überlebenden des Aufstands, Georgier und Texelaner, pflegen auch heute noch regen Kontakt. Georgisch-texelsche Beziehungen. Und auch die sowjetischen Offiziellen pflegen die Erinnerung an diese Geschehnisse. Jedes Jahr kommt der sowjetische Botschafter nach Texel, um auf dem georgischen Friedhof die dort begrabenen Landsleute zu ehren. Allerdings muß er dabei aber immer einen großen Umweg machen, denn in Den Helder, von wo aus die Fähren im Sommer alle halbe und im Winter zu jeder vollen Stunde nach Texel starten, in Den Helder liegt ein Teil der niederländischen Kriegsmarine. Sperrgebiet im Natoland Niederlande, vor allem für sowjetische Funktionäre. Trotzdem, der Botschafter nimmt die Umwege in Kauf und kommt, notfalls mit dem Hubschrauber.

Städteportraits

Amsterdam – aufregend, anregend, entspannend

Grachtenmetropole, Drogenmekka, Venedig des Nordens, Hauptstadt der Kleinkriminalität, Rembrandt-City, Zentrum der Lust und des horizontalen Gewerbes, Stadt der Drehorgeln und des Glockenspiels, Hippie- und Hausbesetzermetropole, Stadt der Anne Frank, Diamond-City – Welche Etiketten hat man Amsterdam im Laufe der Zeit nicht schon alle umgehängt? Amsterdam wird von manchen gehaßt, von vielen geliebt und von einigen vergöttert. Geliebt wird die niederländische Hauptstadt wegen ihres unvergleichlichen Charmes und wegen ihres Laisser-faire – des leben und leben lassen, »relaxt« und locker wie sonst nirgendwo in Europa. Gehaßt wird Amsterdam dagegen von so manchem Autofahrer, der entweder im Grachtenlabyrinth der Hauptstadt an der Amstel die Orientierung verliert oder aber seinen Wagen nach einem Stadtbummel aufgebrochen, leergeraubt oder einfach überhaupt nicht mehr vorfindet. Zwar ist letzteres nicht unbedingt typisch für Amsterdam, sondern kann in jeder anderen Großstadt – in Frankfurt ebenso wie in Paris, London oder New York – passieren; aber Amsterdam und Auto(radio)diebe sind in den letzten Jahren schon fast zu einem Begriffspaar verschmolzen.

Typisch für Amsterdam, das sind zweifellos die Grachten; die schicken Bürgerhäuser an der Heren-, Keizers- oder Prinsengracht mit ihren unverkennbaren Treppen-, Schnabel- und Halsgiebeln; aber auch die unzähligen schwimmenden Häuser, die Wohnboote. Typisch für Amsterdam sind die noblen Adressen der Diamentairs, wo man für viel Geld Hochkarätiges und Funkelndes erstehen kann, typisch die »Bruinen Cafés«, von denen manche wie »Hoppe« an der Spui eine mehr als dreihundertjährige Geschichte aufweisen können, und ebenso typisch die »Walletjes«, der Red Light District, wo leicht bekleidete Damen im Schimmer des Rotlichts ihre Dienste anbieten. Zu diesem Bild vom typischen Amsterdam gehört natürlich auch ein Gang durch das ursprünglichste Viertel der Stadt, das Arbeiter- und Ju-

Nieuwmarkt

denviertel »Jordaan«, gleich hinter dem Leidseplein, sowie ein Besuch der »Hofjes«, wie etwa des berühmten Begijnenhof zwischen Spui und Kalverstraat. In diesen klitzekleinen Dörfchen in der Weltstadt, in denen die Zeit stehen zu bleiben scheint, können Bedürftige auch heute noch ihren Lebensabend verbringen – scheinbar weit entfernt vom Rummel der Großstadt. Die Hofjes wurden im 17. Jahrhundert von den durch Handel reich gewordenen Amsterdamer Bürgern und Kaufleuten geschaffen und finanziert. Sie waren so etwas wie die Sozial- und Rentenversicherung jener Zeit, weil die Reichen damals mit einem Teil ihres Geldes den Armen ein Dach überm Kopf und einen Altersruhesitz schenkten. Freiwillig! – Vielleicht um ihr Gewissen zu beruhigen.

Wer über die Straßen und Plätze Amsterdams, über die Spui, die Rokin, den Dam oder den Leidseplein flaniert, wird pulsierende Räume von Gemütlichkeit, Kommerz und Kommunikation vorfinden, Räume mit einem internationalen Flair, wie sie in der Form nur Amsterdam offeriert. Amsterdam sehen und entdecken, muß daher das Motto lauten: Im Sommer auf dem Leidseplein sitzen, den Gauklern, Straßenmusikanten, Pantominen zusehen; beim »Kopje Koffie« oder beim Bier sprichwörtlich holländische Geselligkeit kennenlernen, Geselligkeit, die sich nicht nur auf die Wohnstuben beschränkt, sondern auch in der Öffentlichkeit spürbar ist. Oder einfach über den Waterlooplein schlendern, in altem Krimskram herumstöbern und sich an den originell gekleideten Menschen erfreuen; oder über den Albert-Cuyp-Markt bummeln, der an manchen Ecken das mediterrane Flair eines orientalischen Bazars ausstrahlt; oder einen

Spaziergang durch den Vondelpark unternehmen. Das sind gängige, liebenswerte Freizeitbeschäftigungen von Amsterdam-Besuchern, das sind Amsterdam-Attraktionen, die man auf keinen Fall auslassen sollte.

Wer im Winter in Amsterdam weilt, kann sich bei »Reynders«, dem Café am Leidseplein, die Füße wärmen und dabei die anregende Wirkung eines echten »Bruinen Café« kennenlernen. Einem weiteren Stück echtem Amsterdam begegnet man im »Café Americain«, gleich neben dem Leidseplein und dem Stadttheater. Ein Café mit Geschichte, Treffpunkt für Maler und Musiker, Schauspieler und Spieler, Schriftsteller und Journalisten, Künstler, und alle, die sich dafür halten. Dieses Café war Kommunikations- und Zufluchtsstätte deutscher Exilanten, die vor Hitler und seinen

Schergen nach Holland flohen. Klaus Mann ließ sich hier zu seinem »Mephisto« inspirieren, Joseph Roth und Irmgard Keun, Konrad Merz und Hermann Kesten trafen sich hier, fanden im Americain eine Art »öffentliches Zuhause«, wie Kesten es nennt. Hermann Kesten, der in Amsterdam die Bücher der deutschen Exilanten herausgab und auch Klaus Mann zu »Mephisto« anregte, urteilt über dieses Café: »Im Exil wird das Café zu Haus und Heimat, Kirche und Parlament, Wüste und Wallstatt, zur Wiege der Illusion und zum Friedhof.« – Die Jugendstil-Einrichtung des Americain blieb seit 1935 unverändert, so daß es etwas von der Kultur der Stadt Amsterdam und ihrer Faszination wiedergibt. Es soll nicht wenige Amsterdamer geben, die mit und in diesem Café leben und mit Vorliebe dessen Mitte ansteuern, wo ein

Im Vondelpark

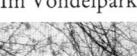

erstmals Aktien ausgab, um ihre Expeditionen ins ferne indonesische Archipel zu finanzieren. Amsterdam ist also die Geburtsstadt der Börse – und wenn man die Börse als Ursprung der freien Marktwirtschaft ansehen will, damit auch die Wiege des Kapitalismus schlechthin. Zwar hat die holländische Hauptstadt die ehemals dominante Rolle als merkantile Großmacht in Europa schon längst wieder verloren, trotzdem werden auf dem Amsterdamer Boden auch heute noch bedeutende internationale Kontakte angebahnt und geschlossen, Kontrakte unterschrieben.

Zu Amsterdam gehören aber auch die Junkies, die ihre Heroinabhängigkeit durch die sogenannte Beschaffungskriminalität, also Diebstähle und Einbrüche zu finanzieren suchen. Ihre Zahl wird derzeit auf etwa 7000 geschätzt. Zu Amsterdam gehören die Kraker (Hausbesetzer), die Häuser nicht nur instandbesetzen wollen, sondern manchmal den vom Bürgermeister der holländischen Hauptstadt gesuchten Dialog mit brennenden Barrikaden anstatt mit Gesprächsbereitschaft beantworten.

Das alles und noch viel mehr ist Amsterdam. Amsterdam erleben heißt, die Stadt jedes Mal neu entdecken, heißt erfahren, wie sich diese Metropole wandelt. In Amsterdam spiegeln sich, wie in jeder anderen Großstadt, die Probleme unserer Zeit. Typisch für diese liberale Stadt ist jedoch wiederum, daß man versucht diese Probleme manchmal anders zu lösen, daß man nach neuen undogmatischen Lösungsansätzen sucht. Dies hat einen historischen Hintergrund. Im 17. Jahrhundert, dem Goldenen Zeitalter Hollands, als Amsterdam zeitweilig das Zentrum der westlichen Welt war, wurde eine Atmosphäre von großbürgerli-

riesiger Lesetisch steht, der zur Kommunikation einlädt.

Bekannt ist Amsterdam ferner durch das Rijks- und van Gogh-Museum, wo viele der weltberühmten Werke von Rembrandt, Vermeer, van Gogh und anderen Vertretern der holländischen Schule im Original hängen. Was Kunst und Kultur, Ausstellungen und Festivals, Theater und Konzerte betrifft, so bietet die Stadt Wegweisendes. Ein Kunstprojekt wie »Berlin – Amsterdam 1920 bis 1940«, in dem die wechselseitigen deutsch-niederländischen Einflüsse vielschichtig dokumentiert und analysiert oder gar erst neu entdeckt und ausgegraben wurden, oder die große van Gogh-Retrospektive im Sommer 1990 unterstreichen die zentrale Bedeutung Amsterdams in der niederländischen Kulturszene.

Bekannt ist Amsterdam weiterhin durch die Börse am Damrak, die Wiege des Aktienhandels überhaupt, der im Jahre 1602 hier begann, als die Vereinigte Ostindische Handelscompanie (VOC)

cher Toleranz und Internationalität geprägt, die sich in gewisser Weise bis heute erhalten hat. Die Aufmüpfigkeit von Minderheiten und Randgruppen gegen staatliche Autorität und die Herrschaft der Obrigkeit gehört mit in diese Tradition. Kritik ist ein Teil der großstädtischen Kultur Amsterdams. In Amsterdam ist man bereit zu experimentieren, etwa bei der Drogenbekämpfung (siehe Seite 24 f.) oder der alternativen Nutzung von Gotteshäusern: sie sind Gebets- und Begegnungsstätten, Museen und Ausstellungsorte zugleich. Für solche Experimente ist Amsterdam immer gut. Frei nach dem Motto des Stadtwappens: »Heldenhaft, Standfest, Barmherzig«. Wobei die Barmherzigkeit dem Heldentum längst vorgezogen wird. Amsterdam ist eine menschliche Stadt.

Die Menschlichkeit kennt aber auch Schattenseiten. Mit Schuld daran, daß Amsterdam in den letzten Jahren häufiger mit negativen als mit positiven Schlagzeilen in der Weltpresse beschrieben wurde, ist nach Meinung vieler Bürger der holländischen Hauptstadt eine jahrelange verfehlte Strukturpolitik des Stadtrats. Man hat sich in den letzten Jahren um die Bekämpfung der Apartheid in Südafrika im Amsterdamer Gemeinderat mehr gekümmert, als um die Stadtentwicklung, kommentierte die größte Tageszeitung des Landes, der in Amsterdam erscheinende »Telegraaf« bissig die Stadtpolitik und legte damit gleichzeitig den Finger in eine der offenen Wunden der Stadt. Die Druckerschwärze, mit der dieser Artikel gedruckt worden war, war kaum getrock-

Wandbild gegen Sanierungsvorhaben in der Marnixstraat

165

net, da erhielt der über Jahrzehnte sozialdemokratisch dominierte Stadtrat vom Wähler die Quittung. Er wurde im März 1990 abgewählt.

Inzwischen aber herrscht Konsens unter den großen Volksparteien, daß man die Stadt nicht als Grachtenmuseum und einstige Hippie-Metropole, als Mekka für Ausgeflippte und Hausbesetzer, konservieren kann. Man ist sich nun weitgehend einig, daß die Stadt neue Impulse, vor allem wirtschaftliche, braucht, wenn sie nicht verelenden will. Nur wenn Amsterdam wirtschaftlich gesund ist, kann die Stadt ihre entspannte Atmosphäre auch in Zukunft erhalten, kann sie das bleiben, was sie nach wie vor ist: Die Hauptstadt der Toleranz. Amsterdam muß weiterentwickelt und ausgebaut werden, muß wieder Kapital anlocken können, lautet daher seit kurzer Zeit die vielgehörte Devise. Was soll, was muß geschehen? Nun hofft man, endlich eine Antwort auf diese brennende Frage gefunden zu haben. Amsterdam arbeitet an seinem Comeback. Geplant ist die Erschließung eines gigantischen neuen Stadtviertels, dem »Nautischen Quartier«, mit Zehntausenden Wohnungen, modernen überdachten Shopping Arkaden und Passagen, Boulevards zum Flanieren am Wasser, sowie der Bau eines Jachthafens. Kurz: Amsterdam soll all das erhalten, was der Stadt derzeit (noch) fehlt – eine großstädtische weitläufige Architektur, Allüre und Eleganz. Und das alles, ohne daß der historische Stadtkern auch nur angetastet wird. Die Amsterdamer glauben, das architektonische Ei des Kolumbus gefunden zu haben. Das Mini-Manhattan soll sich von Sloterdijk im Westen entlang des Hauptbahnhofs im Zentrum bis weit ins östliche Hafengebiet und damit fast bis zum IJsselmeer erstrecken. Die von Architekten bereits konzipierte 15 km lange Wohn- und Verwaltungsachse am IJ soll Amsterdam für Unternehmer, für Einheimische und auch für Touristen noch attraktiver machen. Die Kosten des gigantischen IJ-Ufer-Projekts sind entsprechend. Voraussichtlich acht Milliarden Gulden wird die Realisierung der IJ-Achse kosten. Dafür aber wird Amsterdam dann endlich wieder mit der geographischen Wiege seines Wohlstandes, dem Wasser, verbunden sein.

Denn es ist kein Zufall, daß die neue Stadt ausgerechnet da entstehen soll, wo auch der städtebauliche und wirtschaftliche Ursprung Amsterdams liegt, nämlich an den IJ-Ufern. Von hier aus stachen die Holländer mit ihren Schiffen im 17. Jahrhundert über die Zuiderzee, die noch nicht durch den Abschlußdeich von der Nordsee getrennt war, in See. Nach Indonesien und ans Kap der guten Hoffnung, nach Nieuw Amsterdam (heute New York) und Neu Guinea, nach China und Japan. Erst als Ende des vorigen Jahrhunderts der Amsterdamer Hauptbahnhof gebaut wurde, und die Schienenführung entlang der einstigen Zuiderzee, den heutigen IJ-Ufern, verlief, wurde Amsterdam von seiner Wiege und vom offenen Zugang zum Meer abgeschnitten. Diese Trennung wurde zwar durch den Bau des Nordseekanals für die Schiffahrt verkehrstechnisch wieder aufgehoben, aber städtebaulich war und ist Amsterdam seit dem Bau des Hauptbahnhofs vom Wasser abgenabelt. Nur die Grachten erinnern noch an die einstige Funktion als führende Hafenstadt Europas.

Die Bebauung der IJ-Ufer bietet somit die historische Chance der Revitalisierung eines ursprünglich zum Stadtkerns gehörenden Gebietes, das heute weitgehend brach liegt. Gleichzeitig kann das Milliardenprojekt nach Meinung seiner Befürworter den seit Jahren andauernden Trend der Stadtausbreitung nach Süden und Südosten hin entgegenwirken. Der Amsterdamer Norden würde dadurch wieder attraktiv.

Selbstverständlich gibt es auch Kritiker dieser architektonischen Gigantomanie, wie diese meinen. Leute, die befürchten, das gesamte Stadtbild Amsterdams könnte dadurch angetatet und verändert werden. Amsterdam könnte sein Gesicht verlieren. »Die IJ-Ufer«, so schreibt Maarten Hajer beispielsweise in einem über das Projekt publizierten Buch, »sind für uns derzeit die unsichtbare Stadt. Aber die Vorstellung, daß in diese schönen Räume dort, wenn sie einmal bestehen, auch Menschen einziehen und die Wirtschaft neue Impulse erhält, diese Vorstellung muß sich erst noch bewahrheiten.« Hajer spielt damit offensichtlich auf ein städtebauliches Fiasko

der Amsterdamer an – das Bijlmermeer. Denn die betonerne Trabantenstadt vor den Toren Amsterdams, in den siebziger Jahren als Wohnoase geplant und gebaut, soll demnächst ganz oder teilweise abgerissen werden, weil dort niemand mehr wohnen will und rund 60 % aller Wohnungen seit Jahren leer stehen.

Doch das Bijlmermeer- und das IJ-Ufer-Projekt sind nicht vergleichbar. Durch die Errichtung einer Wohn- und Verwaltungsachse am IJ wird Amsterdam eine völlig neue städtebauliche Dimension erhalten. Amsterdam – heute nach Meinung seines Tourismus-Direktors John Moreau das internationalste Dorf der Welt, in dem es sich gut leben läßt; eine Stadt, die durch eine einzigartige Kulturszene und ihre Kunstschätze besticht – könnte nach der Realisierung des gigantischen Bauvorhabens tatsächlich wieder das sein, was die Stadt nach Meinung ihrer Lokalpatrioten schon immer war: Eine der Top-Lokationen in Europa.

Sanierung ehemaliger Lagerhäuser an den IJ-Ufern

Rotterdam Europoort:

Tor zur Welt und Hafen der Probleme

Rotterdam. Assoziationen wie Hafen oder Öl werden da wach. Gedanken über die holländische Hafenmetropole kreisen unmittelbar um das Thema Handel und Industrie. Die Wirtschaft ist es auch, die dieser Stadt ihr unverwechselbares Gepräge gibt, eine Stadtatmosphäre von immerwährender Geschäftigkeit aufkommen läßt. Rotterdam – Hauptumschlagplatz für ein- und ausgehende Waren von und nach Europa. Erze und Stahl, Maschinen und Lebensmittel. Größter Hafen der Welt. Ölader und Handelszentrum. Wie keine andere Stadt der Niederlande wird Rotterdam heute von diesen Bedingungen bestimmt, ist die Stadt geformt von Internationalität und Effizienzdenken. Aber auch von den vielen daraus resultierenden Problemen. Rotterdam ist der Hafen Europas zur Welt.

Die Stadt verdankt ihre Bedeutung und ihre heutige Funktion als Drehscheibe des Welthandels, wie so vieles in Holland, dem Wasser. Genauer gesagt, war es ein Wasserbauprojekt, das den Aufstieg Rotterdams wesentlich förderte. Als nämlich 1872 der »Nieuwe Waterweg« die Stadt endlich direkt mit der Nordsee verband, war das die Initialzündung, die den Handelsmotor der Stadt von nun an immer schneller laufen ließ. Das bis dahin noch recht gemächlich vor sich hindösende Rotterdam wurde geschäftig. Die günstige Lage im Mündungsdelta von Maas und Merwede zahlte sich aus. Der Kanal bot allen großen Lastschiffen eine hervorragende Zufahrtsmöglichkeit und ergänzte damit gleichzeitig das Wasserverkehrsnetz zwischen der Nordsee und den Binnenhäfen an Rhein und Maas entscheidend. Rotterdams Aufstieg begann zu einer Zeit, als das dahinter liegende Ruhrgebiet gerade von der ersten Industrialisierungswelle erfaßt wurde. Stahl und Maschinen aus Deutschland gingen hier für den Export in alle Welt an Bord. Getreide aus den USA wurde und wird hier gelöscht, Erz umgeschlagen. Die Stadt war Dreh- und Angelpunkt im internationalen Warenverkehr und gleichzeitig auch Passagierhafen der großen Überseelinien geworden. Das hatte Folgen. Immer mehr Menschen strömten nach Rotterdam, das mit 86 000 Einwohnern um 1850 beinahe ein Provinznest war und nun aus allen Nähten zu platzen drohte. Zur Jahrhundertwende beherbergte die holländische Hafenstadt bereits 333 000 Menschen. Zehn Jahre später, 1910, sind es schon 426 000. Bei weitem nicht alle, die damals in Rotterdam ihr Eldorado sahen, fanden dann in der Stadt auch das, was sie suchten: Arbeit und Glück. Es entstand ein riesiges Industrieproletariat, ausgebeutet von den sich hier immer zahlreicher niederlassenden Manufakturisten, die die eingehenden Waren und Halbfertigerzeugnisse gleich vor Ort weiterverarbeiten ließen und mit Gewinn verkauften. Hunger und Elend der armen Massen und schnelles Glück und Glorie formten ein Bild jener Zeit, das unter dem Stichwort »Industrielle Revolution« in die Geschichtsbücher einging. Erst die sich auch in den Niederlanden immer stärker formierende Arbeiterbewegung, Gewerkschaften und die dann von der Haager Regierung um die Jahrhundertwende in den Niederlanden eingeführten Sozialgesetze verbesserten die elende Lage der lohnabhängig arbeitenden Menschen allmählich.

Der größte Schlag traf die Stadt am 14. Mai 1940. Deutsche Bomben legten das Zentrum in Schutt und Asche. Hitler

wollte an Rotterdam ein Exempel statuieren und benutzte das Flächenbombardement als Erpressungsmittel gegenüber der niederländischen Heeresführung: Entweder sofortige Kapitulation der Niederlande oder aber gleiches Bombenschicksal für alle anderen holländischen Städte, so lautete das Ultimatum aus Berlin. Die niederländischen Generäle gaben nach und kapitulierten einen Tag später, am 15. Mai. Hitler konnte nun auch Holland besetzen. Der Krieg um

diglich der romantische Stadtteil Delfshaven läßt noch viel vom alten Rotterdam erahnen.

Nach dem Wiederaufbau in den 50er
und 60er Jahren eroberte die Stadt
schnell wieder ihre alte führende Stellung
und steht heute unangefochten an der
Spitze der Handelshäfen. Jahresum-
schlag rund 290 Millionen Tonnen Gü-
ter! Zum Vergleich: Hamburg 60 Millionen Tonnen, Marseille 95 Millionen
Tonnen. Circa die Hälfte davon ist Erdöl. Und auch am europäischen Gesamt-
umschlag von landwirtschaftlichen Produkten hält Rotterdam den Löwenanteil.
Über zwei Drittel dieser Waren passieren bei der Ein- oder Ausfuhr den Rotterdamer Europoort. Ähnliches gilt für
Stahlerzeugnisse und Metallwaren. Die
Hafenanlagen sind gigantisch. Allein die
Tanklagerkapazität beeindruckt. Rund
32 Millionen Kubikmeter in riesigen
Tanks. Über eine Milliarde Container
werden hier Jahr für Jahr ein- oder aus-
geladen.

Handel, Hafen und Industrie brachten
den Rotterdamern aber auch viele Probleme. Nach wie vor übt eine solche Hafenstadt große Anziehungskraft aus.
Heute sind es hauptsächlich ausländische
Arbeitnehmer, die zuziehen. In den Pha-
sen der Hochkonjunktur angeworben,
sind viele von ihnen seit Jahrzehnten in
der Stadt.

Der Anteil ethnischer Minderheiten in
Rotterdam beträgt circa 13 %. Das sind
60 000 Menschen. Türken, Marokkaner
und viele aus den ehemaligen niederländischen Kolonien stammende Surinamer, Indonesier, Molukker. Sie, die
Fremden aus den Ex-Kolonien, stellen
die stärkste Fraktion. Sie haben es aber
im Vergleich zu Türken oder Marokka-
nern noch immer etwas leichter, denn die

die Niederlande dauerte insgesamt fünf
Tage. Die deutsche Besatzung fünf Jahre. Und noch vor ihrem Abzug aus Rotterdam und der endgültigen Kapitulation
Nazi-Deutschlands vernichteten die
Deutschen zahlreiche Hafenanlagen der
Stadt. Dieses brutale Bombardement
hinterließ in Rotterdam bis heute – nicht
nur architektonisch – Spuren. Rotterdam ist eine der ganz wenigen holländischen Städte, die ihr historisches Stadtbild beinahe völlig verloren haben. Le-

Hafenrundfahrt mit der Spido

meisten von ihnen sprechen, wenn auch oft gebrochen, niederländisch. Am ärgsten trifft es die Ausländer, die die niederländische Sprache nicht beherrschen und zudem auch noch einer anderen, nichtchristlichen Glaubensgemeinschaft angehören. So kollidieren beispielsweise die islamischen Traditionen, Bräuche und Sitten besonders stark mit den christlichen Wert- und Moralvorstellungen. Spannungen bleiben da nicht aus. Und gerade in Zeiten ökonomischer Krisen, wenn der zu verteilende Wohlstandskuchen kleiner wird, wachsen die Probleme der ethnischen Minderheit zu einem beinahe nicht mehr abtragbaren Berg an. Erste reaktionär-faschistische Parteien melden sich in den Niederlanden, besonders in Rotterdam, lautstark zu Wort. Eine dieser radikalen Splittergruppen mit rassistischer Grundhaltung sind die »Centrum-Demokraten«, die zeitweilig sogar mit einem Sitz im Haager Parlament vertreten sind. Ganze, an die Wohnviertel von Ausländern angrenzende, Stadtteile votierten für diese Partei; die Bewohner haben Angst davor, daß sich auch bei ihnen Fremde einquartieren könnten. Noch dominieren dagegen in Rotterdam die vielen, oft ehrenamtlich arbeitenden Hilfsorganisationen für Ausländer, die «Stichtingen voor Buitenlanders», die sich redlich bemühen, den Fremden bei der nicht allzu leichten Bewältigung des holländischen Alltags zu helfen. Allein in Rotterdam gibt es elf dieser gemeinnützigen Organisationen. Auch die Stadt selbst fungiert als Vorbild. Im Rathaus befindet sich ein riesiges Info-Zentrum, das jedem Bürger zugänglich ist und in dem zahlreiche Stände für die Beratung ethnischer Minderheiten eingerichtet wurden.

Ein weiteres Problem, das die Stadt und vor allem die Stadtverwaltung in Atem hält, ist die Prostitution. Seit die Stadtoberen 1977 die zahlreichen Damen aus dem horizontalen Gewerbe aus ihren angestammten Quartieren im Stadtteil Katendrecht vertrieben haben, fanden sie bis heute keine allgemein akzeptable Lösung mehr, die Gunstgewerblerinnen woanders unterzubringen. Der Plan, ein staatlich beaufsichtigtes Eros-Center zu errichten, scheiterte an dem seit langem umstrittenen »Zuhälterparagraphen«: Das niederländische Strafgesetzbuch verbietet nämlich in Artel 250 den staatlichen Stellen ausdrücklich und »in jeglicher Hinsicht«, die Prostitution in irgendeiner Weise zu begünstigen. In ihrer Verlegenheit und vom Wunsch beseelt, das älteste Gewerbe der Welt doch wieder irgendwie unter staatliche Aufsicht zu bekommen, ersannen die Rotterdamer Stadträte eine kuriose, eine schwimmende Lösung; Sexschiffe. Aber auch dieser Plan ließ sich nicht realisieren. Die Angelegenheit ist äußerst heikel und kompliziert. Eine annehmbare Lösung des käuflichen Liebeslebens muß nämlich alle befriedigen: die Anbieterinnen, die Nachfrager, die Anwohner und die Stadtverwaltung.

Es gibt aber auch noch andere Möglichkeiten, in Rotterdam lustvoll zu leben. Zum Beispiel ein Besuch bei »Engels«, einem internationalen Restaurant in der Nähe des Bahnhofs. Im englischen Pub, der spanischen Bar, dem ungarischen Lokal oder beim skandinavischen Buffet läßt sich hier die Zeit schmackhaft und geschmackvoll vertreiben. Nach einer Tasse Kaffee kann man dann mit der Straßenbahnlinie 5 zum Hafen fahren und sich den Europoort von einem der zahlreichen Spido-Rundfahrboote aus in Ruhe anschauen. Hier erst bekommt man den lebendigen Eindruck von der Weite dieses größten Hafens der Welt, einen bleibenden Eindruck, den trockene Zahlen nicht vermitteln können.

Erasmus von Rotterdam

Den Haag: Residenz und Regierungssitz – aber nicht Hauptstadt

Den Haag. Regierungssitz und – seit Beatrix die niederländische Königskrone trägt – auch wieder Residenzstadt, aber nicht Hauptstadt der Niederlande. Das ist, gemäß Verfassung, nach wie vor Amsterdam und wird es wohl auch bleiben. Doch zusammen mit der holländischen Hauptstadt und dem Industrieterrain Rotterdam formt Den Haag sowohl geographisch als auch politisch-gesellschaftlich das magische Dreieck der holländischen Städte. Die Regierungsstadt Den Haag im Westen, die Hauptstadt Amsterdam im Norden und die Wirtschaftsmetropole Rotterdam im Süden. Diese drei Städte spiegeln in Bevölkerungsstruktur, gesellschaftlichen Problemen und Zweckbestimmungen auch gleichzeitig ein recht authentisches Bild von Holland wider. Im Volksmund »Randstad« genannt. Auf der Karte formen sie zwar noch lange nicht ein gleichschenkliges Dreieck. Sie begrenzen und dominieren jedoch die Randstadt Holland. Jene Randstadt, in der, vergleichbar mit dem deutschen Ruhrgebiet, das ökonomische Herz der Niederlande schlägt.

In diesem Randstadt-Konzert spielt Den Haag, genauer 's-Gravenhage, wie die Stadt eigentlich heißt, die erste Geige, die Residenz- und Regierungsrolle. Beamte, Angestellte und Diplomaten geben den Ton an. Eleganz ist gefragt. Viele Haager Bürger und Bürgerinnen sind nicht einfach irgendwer. Sie sind etwas »Besseres« und zeigen das auch. Über Geld pflegt man hier nicht zu sprechen, allenfalls darüber, in welchen Clubs man verkehrt, zu welchen gesellschaftlichen Kreisen man Zugang hat, in welchen Geschäften und Boutiquen man derzeit maßschneidern läßt. Titelhascherei, Standesdenken und Umgangsformen, die anderswo in den Niederlanden längst

ausgestorben sind, sind in Den Haag noch gang und gäbe.

In manchen Haager Kreisen, den sogenannten oberen Etagen, findet dieses elitäre Bewußtsein auch sein sprachliches Äquivalent. Der hochwohlgeborene Haagenaar spricht spitz und überpointiert, ganz so, als ob er eine heiße Kartoffel zwischen den Zähnen hielte und sie im Mund zwecks Abkühlung hin- und herrollen müßte. Gewisse Einwohner der Regierungsstadt sind dafür in ganz Holland bekannt und werden dementsprechend als »Haagse Kak« bespöttelt, als Menschen, die mit dem Geigenkasten unterm Arm zum Kartoffelkaufen gehen. Den Haag ist auch in anderer Hinsicht das Düsseldorf der Niederlande. Mode und Shopping bestimmen hier, neben der Politik, den städtischen way of life. Doch trotz – oder gerade wegen? – dieser eleganten Arroganz bestimmter

Bevölkerungskreise genießt 's-Gravenhage bei den meisten Niederländern ein ausgeprägt positives Ansehen. Als Einkaufs- und Modestadt, zum Bummeln und Baden steht Den Haag bei ihnen unangefochten an erster Stelle. Schon seit Jahren sprechen sich beinahe zwei Drittel aller Holländer in puncto Freizeitwert und Vergnügen eindeutig für diese Stadt aus. Die Amsterdamer bezweifeln natürlich den Aussagewert solcher Meinungsumfragen. Doch vom vergnüglichen Den Haag später mehr. Zuerst zur Politik.

Denn 's-Gravenhage wird vor allem durch seine politische Bedeutung und Funktion bestimmt. Im Haag, in den Gebäuden des historischen Binnenhofs, finden die zentralen parteipolitischen Auseinandersetzungen statt, werden die außen- und innenpolitischen Entscheidungen des kleinen Königreichs gefällt.

Hier eröffnet jeden dritten Dienstag im September die Königin die Sitzungsperiode des Parlaments; sie fährt zu diesem traditionellen Akt immer mit ihrer überall bestaunten Goldenen Kutsche vor, um anschließend im Parlament die Thronrede zu verlesen. Eine Rede, in der sie lediglich die Regierungserklärung des jeweiligen Premiers dem aufmerksam lauschenden Auditorium zu Ohren bringt. Parteienkampf und Parlamentsstreit sind damit eröffnet.

Die niederländische Politik ist ein getreues Spiegelbild der niederländischen Neigung, öffentlich geführte Kontroversen mit moralischer Emphase auszutragen. Jeder ist davon überzeugt, recht zu haben und gründet, soweit möglich, seine eigene Partei. Kein Wunder also, daß es jede Menge Splitterparteien gibt, die am linken und rechten Rand des politischen Spektrums für diese oder jene Überzeugung vehement fechten. Diese heterogene Parteienlandschaft ist ein zentraler Bestandteil der politischen Kultur dieses Landes. Selbst die großen Parteien sind, wie woanders auch, oft klare Spiegelbilder einer ideologischen Fraktionierung.

Die CDA (Christelijk Demokratisch Appel) etwa, die erst 1977 aus dem Zusammenschluß einer katholischen und zweier protestantischer Parteien hervorging, ist weitgehend konservativ und christlich im Sinne der Bergpredigt. Sie ist inzwischen zur stärksten politischen Kraft in den Niederlanden aufgestiegen und konnte bei den Parlamentswahlen 1989 sogar die Sozialdemokraten (PvdA) überrunden. Trotzdem gelang es der PvdA, eine große Koalition mit der CDA durchzudrücken. Strahlender Sieger der Wahlen waren jedoch die linksliberalen Demokraten 66 (D'66). Da sie es in den letzten Jahren zunehmend besser verstanden haben, sich als liberal und sozial zu profilieren, konnten sie der PvdA entscheidende Stimmen abjagen. Die rechtsliberale VVD (Volkspartij voor Vrijheid en Democartie) ist, nachdem sie Anfang und Mitte der achtziger Jahre kometenhaft aufgestiegen war, nun in der Wählergunst wieder deutlich zurückgefallen. Zwar stellt die VVD nach wie vor die drittstärkste Fraktion im 150 Abgeordnete zählenden Haager Parlament, aber zusammen mit den D'66 und einer Reihe von kleinen rechten und linken Splitterparteien müssen ihre Abgeordneten seit Ende 1989 auf den harten Oppositionsbänken Platz nehmen. Die Rechts- und Linksaußen der niederländischen Politik schaffen es immer wieder, ins Haager Parlament einzuziehen. Dies ist in Holland auch gar nicht so schwer, da es dort keine Fünf-Prozent-Klausel gibt.

Seit Anfang der achtziger Jahre wird die niederländische Parteien-Szene durch die Centrums-Demokraten »bereichert«. Eine faschistoide, ausländerfeindliche Gruppe, die »nur« über einen einzigen Abgeordneten verfügt und von den übrigen Mitgliedern des Parlaments gemieden und verachtet wird. Doch Den Haag und die niederländische Gesellschaft werden diesen Ausrutscher sicher verkraften können. Gelassen verweisen niederländische Politiker darauf, daß sich bisher in Holland solche radikalen Gruppierungen noch nie durchsetzen konnten. Nicht einmal in den krisengeschüttelten dreißiger Jahren. Damals erhielten die niederländischen Nazi-Freunde, die NSB, bei ihrem besten Wahlergebnis 8 % der Stimmen.

Den Haag jedoch ist nicht nur die Stadt der Politik. Weltberühmt wurde sie wohl aus anderen Gründen: Sie kann gleich zwei attraktive Seebäder innerhalb ihrer Gemeindegrenzen aufweisen, Scheveningen und Kijkduin. Ihr Reiz lockt jedes Jahr unzählige Urlauber an die Küste der Regierungs- und Residenzstadt. Hier, am Nordseestrand, wartet vor allem das Vergnügen. Im renovierten Kurhaus beispielsweise. Casino und Wellenbad, Boulevard und Pier. Für rund 100 Millionen Mark wurde das prachtvolle Gebäude im neoklassizistischen Stil in fünfjähriger Bauzeit an die Bedürfnisse des 20. Jahrhunderts angepaßt. Ausgestattet in den Sonnenuntergangsfarben Rosa und Rot, den dazu passenden Ziegeln und kupferfarbenen Gardinen, strahlt das Hotel auch heute noch das Fluidum einer vergangenen Epoche aus. Zusammen mit dem danebenliegenden Shopping Center, dessen Geschäfte auch an Sonntagen geöffnet sind, und dem nicht weit von Scheveningen entfernt liegenden Mini-Holland »Madurodam«, wächst die Region zu

Scheveningen, Kasino und Strand

einer wahren Touristenattraktion. Das spiegelt sich vor allem in den Umsatzzahlen wider. Jahr für Jahr lassen die Gäste aus dem In- und Ausland hier gut und gerne 15 Milliarden holländische Gulden in den Kassen klingeln. Ein Umsatz, von dem selbst die großen multinationalen Firmen in den Niederlanden nur träumen können.

Den Haag ist, wie schon gesagt, die dominierende Mode- und Einkaufsstadt. Jeder, der sich für Antiquitäten, Kleinkunst und Kuriosa interessiert, ist hier richtig. Vormerken sollte man sich vor allem den von Mai bis September stattfindenden Antiquitätenmarkt am »Lange Voorhout«, einem der schönsten Plätze in der Stadt. Hier findet man Plüsch und Plunder vergangener Zeiten, Schnupftabakdosen und Kupferstiche, Omas Vertiko und Delfter Blau. Die Stände stehen bis 21 Uhr neugierigen Stöberern und Antiquitätenkennern offen. Aber auch in der Papestraat reiht sich Lädchen an Lädchen; mit prüfendem Blick wird man mit Sicherheit ab und zu ein ansprechendes Stück finden. Zum Mode- und Einkaufsbummel sei die »Haagse Passage« zwischen Spuistraat und Buitenhof empfohlen. Dieser Glaskuppelbau im venezianischen Stil läßt empfinden, was die Kritiker meinen, wenn sie von der »Unwirtlichkeit deutscher Städte« sprechen. Nicht nur diese Passage, ganz Den Haag ist mehr als das genaue Gegenteil davon.

Vergnügungspark Madurodam   Haagse Passage

Stadtansichten

Den Helder
Groningen

Delft
Utrecht

Marktbummel

Kuhhandel im Morgengrauen

Viehmarkt in 's-Hertogenbosch. Es ist halb sechs Uhr in der Früh. Wir sitzen in einem Café der »Brabanthallen« in den Bosch, wie 's-Hertogenbosch von den Niederländern kurz genannt wird. Draußen kündigt sich ein nebliger Herbstmorgen an. Hier drinnen warten – wie jeden Mittwoch um diese Zeit – die Viehhändler und Bauern aus nah und fern auf das Startsignal zur Eröffnung des heutigen Marktgeschehens.

Der Raum füllt sich. Immer mehr Händler und Bauern in dunklen Kuttenmänteln schieben sich durch die Eingangstür des Cafés und laufen auf einen der vielen Tische zu, suchen sich meist den aus, wo schon die Freunde und Kollegen sich niedergelassen haben. Mit festem Griff reißen sie einen der wenigen noch freien Stühle an sich, drehen ihn ruckartig um neunzig Grad, damit er rechtwinklig zur Tischplatte steht und sie darauf jederzeit bequem einen Ellenbogen ablegen können. Breitbeinig, mit beiden Händen auf ihre Stöcke gestützt, sitzen sie sich gegenüber. Mit diesen Stöcken werden später die Kühe drangsaliert und mit kräftigen Schlägen beim An- und Abtransport in die gewünschte Richtung getrieben. Viele der Männer tragen echte »Brabantse Klompen« (Holzschuhe aus Brabant), bunt bemalt auf grellgelbem Grund. Bereits um viertel vor sechs ist das Café brechend voll. Der Raum wird vom Stimmengewirr der sich lebhaft unterhaltenden Männer ausgefüllt. Eine exklusive Herrengesellschaft tagt. Lautstark und lebhaft gestikulierend erzählen die Händler die Ereignisse der zurückliegenden Woche, Geburtstage und Sterbefälle in der Familie, Klatsch und Tratsch aus ihren Heimatdörfern. Ganz so, als gäbe es noch keine Massenkommunikationsmittel,

kein Telefon und keine Medien. Hier läuft ein Ritual ab. Die Rollen sind klar vergeben. Es gibt nur zwei: Käufer und Verkäufer. Und jeder spielt sich selbst mit stereotyper Perfektion.

Endlich ist es soweit. Sechs Uhr. Der Eröffnungsgong ertönt. Die im Café versammelte Herrengesellschaft springt wie auf Kommando von ihren Stühlen und eilt zum Eingang der Viehhallen. Hier bildet sich schnell eine wartende Menschentraube, denn nur einer der beiden Türflügel ist geöffnet.

In den Hallen gehen die Lichter an und geben den Blick frei auf die unzähligen, fein in ihren Boxen stehenden Tiere – Milchkühe und Schlachtvieh, Stiere und Kälber. Der Duft von Kuhstall steigt uns in die Nase. Zum Glück hatten wir vorsorglich Gummistiefel angezogen.

Der Markt beginnt. Die Händler rennen wie die Ameisen kreuz und quer durch die Hallen, den Rohrstock schlagbereit in der rechten Hand, die linke in die Tasche ihres Kittels vergraben. Vielen klebt eine dicke Zigarre zwischen den Lippen. Plötzlich bleibt einer von ihnen vor einem Tier stehen. Das Vieh hat sein Interesse geweckt. Mit Kennerblick taxiert er es, greift dann mit geübter Hand in dessen Lenden, um die Qualität und Menge des Fleisches zu prüfen. Fällt die Begutachtung positiv aus, kann der Kuhhandel beginnen. Ein Kuhhandel im Morgengrauen. Zwei kräftige Männerhände klatschen ineinander, und gleichzeitig nennen Anbieter und potentieller Käufer ihre Preise. Wieder klatscht es. Die beiden sind sich in ihren Preisvorstellungen schon näher gekommen. Beim fünften Handschlag ist der Deal perfekt. Sie haben sich auf eine Summe geeinigt. Käufer und Verkäufer machen zufriedene Gesichter. Beide lachen. Wer ist denn nun der Gelackmeierte? Der neue Eigentümer darf sein frisch erworbenes Stück gleich mitnehmen. Ein Privileg, das nur bekannten und zuverlässigen Geschäftspartnern zuteil wird. Denn bezahlt wird erst später. Entweder in der Kaffeepause um neun Uhr oder am Schluß des Marktes so gegen elf, wenn sie dann alle wieder gemeinsam im Café der Brabanthallen sitzen und sich beim Genever zuprosten. Dann öffnen sich die an Gold- oder Messingketten hängenden, prall gefüllten Brieftaschen, und die »großen Grünen« werden langsam gezählt, Tausendguldenscheine gebündelt und über die braune Tischplatte geschoben. Der Handel ist perfekt, der Handschlag – Vertrag finanziell erfüllt.

Langsam löst sich die exklusive Herrengesellschaft auf, um sich am nächsten Mittwoch zur selben Zeit hier in den Brabanthallen wiederzutreffen, das Ritual zu wiederholen. Mittwoch für Mittwoch, Woche für Woche, Jahr für Jahr. Manche von ihnen kommen schon seit über dreißig Jahren hierher. Man sieht es ihnen auch an; unter den weiten Viehhändlermänteln tragen sie Kleidung im Stil der fünfziger Jahre. Sie sind, zumindest was Mode angeht, nicht mit der Zeit gegangen. Manche von ihnen sind hier als Viehhändler steinreich geworden. Für die meisten wartet draußen die eigene Spedition. Sie transportiert das Vieh, je nach Auftrag, entweder nächsten Mittwoch wieder zum Markt oder aber ab ins Schlachthaus.

Ein touristisches Schauspiel:
Alte Hüte und frischer Käse

Alkmaar, Käsemarkt. Jedes Jahr strömen sie wieder herbei, die schaulustigen Scharen, um der traditionellen niederländischen Käsezeremonie live beizuwohnen. Das Spektakel spielt sich jeden Freitag von Mitte April bis Mitte September zwischen 10 und 12 Uhr auf dem Waagplein ab. Es ist ein folkloristisches Schauspiel mit magnetisierender Wirkung, bekannt im In- und Ausland. Dieses Schauspiel war es wohl, das maßgeblich dazu beigetragen hat, daß »Holland und Käse« als feststehendes Begriffspaar in den Köpfen der meisten Nichtniederländer festsitzt.

Die Akteure des Geschehens sind: die Käseträger, die Zuschauer und der zu verhandelnde Käse. Die Gilde der Käseträger ist in vier Gruppen unterteilt. Jede mit eigenen, buntgelackten Hüten, jede

mit ihren eigenen Farben: grün, blau, rot und gelb. Wann genau diese Art und Weise des Käseverkaufens und -transportierens entstanden ist, läßt sich heute nicht mehr nachweisen. Dessenungeachtet aber feierten die Mitglieder der Käseträgergilde 1972 einfach ihr 350jähriges Bestehen.

Die Gilde war früher streng organisiert und hierarchisch gegliedert. Aus den nachlesbaren Benimmregeln des Jahres 1751 geht hervor: Fluchen verboten! Und für das Zuspätkommen zur Arbeit, auch wenn es nur wenige Minuten waren, setzte es saftige Geldstrafen. Das ist heute natürlich vorbei. Geblieben jedoch ist das traditionelle Verkaufsritual. Elegant und lässig, lebendige Zeugen einer vergangenen Epoche, schaukeln auch heute noch die Käseträger mit viel Kraft

und Schwung die runden Käseräder »Gouda« oder leuchtend roten »Edamer« auf ihren schlittenähnlichen Holzgestellen zur historischen Waage. Ein traditioneller Wiegeakt mit alten Hüten und frischem Käse.

Die nordholländische Stadt Alkmaar war im 16. und 17. Jahrhundert nicht nur als Käsemarkt bedeutend, sondern auch als Hauptumschlagplatz für Tulpenzwiebeln und Salz. Bis zu Beginn dieses Jahrhunderts konnte die Stadt ihre ökonomische Stellung als der Käsemarkt Hollands behaupten; mit dem Entstehen der industriellen Käseproduktion allerdings verlor auch der Alkmaarer Käsemarkt mehr und mehr an Bedeutung. Heute werden dort noch jeden Freitag rund 25 000 Kilo Käse gehandelt. Vor siebzig Jahren waren es noch 60 000 Kilo. Der »Boerenkaas«, der von jedem Erzeugerbauernhof auch immer die eigene, unverwechselbare Geschmacksnote mitbekommt, wurde durch den Fabrikkäse, dessen Aroma weitgehend auf den Massengeschmack abgestimmt ist, mehr und mehr vom Markt gedrängt. Als touristische Attraktion jedoch ist die Anziehungskraft des Alkmaarer Käsemarktes ungebrochen, seine Faszination lebendig wie eh und je. Dicht gedrängt warten die Neugierigen, verfolgen mit staunenden Augen das für sie hier extra auf diese alte Art und Weise inszenierte Käsetheater. In Alkmaar wird vor vollen Rängen eine heile holländische Welt zelebriert, eine vergnügliche Mischung aus Kultur und Kommerz. Apropos Geld. Als im Jahr 1966 übereinstimmend alle 23 Gildenmitglieder der Käseträger in einer solidarischen Aktion auf einen Schlag kündigten, weil die Gemeinde Alkmaar ihnen keine 50prozentige Lohnerhöhung zubilligen wollte, war ganz Holland in

Alkmaar

hellem Aufruhr. Die Niederlande ohne Alkmaarer Käsemarkt – unmöglich! Im Nu stieg der Käsestreit in Alkmaar zum Top-Thema der in- und ausländischen Presse auf. Beide Tarifkontrahenten trieben ein touristisches Pokerspiel. Dann konnten sich die streikenden Gildenmitglieder und die Gemeinde Alkmaar endlich einigen und sich anschließend die Hände reiben: Läppische fünf Gulden pro Tag betrug die Gehaltserhöhung der Käseträger. Alkmaar und sein Käsemarkt jedoch hatten in diesem Jahr so viele Besucher wie noch nie. Public Relations à la hollandaise ...

Harte Gulden und jede Menge Blüten

Man muß schon früh aufstehen, um den Beginn einer der größten und farbenprächtigsten Versteigerungen in den Niederlanden miterleben zu können. Punkt 7.30 Uhr geht es los: Blumenversteigerung in Aalsmeer. Dann schnurren die riesigen, runden Uhren, springen die Zeiger zwischen 100 und 1 laufend hin und her. Dann sitzen die in- und ausländischen Käufer von Schnittblumen und Topfpflanzen in einem der an Auditorien erinnernden Räume dichtgedrängt nebeneinander und übermitteln per Knopfdruck und über Mikrophone ihr Angebot elektronisch an den Auktionator. Der Club der Käufer besteht aus Großhändlern und Inhabern von Blumengeschäften. Aber auch eine ganze Reihe Straßenverkäufer sind hier beim Bieten um Blumen mit von der Partie. Ihre Kauflegitimation – die kleine Computerkarte – gibt, wenn sie in die an den Versteigerungstischen angebrachten Schlitze ge-

schoben wird, das Spiel von Angebot und Nachfrage frei. Der potentielle Käufer kann jetzt mitbieten und die an den Tischen vorhandenen Druckknöpfe betätigen. Nervös schweben die Finger der Interessenten über den Schaltern, um sie dann blitzartig einzudrücken und damit die Kaufbereitschaft bei einem gewissen Preis elektronisch zu signalisieren. Geschick und Geschäft.

Wie kleine Eisenbahnwaggons kommen die Blumenladungen über Schienen in die Versteigerungshalle hereingerollt. Menge, Qualität und der vom Anbieter erwartete Preis werden dem Auktionator und den wartenden Nachfragern über Lautsprecher gut verständlich durchgegeben. Der Höchstpreis entspricht der Ziffer 100 auf dem Uhrenzifferblatt. Es darf geboten werden. Die Uhr beginnt zu ticken. Schnell schlägt der Zeiger die abfallende Richtung ein und läuft von 100 gegen 0. Jetzt schlägt die Sekunde

der Interessenten. Wer zuerst auf den magischen Kaufknopf drückt, hat den Zuschlag. Manchmal bewegt der Zeiger sich überhaupt nicht, bleibt bei 100 stehen. Der Anbieter kann sich die Hände reiben. Höchstpreis. Ein anderes Mal dagegen schwingt er bis zur Ziffer 20 zurück, was nur heißen kann: kein Interesse an dieser Ware. Diese blumenprächtige Versteigerungsparade ist ein farbenfrohes Abbild vom handelnden Holland, vom Blumenland an Maas und Waal. Jährlich werden hier rund zwei Milliarden Schnittblumen und ungefähr 150 Millionen Topfblumen verhandelt und verkauft. 4000 niederländische Blumengärtnereien sorgen für den nötigen Versteigerungsnachschub. Umsatz der Aalsmeerer Blumenauktion: rund eine Milliarde Gulden jährlich. Das heißt: Über die Hälfte aller in den Niederlanden abgewickelten Blumengeschäfte wird hier in Aalsmeer vollzogen. Mehr als 18 000 Transaktionen finden in den Versteige-

Im Keukenhof

rungsräumen täglich statt. Auf 300 000 Quadratmetern Fläche schlängeln sich die bunten Blumenwagen, wie von Geisterhand bewegt, ferngesteuert dahin und landen dann über die elektronisch arbeitenden Informations- und Beförderungssysteme, die Name, Adresse, Preis und Menge der gekauften Waren von der Computerkarte des Käufers abbuchen, an der Verladerampe. Bereits nach 15 Minuten kann der Händler über sein neues Blumensortiment, über die gekaufte Ware verfügen und sie weitertransportieren.

Nur so ist es möglich, daß die morgens verhandelten Blumenpartien noch am selben Tag in Amsterdam und München, in Brüssel und Paris und sogar in New York oder Toronto die Schaufenster der Blumenläden schmücken. Der nationale niederländische Flughafen Schiphol ist nämlich nur einige Minuten vom Versteigerungsgeschehen in Aalsmeer entfernt. Von hier aus starten täglich die berühmten »Blumenbomber« und bringen holländische Tulpen, Narzissen, Rosen und Weihnachtssterne, Gummibäume und Begonien in die nahen und fernen Winkel der auf Blüten wartenden Welt. Aalsmeer: Hier wird mit harten Gulden gehandelt, hier werden jede Menge Blüten feilgeboten.

Für interessierte Besucher schuf die Kooperative der Blumenversteigerer in Aalsmeer die Möglichkeit, am Marktgeschehen teilzuhaben. Jede Woche von Montag bis Freitag zwischen acht und elf Uhr öffnen sich die Tore zum »bunten Blumenparadies«. Es darf geboten und besichtigt werden: elektronisch organisiertes Marktgeschehen. Holländischer Blumenhandel im 20. Jahrhundert.

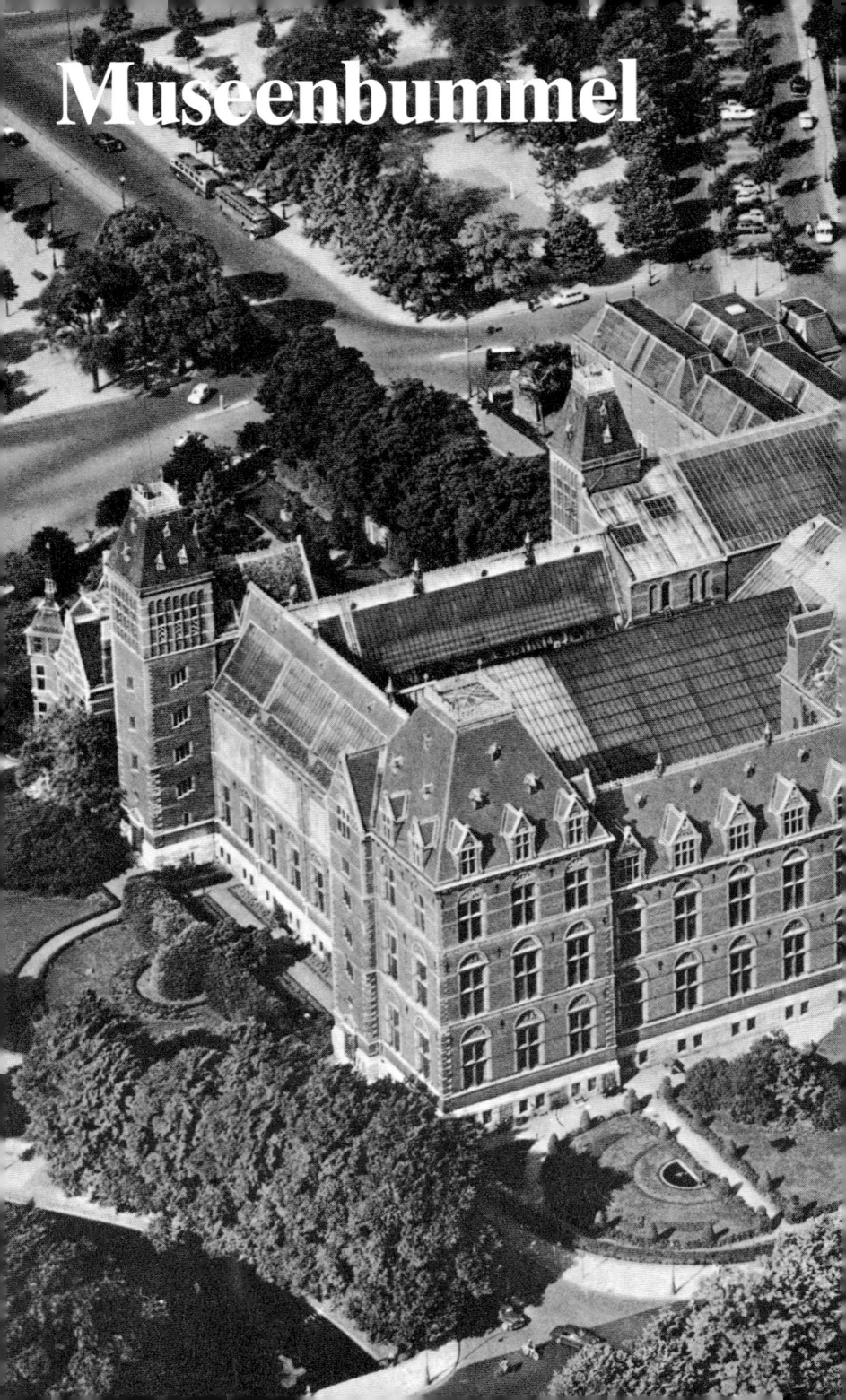

Museenbummel

Niederländische Museen – eine bunte Mischung

Sieht man in Museen nicht nur Tempel für Regenwetter, sondern begreift sie als »Kunst zum Anfassen«, so offerieren sie dem interessierten Museumsgänger in den Niederlanden jede Menge Möglichkeiten zum Zugreifen. Aus der Vielzahl unterschiedlicher Museentypen und Sammlungen mit unterschiedlichen Schwerpunkten wählten wir einige aus. Keine repräsentative, sondern lediglich eine bunte Mischung. Kreuz und quer durch die Niederlande gehend. Vom Norden in den Süden führend. Von Groningen bis Limburg, Leeuwarden bis Maastricht. Weder den berühmten Rembrandt und die holländische Schule vergessend, noch die mannigfaltigen Freilichtausstellungen, auf aktuelle Kunst verweisend und auch das Genüßliche berücksichtigend.

Hier nun unsere, es sei noch einmal betont, subjektive Selektion. Adressen, Öffnungszeiten, Telefonnummern und eine Reihe weiterer Kunsttempel finden Sie auf den Seiten 268 ff.

Bourtange

Das ganze Dorf ist ein Museum. Restauriert und wieder im ursprünglichen, mehrgliedrigen Fünf-Stern-Festungsstil aufgebaut, bietet Bourtange einen hervorragenden Überblick über typisch niederländische Festungsbauten des 17. Jahrhunderts. 1593 von Wilhelm Ludwig von Nassau und seinen Truppen als Festung gegen die angreifenden spanischen Truppen Herzog Albas errichtet, trotzte das Fort über Jahrhunderte hinweg vielen wechselnden Angreifern. Die Festung hatte einen außerordentlich wichtigen strategischen Wert. Eine schmale Furt bei Bourtange bot nämlich die einzige passierbare Stelle in den weiten Moor- und Sumpfgebieten dieser Gegend. Wollte man damals von Groningen nach Oldenburg oder Münster, so mußte man das Nadelöhr Bourtange notgedrungenerweise passieren.

Seit Jahren bauen die Niederländer nun bereits an der vollständigen Rekonstruktion dieser alten Festungsstadt. 1993 zur 400-Jahr-Feier sollen alle noch anstehenden Arbeiten abgeschlossen sein. Ein Besuch in Bourtange lohnt sich allerdings jetzt schon!

Festung Bourtange 1742

◁ Rijksmuseum Amsterdam

Friesisches Museum und Aldfears-Erf-Route, Leeuwarden

Wer sich für Friesland und die spezielle Geschichte dieses Volksstammes interessiert, der ist im Friesischen Museum in Leeuwarden richtig. In einem anspruchsvollen Bürgerhaus aus dem 18. Jahrhundert befinden sich beeindruckende Exponate, die ein breites Portrait der friesischen Kultur von prähistorischen Zeiten bis zur Gegenwart geben. Die archäologische Abteilung umfaßt viele Funde und Gegenstände, die bei Ausgrabungen der zahlreichen friesischen Terpen auftauchten. Außerdem gibt es eine Kollektion von Gegenständen friesischer Silberschmiedekunst zu bewundern. Zusammen mit Beispielen des Töpfer- und Malhandwerks formen sie ein vielschichtiges Bild friesischer Kultur (Hindeloopener und Workumer Zimmer). In Hindeloopen sind auch heute noch die Kunstmaler zu Hause. Die vielen friesischen Trachten dürften vor allem modebewußte Damen und Herren interessieren.

Für die Aldfears-Erf-Route ist unbedingt ein Auto erforderlich. Im Dreieck Makkum-Bolsward-Workum wird an verschiedenen historischen Orten Leben und Alltag der Friesen dargestellt. In *Allingawier* kann man einen Bauernhof aus dem 18. Jahrhundert besichtigen. In *Exmorra* befindet sich ein Krämerladen mit Originaleinrichtung aus Großmutters Zeiten. In *Ferwoude* steht eine Zimmermannswerkstatt von 1845. Und in *Piaam* kann man sich mit über 200 Vogelarten aus Friesland und Umgebung beschäftigen.

Museumsdorf Allingawier

Automuseum, Assen

Autofans, vor allem Liebhaber von Oldies, kommen hier auf ihre Kosten. Im Assener Automuseum stehen einige Bugattis, ein Rolls von 1930, ein Peugeot Baujahr 1906 und 1912. Auch alte Fahrräder und jede Menge Auto-Accessoires sind zu bestaunen. Autoliebhaber sollten auch noch ins Autotron in Rosmalen schauen (siehe Seite 205).

Museum: De Waag en De Drie Haringen, Deventer

Kunterbunt, aber nicht drunter und drüber geht es in diesem Museum zu. Alle hier gezeigten Ausstellungsgegenstände stehen in irgendeinem Bezug zu der alten Hansestadt Deventer und ihrer Umgebung. Archäologische Funde, Möbel, Vitrinen und alle möglichen Gegenstände der mittelalterlichen Gilden und Zünfte sind zu sehen. Eine Spielzeug-, Schmuck- und Münzensammlung und einige stilecht eingerichtete Räume mit Möbeln von Ludwig XV. und Ludwig XVI. runden das Ausstellungssortiment ab.

Staphorster Bauernhof, Staphorst

Der aus dem 18. Jahrhundert stammende Bauernhof zeigt neben dem stilechten Interieur auch eine sehenswerte Sammlung Staphorster Trachten mit ihren typischen Farbkombinationen. Diese Trachten werden heute dort immer noch getragen (siehe Seite 79f.). Das Bauernhofmuseum bietet eine gute Gelegenheit, die blitzblanken Bauernhöfe dieser Gemeinde von innen zu sehen.

Informationszentrum: Neues Land, Lelystadt

Dieses Info-Zentrum zeigt anhand anschaulicher Modelle und mit Filmen und Dias das Abschließen der Zuidersee mit Hilfe des Abschlußdeiches und die sich daran anschließende Landgewinnung im IJsselmeer. Auch dort, wo jetzt das Museum steht, war früher Wasser. Wer sich diese Tatsache beim Besuch des Info-Zentrums ins Bewußtsein ruft, wird sicher schnell begreifen, welche wasserbautechnische Leistung hier vollbracht worden ist (siehe Seite 50 ff.).

Niederländisches Freilichtmuseum, Arnhem

Dieses Freilichtmuseum in Arnhem hat ein anspruchsvolles Ziel. Es will dem Besucher einen authentischen und vollständigen Überblick über das alltägliche Leben der Niederländer und der Niederlande vermitteln. Aus allen elf niederländischen Provinzen holte man daher die »typischen Dinge«. Wohnhäuser und Bauernhöfe, Mühlen und Industriebetriebe, Wohnungseinrichtungen und anderen Krimskram, der äußerst aufschlußreich ist. Das Museum ist so zu einem »Holland en miniature« geworden, das man an einem sonnigen Tag mit viel Freude durchstreifen kann; gleichzeitig erhält man dabei eine Menge Informationen über die Niederlande.

Pfeifenhaus, Kaffee- und Teekabinett, Utrecht

Kaffee- und Teeliebhaber und Raucher sind hier richtig. Aber das Museum steht natürlich jedem offen! In einem ehemaligen Bürogebäude von Douwe Egberts können Sie sich einen genüßlichen Überblick über die Formen des Rauchens, Kaffee- und Teetrinkens verschaffen. Selbstredend gibt es hier auch die dazugehörigen Gebrauchsutensilien zu begutachten. Kaffeeservice und Teekisten, ausgefallene Pfeifenmodelle und urige Kaffeemühlen. Die Tasse Kaffee schmeckt nach einem Besuch in diesem Haus sicher anders!

Zeitgenössische Kunst, Utrecht

Zeitgenössische Kunst, diesen Ausstellungstitel sollte man hier wörtlich nehmen. Die Exponate wechseln ständig. Die Direktion versucht, aktuelle Kunstströmungen aller Richtungen zusammenzufassen und sie themenzentriert anzubieten. Schwerpunkte: »Amerikanischer Fotorealismus«, »Engagierte Kunst«, »Figurationen«.

Frans-Hals-Museum, Haarlem

Der Name sagt schon alles. Frans Hals und mit ihm die »Haarlemer Schule« sind hier vertreten. Die Sammlung umfaßt Werke der holländischen Malerei des 16. und 17. Jahrhunderts. Darunter auch das Hals-Gemälde »Die Offiziere und die Unteroffiziere«. Außerdem sind Arbeiten von Judith Leyster zu sehen. Haarlemer Silber, alte Apothekerutensilien und ein Puppenhaus aus dem 18. Jahrhundert runden das Ausstellungsbild ab. In einem angebauten Flügel des Gebäudekomplexes, der im 17. Jahrhundert als Waisenhaus diente, gibt es ständig wechselnde Ausstellungen zum Thema »Moderne Kunst«. Romantiker lockt das Frans-Hals-Museum mit einer besonderen Attraktion: Im Frühjahr und Sommer ist das Haus auch abends geöffnet, eine ganze Reihe von Ausstellungsräumen sind dann durch Kerzenbeleuchtung in warmes Licht getaucht. Ein Erlebnis!

Zaanse Schans, Zaandam

Die Zaanse Schans ist ein bewohntes Museumsdorf im Stil des 17. Jahrhunderts. Die kleinen, niedlichen Zaandamer Häuschen wurden aus den umliegenden Gegenden hier als einheitliches Ganzes zusammengestellt. Auch der erste Kleinwarenladen eines gewissen Herrn Albert Heijn ist hier im Original zu finden. Er startete sein Geschäft im Jahre 1887 in Ostzaan. Ferner erfreuen prächtige Windmühlen, eine komplett eingerichtete Museumsbäckerei, eine Schiffswerft, ein Uhrenmuseum, alte »Tante-Emma-Läden«, ein Holzschuhmacher und noch eine Menge weiterer Sehenswürdigkeiten das Auge. Sie geben ein beeindruckendes Bild des dörflichen Lebens im 17. Jahrhundert.

Zuiderzeemuseum, Enkhuizen

Die Ostindische Handelskompanie und ihre weltweit operierende Flotte war es, die maßgeblich zum Reichtum Hollands im 17. Jahrhundert beitrug. In einem ehemaligen Lagerhaus dieser Kompanie ist heute ein Museum untergebracht, in dem das typische Hafenstadt- und Handelsleben des 17. Jahrhunderts nachgezeichnet wird. Die Kleidertrachten, Handwerksgegenstände, eine Sammlung alter Boote und kleinerer Handelschiffe im Original und das sich anschließende Freilichtmuseum sind einen ausgedehnten Besuch wert.

Rijksmuseum, Amsterdam

Dieses Haus darf man nicht nur von außen bestaunen! In dem Museum sind eine ganze Reihe der berühmten Werke von Rembrandt (z. B. »Die Nachtwache«), von Frans Hals, von Jan Steen, von Ruysdael zu sehen. Daneben beherbergt das 1885 nach einem Entwurf des Architekten P. J. H. Cuypers erstellte Palais noch weitere epochale Kunstwerke aus Bildhauerei und Handwerk. Außerdem hat das Museum eine Abteilung, in der die Expansion Hollands auf den Weltmeeren, die koloniale Vergangenheit, anschaulich wird. Weitere Schwerpunkte sind: Asiatische Kunst, Kunsthandwerk, Topographie und Radierung.

Jan Vermeer, Die Küchenmagd
(Rijksmuseum Amsterdam)

Stedelijk Museum und van Gogh-Museum, Amsterdam

Nur ein paar Schritte vom Rijksmuseum entfernt liegt das Stedelijk Museum. Hier sind Werke von Cézanne, Monet, Picasso, Matisse, Léger, Malewitsch, Mondrian, Chagall und anderen ständig zu Hause. Daneben bietet das Stedelijk Museum wechselnde Ausstellungen mit bestimmten Themenschwerpunkten. Eine umfangreiche Kollektion moderner Kunst von 1850 bis heute mit Zeichnungen und Grafik, Bildhauerei und Industrial Design runden das Museumsprogramm ab. Hier sind außerdem regelmäßig Ausstellungen zu neuen und neuesten Strömungen der europäischen und amerikanischen Kunstszene zu sehen.

Zwischen diesem Haus und dem Rijksmuseum befindet sich auch noch das van Gogh-Museum, in dem man auf jeden Fall auch einmal Station machen sollte. Im übrigen hängen die meisten van Gogh-Gemälde im Museum Kröller-Müller (siehe Seite 205 und 274) im Nationalpark »Hoge Veluwe« nördlich von Arnheim.

Mauritshaus, Den Haag

Das Mauritshaus, Ex-Residenz von Johann Maurits von Nassau-Siegen, der sich in seiner Eigenschaft als Gouverneur von Brasilien 1636 eine breite Kunstsammlung zulegte, ist heute renoviert und auch von den Exponaten her wesentlich aufgestockt. Vor allem manieristische deutsche Maler, Cranach, Holbein, sind hier zu sehen. Aber auch Werke der Flämischen Primitiven, Rogier van der Weyden, und nord- und südholländische Werke des 17. und 18. Jahrhunderts sind vertreten, ebenso wie eine ausgebreitete Sammlung von Vermeer, Brueghel, Hals, Steen, Fabritius, Rembrandt, Terborch, Rubens, Saenredam und Potter. Sehr zu empfehlen!

Panorama Mesdag, Den Haag

In die Ferne schweifen, mit dem Blick den Horizont suchen, träumen, Sehnsüchte hegen. Das Panorama spiegelt als Kunstwerk all das wider, es war das Kino des 19. Jahrhunderts. In Den Haag kann man eines der wenigen noch völlig intakten Panorama-Bilder aus dem vorigen Jahrhundert erleben, die bezaubernde Aussicht auf das Fischerdorf Scheveningen um 1881 genießen, die Illusion der Wirklichkeit erahnen. Der Seemaler Hendrik Willem Mesdag hat zusammen mit seiner Frau Sientje-Mesdag-van Houten und den Kunstmalern de Bock, Breitner und Blommers dieses Riesenrundgemälde geschaffen: Länge: 120 Meter, Höhe: 14 Meter, Oberfläche: 1680 m^2. Außerdem enthält das Museum noch eine Sammlung von Aquarellen und Gemälden der oben genannten Künstler.

Catharina Gasthuis, Gouda

Das ehemalige Krankenhaus, dessen ältestes Gebäude aus dem 14. Jahrhundert stammt und in dem bis 1910 Kranke gepflegt wurden, dient jetzt als Herberge für alte und neue Kunstgegenstände. Verständlicherweise widmet man den Hauptteil der Sehenswürdigkeiten dem Thema »Geschichte der Medizin«. Ein Operationssaal von 1699 und eine alte komplett eingerichtete Apotheke aus dem 18. Jahrhundert beweisen dies. Auf die medizinische Instrumentensammlung sollte man einen Blick werfen.

Museum Boymans-van Beuningen, Rotterdam

Expressionismus und Surrealismus finden hier eine Ausstellungsplattform. Werke von Klee, Kandinsky, Munch, Magritte, Dali, Toorop, Koch und Willink sind zu sehen. Wer Lust hat, kann sich aber auch noch einige alte Meister der holländischen und flämischen Schule ansehen. Pieter Brueghel, Lucas van Leyden, Jeroen Bosch und Rubens und Rembrandt sind vertreten. Ein weiterer Flügel des riesigen Gebäudekomplexes ist ausschließlich der modernen Kunst gewidmet. Zum Thema »Moderne« werden hier regelmäßig Ausstellungen arrangiert.

Niederländisches Gold-, Silber- und Uhrenmuseum, Schoonhoven

Amsterdamer Standuhren, friesische und Haager Uhrenmodelle, eine Sammlung Armbanduhren und das berühmte gotische Uhrwerk der Jacobskirche in Den Haag sind hier, in einer ehemaligen Hafenkaserne, zu bestaunen. Auch andere Zeitmesser, zum Beispiel Sonnenuhren, kann man sich ansehen. Die Silber- und Goldwaren aus dem 17. und 18. Jahrhundert lassen etwas von der handwerklichen Kunstfertigkeit der Menschen damals sichtbar werden. Bestecke, Schnupftabakdosen, Bücherverschlüsse, Nähgeräte und andere Kleinodien niederländischer Häuslichkeit sind ausgestellt.

Autotron, Rosmalen

Über 200 verschiedene Oldtimer haben hier einen würdigen Ausstellungsplatz erhalten. Witzig ist das Modell »Maresia«, dessen Format vom Erfinder Leo Rombouts so gewählt und gebaut wurde, daß das Auto durch eine kleine Scheunentür paßt. Auch Filme und Diavorträge runden das Thema »Auto« ab.

Rijksmuseum Kröller-Müller, Otterlo

Mitten im wunderschönen Naturpark »Hoge Veluwe«, nicht weit von Arnhem, liegt das Rijksmuseum Kröller-Müller. Hier, nicht im van Gogh-Museum in Amsterdam, sind die meisten und auch schönsten Werke des derzeit »teuersten« Malers der Welt, Vincent van Gogh, zu sehen. Ein Abstecher zu dieser wunderschönen Museumsanlage, die außer van Gogh auch viel Architektonisches und Bildhauerisches bietet, lohnt immer!

Karnevalsmuseum, Echt

Symbole, Masken und anderes aus dem bunten Reigen der närrischen Kultur haben hier die richtige Unterkunft gefunden – eine alte Brauerei Karnevalsbräuche, wie sie in Deutschland, Belgien und den Niederlanden von Region zu Region verschieden ausgelebt werden, kann man hier ein wenig hinterfragen. Das Amüsement muß dabei ja nicht auf der Strecke bleiben.

Bonnefantenmuseum, Maastricht

Von der »Maasländischen Gotik« bis hin zur Modernen Kunst. Das Bonnefantenmuseum bietet für jeden etwas. Auch Limburger und Flämische Expressionisten sind mit ihren Werken hier gegenwärtig. Die kulturhistorische Abteilung des Hauses vermittelt mit ihren Exponaten lebendig die Geschichte der Maasgegend und vor allem der Stadt Maastricht. Erwähnenswert sind vor allem noch die aus Holz geschnitzten Heiligenbilder (15. bis 17. Jahrhundert).

Fahrradparadies Nied

»Fietsend Nederland«

… Daß freilich der Holländer, wie man auch immer wieder sagen hört, bereits mit seinem Stahlroß, das eigentlich nur ein Drahtesel ist, auf die Welt kommt, muß als Märchen von der Hand gewiesen werden. Ich habe nie einen Menschen, geschweige einen niederländischen, aus dem Mutterleib austreten sehen, spreche also nicht als Augenzeuge. Dennoch sträubt sich alles in mir, diese Theorie anzuerkennen; zu glauben, der Holländer halte seinen Eintritt in diese Welt auf einem Fiets, wie man die Fahrmaschine mit einem etymologisch durchaus unerfaßbaren Wort bezeichnet, das heißt, für die Philologen ist es unergründlich. Als Dilettant nehme ich an, daß es vom altnordischen »fit« hergeleitet werden muß, was soviel wie Haut zwischen den Krallen, Schwimmhaut bedeutet, und dies aus dem naheliegenden Grunde, weil die Tretbewegung des Radfahrens viel gemein hat mit dem Trampeln der Wasservögel, der Enten vor allem …
Albert Vigoleis Thelen (Der schwarze Herr Bahßetup)

Holland ohne Fahrräder – das ist undenkbar! Das wäre ja wie Bayern ohne Bier oder Hamburg ohne Hafen. Wohl in keinem anderen Land der Welt wird das »Fietsen«, wie die Niederländer das Sich-Fortbewegen via Drahtesel nennen, mit mehr Enthusiasmus und Liebe betrieben als in Holland. Das Fahrrad ist dort sozusagen ein fahrbares Möbelstück, es gehört in jeden holländischen Haushalt. Würde man die per Statistik ausgewiesene Zahl der Fahrräder auf alle Niederländer gleichmäßig verteilen, dann besäße dort jeder 0,9 Fahrräder. Eine recht ansehnliche Pro-Kopf-Ausstattung! Um bei der Statistik zu bleiben: Mit ihren rund zehn Millionen Fahrrädern legen die Holländer jedes Jahr ungefähr neun Milliarden Kilometer zurück. Rund 30 % fahren mit dem »Fiets« täglich zur Arbeit, 64 % der schulpflichtigen Jugendlichen gelangen damit jeden Tag zur Schule. Die Niederländer haben jedes Jahr nicht nur ihren Mutter-, Vater- und Tiertag, sondern auch ihren nationalen, landesweiten »Fietsdag«.

Man liebt das Fahrrad dort so sehr, daß man für den radelnden Mitmenschen gar eigene Verkehrs- und Hinweisschilder kreierte, dem Fahrrad in einigen Städten inzwischen absoluten Vorrang, auch Vorfahrt, vor dem Auto gewährte und in der

Sprache einen eigenen Begriff schuf: »Fietsend Nederland«. Damit ist nicht der fliegende, wohl aber der pedaltretende Holländer gemeint. Der »Paddestoel« zum Beispiel ist eine niederländische Erfindung. Frei übersetzt heißt das »Radfahrerinformationspilz«. An jeder Fahrradkreuzung weisen diese weißen Info-Pilze dem Orientierung suchenden Radler den richtigen Weg. Im Wald und in den Polderlandschaften, überall sind mit Hilfe des niederländischen ADAC, des ANWB (Algemene Nederlandse Wielrijders Bond), inzwischen steinerne Pilze gewachsen. Ausgerüstet mit einer ANWB-Fahrradwegekarte, kann auch der landesunkundige Radfahrer das

Fahrradparadies Holland erkunden. Fantastisch gut ausgebaute Radwege, »Fietspaden«, führen durch Wiesen und Wälder, durchkreuzen Heide- und Polderlandschaften, begleiten die Autostraßen, führen sicher in die entlegendsten Winkel des Königreichs, erschließen das Land auf ihre Weise.

Was also liegt näher, als sich selbst aufs Rad zu schwingen und in die Pedale zu treten, um das flache Land an der Nordsee aus der Radfahrer-Perspektive zu erleben und zu erkunden. Frei nach Karl Valentin: »Ein kühner Sprung aufs Stahlroß, noch ein Rückblick auf die Heimat, und mein Vehikel durchschnitt die Atmosphäre.«

Ankunft Arnhem. 19 Uhr. Im Hotel Haarhuis, wo wir uns vor Auftakt der Tour am nächsten Morgen noch einmal stärken und ausruhen können, werden wir schon erwartet. Das dreigängige Touristenmenü steht bereit. Wir händigen die Coupons aus, die wir nach unserer Buchung der Radtour beim örtlichen Fremdenverkehrsverein (VVV) erhalten haben, und essen erst einmal gemütlich zu Abend. Ein guter Auftakt. Wir sind gespannt, ob die Organisation auch weiterhin so gut klappen wird. Am nächsten Morgen nämlich sollen wir unsere Fahrräder bei einer Verleihstelle abholen, und dann soll es losgehen, ab durch die »Veluwe«, den holländischen Nationalpark zwischen Arnhem und Apeldoorn. Immer der Nase nach, Richtung Harderwijk, unserem Zielort. Nach dem Essen und dem Studium der ausführlichen Unterlagen, die wir vom VVV erhalten haben – Routenbeschreibung, kurze Charakteristik der auf der Strecke liegenden Sehenswürdigkeiten –, finden wir auch gleich die Nummern der einzelnen »Paddestoelen« auf einer beiliegenden ausgezeichneten Fahrradkarte. Aufgrund dieser Numerierung kann man schon im voraus die Route auf der Karte genau abstecken. Es bleibt noch etwas Zeit für einen kleinen Nachtbummel durch die Arnhemer Innenstadt. Auf dem »Korenmarkt« trifft sich die Arnhemer Szene. Alte Lagerhäuser wurden umgebaut in Bistros, Bars, Kneipen, Weinstuben, Pizzerias. Im Sommer gleicht dieser Platz beinahe dem Amsterdamer »Leidseplein«.

Überfüllt mit Stühlen und Menschen, Straßenmusikanten und anderen interessanten Typen. Sich sehen lassen und gesehen werden. Beim Bier oder Genever kann man sich hier angenehm optisch ergötzen. Eigentlich eine ganz gute Vorbereitung auf den kommenden Pedaltretetag, der am nächsten Morgen mit einem reichlichen Frühstücksbuffet beginnt. Jetzt aber ab auf die Fahrräder. Halt, die haben wir ja noch gar nicht. Das Auffinden des Fahrradhändlers, der uns die Vehikel für die Tour leihen soll, gestaltet sich gar nicht so einfach, wie wir dachten. Aber nach und nach fragen wir uns durch. Nach zehn Minuten sind wir bei ihm angelangt. Die Räder sind startklar. Der erste Eindruck von der guten Organisation wird langsam zur Gewißheit. Eigentlich kann jetzt nichts mehr schiefgehen. Wir händigen wieder unsere Coupons aus, unterschreiben ein Formular, das festhält, daß wir die Räder tatsächlich erhalten haben, und wollen uns auf die Socken machen. Da fragt der Verleiher süffisant: »Wollen Sie denn keine Versicherung für Ihre Räder abschließen?« Wir schließen für einige Gulden die angebotene Versicherung für unsere Zweiradgefährten ab und wissen auch warum:

   ...überall sieht man sie, die halben, viertel oder achtel Fahrräder. Sie hängen festgekettet an Laternen und Brückengeländern. Übriggebliebene Stahlgerippe, Speichen, Felgen, Rahmen und andere Fahrradfetzen rosten so beinahe überall in den holländischen Städten langsam vor sich hin. Sie sind stumme Zeugen einer in den Niederlanden offenbar immer beliebteren Art und Weise, sich ein Fahrrad »zu beschaffen«. Die Schlösser und Ketten, die das eigene oder ausgeliehene »Fiets« festhalten und diebessicher machen sollen, werden immer länger und dicker. Mancher Radeigentümer benutzt schon zwei dieser Kettenkolosse, die durch dicke Plastikhüllen vor dem vorzeitigen Durchrosten bewahrt werden und alle aus einem mittelalterlichen Schloß stammen könnten. Doch oft nützt das Festketten einfach nichts. Die Beschaffungspraktiken einiger »Profis« werden immer effizienter. Die Raddiebe gehen schon mit Brechstangen und Eisenscheren auf die Pirsch, um für den

nötigen Nachschub zu sorgen. Mancher erstaunte Niederländer findet so das Rad, das er bis vor kurzem noch sein eigen nennen konnte, einige Tage oder Wochen später auf dem Gebrauchtwarenmarkt wieder – für circa 200 Gulden. Der Fahrradklau geht um in Holland, scheint schon so etwas wie ein nationaler Volkssport zu sein. Will man der Statistik glauben, so fährt jeder dritte Niederländer auf einem gestohlenen Rad spazieren. Eine Tatsache, die die dicken Schlösser und Ketten und natürlich auch unsere Versicherung erklärt...

Nachdem wir also einige Gulden für die Versicherung gelöhnt haben, radeln wir mit gutem Gewissen los, Richtung Nationalpark »De Hoge Veluwe«. Der ausführliche Routenplan und die exakte Beschilderung der Radwege machen es uns leicht, Arnhem zu verlassen. Zwar beginnt die Strecke mit einigen Hügeln, die man ja in Holland nicht allzuoft findet, dafür werden wir aber gleich danach mit einer lang anhaltenden Abfahrt belohnt. Der Wind braust uns um die Ohren. Die Laune steigt. Ein gelungener Start.

Bevor wir den Nationalpark »Hoge Veluwe« betreten dürfen, müssen wir Eintritt bezahlen. Wir sind etwas erstaunt. Das war wohl nicht in unserem Fahrradarrangement inbegriffen. Dafür aber beinhaltet die Gebühr den Zutritt zum im Nationalpark gelegenen Museum »Kröller-Müller«, dessen Besuch man sich nicht entgehen lassen sollte. Erstens als Verschnaufpause, zweitens als Reverenz an die Gemälde von Vincent van Gogh. Denn die meisten seiner Werke hängen hier und nicht, wie manche glauben, im van Gogh-Museum in Amsterdam.

Ausgeruht und immer noch unternehmungslustig steigen wir nach einer Weile wieder auf die Räder und strampeln jetzt durch das größte zusammenhängende Naturschutzgebiet der Niederlande. Wer denkt, Holland bestünde nur aus Wasser und Poldern, wird hier eines Besseren belehrt. Ausgebreitete Waldgebiete wechseln sich mit Heidefeldern und Sanddünen ab. Die ganze Gegend ist ruhig. Weit und breit kein Laut. Auch Wild fühlt sich hier geborgen. Es ist angenehm, die Ruhe einzuatmen und die Landschaft auf sich wirken zu lassen. Nach einer Weile erreichen wir Hoenderloo und legen dort eine erste Brotzeitpause ein. Echte holländische »Pannekoeken« mit Marmelade. Nach dieser kleinen Stärkung raffen wir uns wieder auf. Weiter geht's, wenn auch mit etwas Wadenziehen. Schließlich fährt man ja nicht jeden Tag mit dem Rad 40 Kilometer. Das ist das Tagespensum unserer »Tour de Holland«. Ein Pensum, das eigentlich leicht und angenehm zu bewältigen ist, Zeit zu kleinen Pausen gibt und trotzdem ein recht flottes Vorwärtskommen garantiert.

Am späten Nachmittag bereits erreichen wir unser erstes Etappenziel: Hotel Ruimzicht in Hoog-Soeren. Der Magen knurrt. Doch bis zum Abendessen, das ab 18 Uhr gereicht wird, dauert es noch. Kartenspiel und ein Aperitif verkürzen die Zeit. Übernachtung, Frühstück und Abendessen sind im Arrangementpreis der Radtour inbegriffen. Mit fünf Übernachtungen, Rad und Essen kostet der Trip ab circa 500 Gulden. Dafür organisiert der niederländische Verkehrsverein die Reiseroute und wählt Hotels mittlerer Preis- und Qualitätsstufe aus. Sie sollen für das leibliche Wohl des radelnden Hollandbesuchers sorgen. Zimmerqualität und Speiseniveau der einzelnen Häuser sind jedoch sehr unterschiedlich. Nieten und Volltreffer wechseln sich ab. Sowohl beim Matratzentest als auch beim Gaumenkitzel. Treibt man dieses Spielchen aber mit dem nötigen Humor und wird nicht gleich bei der ersten »Niete« sauer, kann man durchaus sehr viel Freude daran haben. Es gibt nämlich Häuser, wo beides stimmt, wo sowohl der hungrige und verwöhnte Gaumen als auch der nach 40 Kilometern Tretarbeit verständliche Schlafwunsch vollauf befriedigt werden.

Am Ende des ersten Tages spüren wir Waden und Oberschenkel schon recht intensiv – vor allem beim Treppensteigen. Aber wir sind voller Hoffnung, daß sich dieser angespannte Muskelzustand bis zum nächsten Morgen bessert. Als der Morgen dämmert, gewöhnen wir uns nach dem Frühstück und den ersten Tretbewegungen schnell wieder an den Sitz im Sattel und genießen bald die ausgedehnten Heidegebiete und Wälder, die wir jetzt durchqueren. Vorbei an Uddel und den »Königlich Niederländischen Stallungen«, erreichen wir ohne große Anstrengung Garderen. Der erste tote Punkt ist offensichtlich positiv bewältigt. Eine kulinarische Pause als Lohn ist da schon angebracht. Die legen wir in einem zum Restaurant umgebauten Bauernhof aus dem Jahr 1765 ein, zwischen Garderen und Staverden mitten im Wald gelegen. Hier gefällt es uns, und wir müssen uns zum Aufbruch zwingen, aber das alte Zuiderseestädtchen Harderwijk wartet. Die Abfahrt von den höher gelegenen Wäldern der Veluwe hinunter nach Harderwijk ist ein Genuß. Kein Treten, keine körperliche Kraft ist nötig! Wir lassen das Rad einfach rollen. Und unten im Hotel Klomp erwarten uns eine freundliche Begrüßung, ein vorzügliches Essen und ein gutes Bett. Besser geht es nicht!

Trotzdem, wir sind fast etwas sauer – auf uns selbst. Denn aus übertriebener Vorsicht und Zeitmangel hatten wir nur eine Zwei-Tages-Tour gebucht, anstatt den Mut zu haben, die Route voll auszufahren. Nur der gedämpfte Aal und der dazu passende Weißwein können diesen Ärger mildern. Wir haben nicht nur Geschmack am Fisch, sondern auch an dieser Radtour gefunden. Unser Hunger ist geweckt. Weitere Exkursionen werden folgen ...

Radtouren durch Holland –
mit Städteportraits

Die folgende kleine Auswahl an interessanten Radtouren soll dazu beitragen, Holland »op de Fiets«, auf dem Rücken des Rades, zu entdecken, ohne vorher groß gebucht zu haben. Sie sind zwischen 30 und 46 Kilometer lang. Nicht zu lang, nicht zu kurz, gerade richtig, um sich die Beine in den Pedalen zu vertreten. Eine ideale Wochenendbeschäftigung. Für Frühaufsteher vielleicht gar an einem Tag zu absolvieren. Vielleicht können Sie dann nach einigen Touren mit Karl Valentin sagen: »Leise Winde durchhuschen die Speichen meiner Überlandmaschine...«

Alle Touren wurden in enger Zusammenarbeit mit dem niederländischen Automobilclub ANWB zusammengestellt. Sie sind hervorragend ausgeschildert: Sechseckige rotweiße oder blauweiße Radwegweiser mit dem jeweiligen Namen der Route darauf und die berühmten weißen Pilze, die »Paddestoelen« (= P), zeigen mit Sicherheit den richtigen Weg. Die Orientierung ist also kinderleicht. Wer die Route vor dem Loslegen konkret vor Augen haben will, kann die dazugehörigen Fahrradkarten bei jedem niederländischen ANWB- oder VVV-Büro erhalten. Sehr schöne Touren, aber das braucht ja wohl nicht mehr extra erwähnt zu werden, gibt es auch noch auf den holländischen Watteninseln... und natürlich auch in Seeland.

(Alle Straßen- und Ortsbezeichnungen sind in niederländischer Sprache angegeben.)
Hinweis! In der Hauptsaison ist es ratsam, die Räder vorzubestellen.

TOUR I

Ooij-Route: *Zwischen Nijmegen (Nimwegen) – Ooij – Erlecom – Kekerdom – Millingen – Leuth – Beek – Persingen. Über die Autobahn Oberhausen – Arnhem und dann Arnhem – Nijmegen oder aber über die N 53/B 57/B 9 Xanten – Kleve zu erreichen. Länge: ca. 35 Kilometer.*

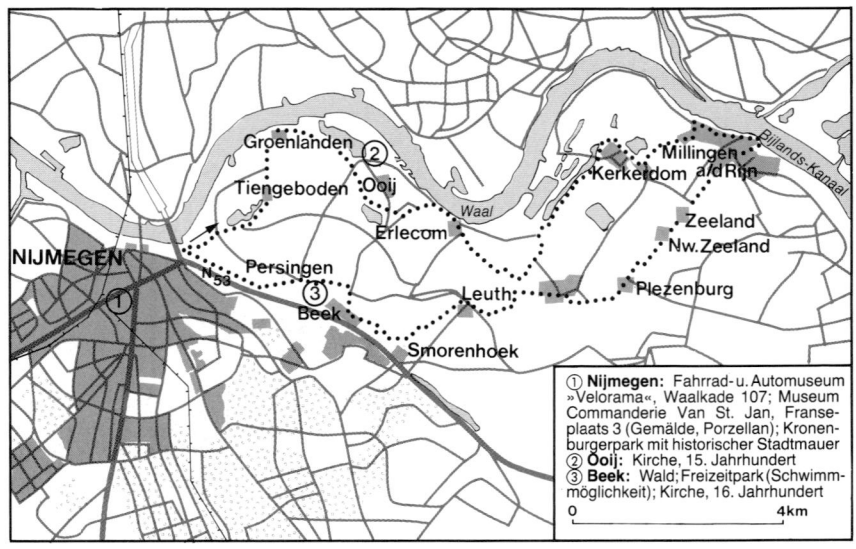

① **Nijmegen:** Fahrrad- u. Automuseum »Velorama«, Waalkade 107; Museum Commanderie Van St. Jan, Franseplaats 3 (Gemälde, Porzellan); Kronenburgerpark mit historischer Stadtmauer
② **Ooij:** Kirche, 15. Jahrhundert
③ **Beek:** Wald; Freizeitpark (Schwimmmöglichkeit); Kirche, 16. Jahrhundert

0   4km

Fahrradverleih

Nijmegen: Bahnhof, Stationsplein, ✆ 080/22 96 18

Routenbeschreibung

Start und Ziel: Nijmegen Bahnhof

Aus dem Bahnhof kommend, sieht man an der Ampel schon das erste ANWB-Hinweisschild Ooijroute. Links abbiegen, über den Tunnelweg durch die Stieltjesstraat Richtung Weurt, links ab, den Park entlang. Bei der Ampel rechts und dann wieder links, entlang dem Nieuwe Markt zur Waalkade. Rechts ab über die Waalkade und zwischen den beiden Schleusenmauern hindurch. Den Valkhof entlang. Rechts oben ist das Hotel Belvedere zu sehen, unter der Waalbrücke hindurch. Beim »Hollandsch-Duits-Gemaal 1933« (= Pumpstation) links abbiegen. Ooijpolder erreicht. Hier beginnt die Route.

Beim Gemaal geradeaus über den Deich. Dann weiter auf dem Spruitenkamp. Bei den Ruinen des ehemaligen Schlosses von Ooij links ab, Kerkdijk, Richtung Ooij. Vor der Kirche links ab in die Pr. Bernardstraat, dann rechts Nassanstraat. Auf der Kreuzung links Richtung Erlecom. Zurück auf den Deich. Rechts abbiegen. In den Erlecomseweg rechts abbiegen. Kreuzung. Links ab Richtung Kekerdom. Zurück auf den Deich. Später steil hinab ins Dorf. Dann links in die Weverstraat. Kreuzung. Links ab Richtung Millingen. In Millingen links ab, Waiboerweg. Weiter zum Rijndijk. Rechts ab, die Waal entlang. Am Ende des Deiches geradeaus in die B. Eijckelhofstraat. Beim Rathaus rechts ab Richtung Nijmegen. Bei dem kleinen Platz links abbiegen in die Zeelandstraat. Richtung Leuth. Bei der Kirche links in die Botsestraat. Wieder zum Deich. Richtung Beek, Kapitteldijk. Nach der Brücke rechts ab. Alter Weteringweg. Rechts ab. Kreuzung. Links ab nach Persingen. An der Kirche entlang. Kreuzung. Links ab. Ende der Route am »Hollandsch-Duits-Gemaal 1933«.

Landschaft

Die Route schlängelt sich die erste Zeit an der Waal entlang. Typische Flußlandschaft mit Altgewässern und Weiden auf der einen und einer holländischen Polderlandschaft auf der anderen Seite. Vom Deich aus ist beides gut zu überblicken. Auf dem Rückweg geht es ein ganzes Stück deutsch-niederländische Grenze entlang. Durch die Polderlandschaft.

Städte, Dörfer, Sehenswürdigkeiten

Nijmegen: Die einzige niederländische Stadt, die sich rühmen kann, auf Hügeln gebaut zu sein. Vielleicht war sie deswegen im Lauf der Geschichte bei so vielen eroberungssüchtigen Herrschern beliebt. Bataver und Römer stritten sich schon um den strategisch wichtigen Ort an der Waal. Karl der Große soll sich hier besonders wohl gefühlt haben. 1672 riß sich der französische Sonnenkönig Ludwig XIV. die Stadt unter den Nagel und nach der deutschen Besatzung im Zweiten Weltkrieg wurde sie von den Alliierten »mit Bomben befreit«. Heute ist Nijmegen eine betriebsame Universitätsstadt. Viele Studentenkneipen, Antiquitätenläden und andere gemütliche Ecken sind hier zu finden. Das Szenenpublikum trifft sich im Café de Stof

und im Café de Opera, beide Koningstraat. Im Sommer ist der ganze Platz hier eine riesige Terrasse. Fast schon wie der Leidseplein in Amsterdam. Architektur-Interessierte sollten sich die Stadt genau ansehen. Neubauprojekte im Zentrum und in der Nähe der Waalkade (bei der Anfahrt zur Radtour werden wir sie durchqueren) sind wirklich vorbildlich für eine neue Variante der innerstädtischen Bebauung. Sehenswert ist auch die Waage am Markt im holländischen Renaissancestil. Warenmärkte sind Montagmorgen und Samstagmittag. Auf der An- und Rückfahrt von der Route passiert man das Fahrrad- und Automuseum »Velorama«. Vielleicht der richtige Ort für eine kleine Pause?

Ooij: Liegt mitten in der Fluß- und Polderlandschaft. Die Kirche hier wirkt etwas merkwürdig. Denn ein Teil davon wurde im letzten Jahrhundert als Wohnung für den Pfarrer ausgebaut.

Millingen: Das Dorf hatte seit eh und je Probleme mit dem Wasser. Mal brach ein Deich, ein anderes Mal waren die eigenen Entwässerungssysteme nicht mehr zu gebrauchen. Hier trennt sich der Rhein in die beiden Arme Niederrhein und Waal.

TOUR II

Maas-Route: *Zwischen Groesbeek – Mook – Heumen. Anfahrt wie bei Route I.*
Länge: ca. 30 Kilometer.

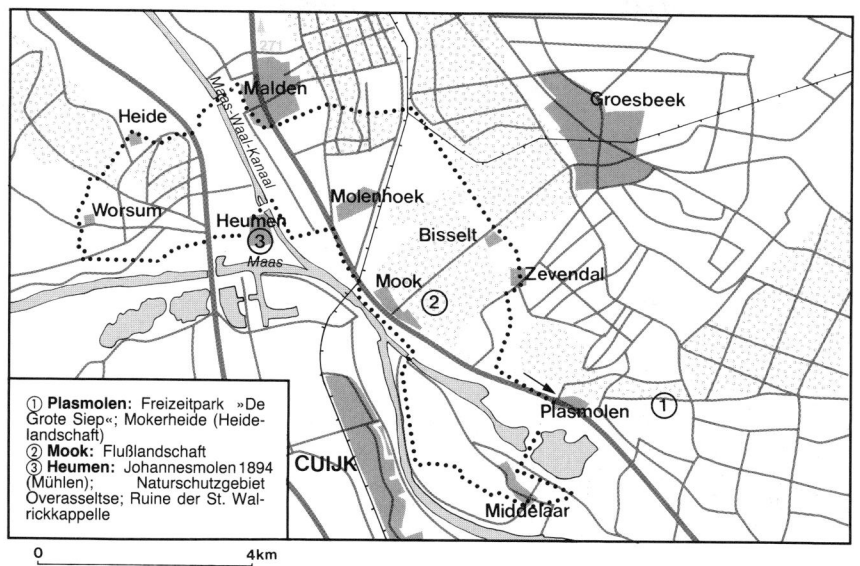

① **Plasmolen:** Freizeitpark »De Grote Siep«; Mokerheide (Heidelandschaft)
② **Mook:** Flußlandschaft
③ **Heumen:** Johannesmolen 1894 (Mühlen); Naturschutzgebiet Overasseltse; Ruine der St. Walrickkappelle

0 ⊢————————————⊣ 4km

Fahrradverleih
Groesbeek: H. van Bergen, Burg. Ottenhoffstr. 2, ✆ 0 88 91 / 7 12 73

Routenbeschreibung
Start und Ziel: Groesbeek Kirche

Am Bahnübergang in die Kerkstraat einbiegen. An der Kirche vorbei. Links ab. Bosstraat. Rechtskurve. Links ab. Heumensebaan. Boswachterij. Auf der Kreuzung links ab. Bahnübergang. Rechts ab in die Heumensebaan. Auf den Fahrradweg (Fietspad). Parallel zu den Schienen. Die Route beginnt. Die breite, asphaltierte Straße Groesbeek – Molenhoek überqueren und weiter in die Biesseltsebaan durch den Wald. Beim Café-Restaurant Het Zwaantje den Groesbeekweg überqueren. Beim Papenbergseweg rechts ab. Kreuzung. Zevendalseweg links ab. Tolle Aussicht. Weiter bis zur Hauptstraße und Freizeitzentrum Plasmolen. Straße überqueren. Geradeaus an zwei Seen vorbei. Nach der Brücke links ab in den Heikantseweg. Auf der Kreuzung Pastoosdijk/Voordijk rechts ab über den Deich nach Middelaar. Gegenüber der Kirche links ab in die Huissestraat und sofort an der nächsten Kreuzung wieder rechts. Am Ende der Straße nach links. Weiter in eine Rechtskurve. Die

Kirchtürme von Cuijk im Blick. Richtung Mook über den Deich. Nach der Brücke über einen Kanal links ab in den Kanaalweg. Um die Kirche herum. Links in eine kleine Straße zwischen Kirche und Rathaus einbiegen. Am Ende bei der Schule links ab. Wieder zur Maas. Bei der Fähre rechts zur Bahnunterführung. Kreuzung Stationsstraat/Molenhoek. Die Hauptstraße überqueren, in die Molenstraat und wieder zur Maas. Erst rechts, dann links ab über eine Brücke bei der Schleuse. Heumen. An der Kirche entlang bis zur Brücke über die Maas. Links ab und unter der Brücke hindurch. Weiter auf dem Deich. Vogelzang. Deich verlassen und zur Hauptstraße. Rechts ab am Worsumseweg. Auf der Garstkampsestraat/IJkelaarstraat weiter und auf dem Lokheuvelseweg rechts abbiegen. Wald. Links ab in den Donderbergweg. Rechts ab in den Parksesteeg. Mit der Kurve nach links P 22044. Blankenbergseweg. Am Ende links ab in die Looistraat. Durch Polderlandschaft über die schmale Hogebrug über den Maas-Waal-Kanal zum anderen Ufer. Rechts ab in die Broekkant. Malden entlang zur Hauptstraße. Ampeln. Hauptstraße überqueren. Groesbeekseweg. Durch Neubausiedlung. Randwijksingel kreuzen und auf dem Fietspad weiter. Wald. Vorbei an einem Friedhof. Über Eisenbahnbrücke und nach dem Bahnübergang rechts ab bis zur breiten Asphaltstraße Groesbeek-Molenhoek. Ende der Route.

Landschaft

Sehr abwechslungsreiche Landschaften. Am Anfang der Route viel Wald, aber auch einige Hügel. Dafür aber prächtige Aussicht. Unten im Maastal treffen wir sowohl auf weite Polderlandschaften als auch auf die von der Maas geformte Flußlandschaft. Am Ende der Route wieder Wald.

Städte, Dörfer, Sehenswürdigkeiten

Groesbeek: Kleines Dorf südöstlich von Nijmegen, in dem früher die Gilde der Besenbinder zu Hause war. Dieses Handwerk ist hier allerdings inzwischen ausgestorben. Der das Dorf umgebende prächtige Wald und die vielen rundum liegenden Erholungsgebiete sind der eigentliche Reiz.

Heumen: Der hier befindliche Maas-Waal-Kanal wurde 1930 eröffnet und ist noch von unzähligen Arbeitern mit der Hand gegraben worden. Er diente hauptsächlich dem Kohlentransport von den Limburger Kohlenminen in die übrigen Teile des Landes. Das angrenzende Naturreservat beherbergt Möwenkolonien und bietet viele bequeme Picknickplätze, die der rechte Ort für eine Rast sein könnten.

TOUR III

Krimpenerwaard-Route: *Zwischen Gouda – Moordrecht – Gouderak – Bergam-bacht – Stolwijk – Haastrecht. Über die holländischen Autobahnen A 15 und A 12 gut zu erreichen. Länge: ca. 36 Kilometer.*

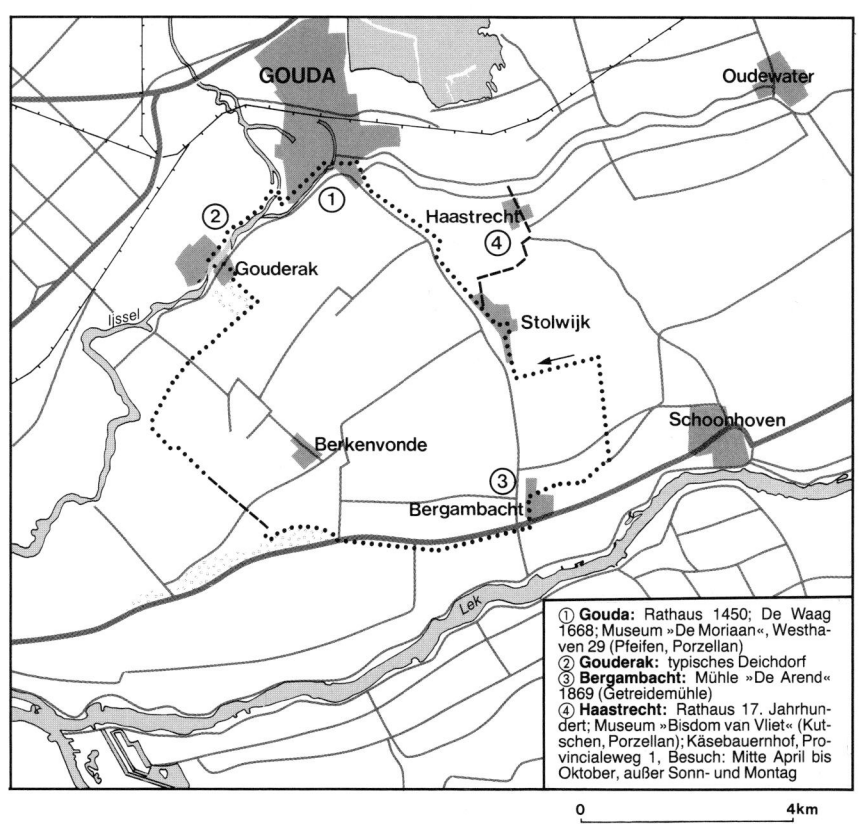

① **Gouda:** Rathaus 1450; De Waag 1668; Museum »De Moriaan«, Westhaven 29 (Pfeifen, Porzellan)
② **Gouderak:** typisches Deichdorf
③ **Bergambacht:** Mühle »De Arend« 1869 (Getreidemühle)
④ **Haastrecht:** Rathaus 17. Jahrhundert; Museum »Bisdom van Vliet« (Kutschen, Porzellan); Käsebauernhof, Provincialeweg 1, Besuch: Mitte April bis Oktober, außer Sonn- und Montag

0   4km

Fahrradverleih
Gouda: Bahnhof, ✆ 0 18 20/1 97 51

Routenbeschreibung
Start und Ziel: Gouda Bahnhof

Vom Stationsplein über Spoorlaan, Spoorstraat, Kleiwegplein, Korte Vest, Varkensmarkt, Nieuwe Markt, Achter de Waag, Markt, an der Kirche vorbei, Wijdestraat, Westhaven, Veerstal, auf den Deich, an den Wasstertoren und am Industriegebiet entlang zur Brücke. Nach der Julianasluis links ab. Fietspad neben dem IJsseldijk folgen. Moordrecht. Hier mit der Fähre über die Hollandse IJssel nach Gouderak. In der Dorpstraat links ab und bei Essendreef rechts ab in Neubauviertel zur Snippejagerskade. Fietspad. Kreuzung. Kurz nach rechts und dann sofort links ab auf Fietspad. Den kleinen Weg nach Berkenvoude kreuzen, durch das Erholungszentrum De Loet. Links abbiegen und beim Picknickplatz die Vorfahrtsstraße überqueren zum parallel laufenden Weg. Links ab, vorbei an den Gebäuden der Haagse-Duinwaterleiding. Bergambacht. Schmalem Polderweg folgen. Beim Bergweg links ab (will man sich Schoonhoven ansehen, dann geradeaus). Am Ende des Weges links ab durch Wohnsiedlung von Schoonouwen nach Stolwijk. Abstecher nach Haastrecht (von dort ist Oudewater zu erreichen). Zurück nach Gouda. Ende der Route.

Landschaft

Die Tour führt durch eine typische holländische Polderlandschaft, durchzogen von »Sloten«, kleinen Flüssen, die als Entwässerungskanäle dienen. Hier findet der Radler eine echte Holland-Idylle wie aus dem Bilderbuch. Typische, teilweise schilfgedeckte Bauernhöfe, Wiesen, Weiden, Kühe.

Städte, Dörfer, Sehenswürdigkeiten

Schoonhoven: Ein kleines, romantisches holländisches Städtchen. Rund 10 000 Einwohner. Früher das Zentrum der Gold- und Silberschmiede (Museum, siehe Seite 204). Einige dieser Kunsthandwerker sind heute noch hier. Mitten durch die Stadt schlängelt sich eine prächtige Gracht, die zusammen mit der alten Waage aus dem Jahr 1617 und dem Rathaus aus dem 15. Jahrhundert das Stadtzentrum prägt.

Gouda: Diese Stadt gab dem weltberühmten Käse ihren Namen. Das mittelalterliche Zentrum quillt über vor lauter Sehenswürdigkeiten. Der Marktplatz wird vom gotischen Rathaus beherrscht. Dahinter steht die von Pieter Post und vielen Arbeitern erbaute Waage. Von Mai bis September findet hier donnerstags zwischen 9.30 und 12 Uhr der historische Käsemarkt statt. Gouda erhielt 1272 Stadtrechte und ist außerdem noch wegen seiner Kerzen, seiner Töpfereien und der leckeren Sirupwaffeln bekannt. Die Säulenhallen der alten Getreidebörse und der Fischmarkt tragen zur idyllischen Atmosphäre dieses Städtchens im Herzen Hollands bei. Gleich neben der Waage liegt das Hotel »De Zalm«, eines der ältesten Gasthäuser der Niederlande. Rund um Gouda, längs der Fahrradroute, laden »Kaasboerderijen«, die Käsebauernhöfe, ein, in denen auch heute noch der schmackhafte Gouda erzeugt wird.

Gouderak: Typisches kleines Deichdorf. Hier werden die »IJsselsteine«, die roten Backsteine, die man überall in Holland als Mauerwerk findet, hergestellt.

Oudewater: Das Dorf verdankt seinen Ruhm der hier stehenden »Hexenwaage«. Als im 16. Jahrhundert die Hexenverfolgungen in Europa tobten, war diese Waage nahezu ein Wallfahrtsort für verfolgte Frauen von nah und fern. Der Bürgermeister hier war nämlich für seine Unbestechlichkeit bekannt. Stellte die Waage in seinem Beisein das Gewicht der als Hexen verdächtigten Frauen fest, so erhielten sie von ihm ein Zertifikat, das amtlich feststellte, daß sie zu schwer waren, um auf einem Besenstiel davonzuschweben. Dieses amtliche Schreiben vom Oudewater Bürgermeister rettete vielen Frauen das Leben und machte den Bürgermeister und Oudewater reich.

TOUR IV

Loonse- und Drunense-Duinen-Route: *Zwischen 's-Hertogenbosch (Den Bosch) – Vught – Helvoirt – Loon op Zand – Waalwijk – Drunen – Nieuwkuijk. Über die holländische Autobahn A 50 schnell zu erreichen. Länge ca. 43 Kilometer.*

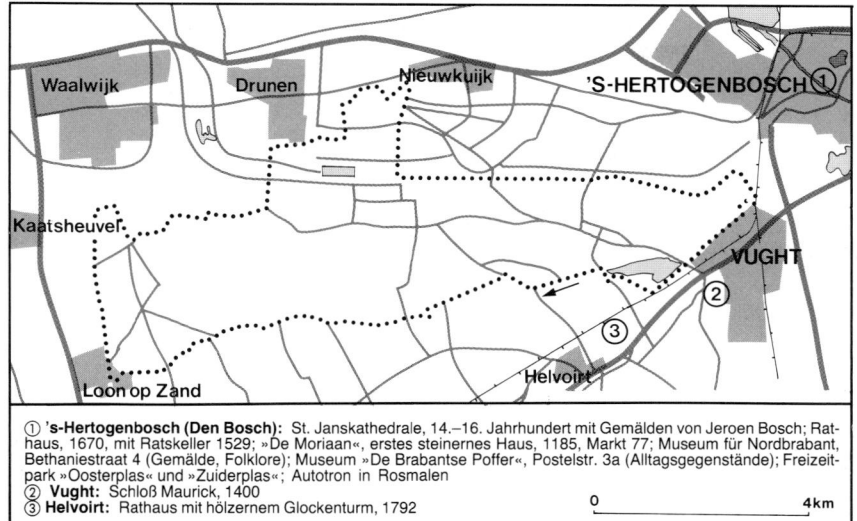

① **'s-Hertogenbosch (Den Bosch):** St. Janskathedrale, 14.–16. Jahrhundert mit Gemälden von Jeroen Bosch; Rathaus, 1670, mit Ratskeller 1529; »De Moriaan«, erstes steinernes Haus, 1185, Markt 77; Museum für Nordbrabant, Bethaniestraat 4 (Gemälde, Folklore); Museum »De Brabantse Poffer«, Postelstr. 3a (Alltagsgegenstände); Freizeitpark »Oosterplas« und »Zuiderplas«; Autotron in Rosmalen
② **Vught:** Schloß Maurick, 1400
③ **Helvoirt:** Rathaus mit hölzernem Glockenturm, 1792

0 ⎿_____⏋ 4 km

Fahrradverleih
's-Hertogenbosch: H. J. Burgers, Bahnhof, ✆ 073/13 47 37

Routenbeschreibung
Start und Ziel: 's-Hertogenbosch Bahnhof
   Vom Bahnhof durch den Tunnel. Über den Chr. Huygensweg und die Sportlaan zum Vlijmse Weg. Diesen überqueren und links abbiegen. Durch die Bahnüberführung und vor der nächsten Unterführung rechts die Treppe hoch und dann dem Sandweg neben dem Kanal folgen. Am Ende links ab über die Brücke. Vught. Der Vughtse Heide entlang. Kleiner See »De IJzeren Man«. Hier entlang. Bei P 22105 Asphaltweg kreuzen und unmittelbar rechts ab auf dem Fahrradweg weiter. Wald. Beim »Rustende Jager« weiter geradeaus, längs den Loonse Drunense Duinen. Richtung Loon op Zand. Am Dorfanfang bei P 1956 (hinter dem Baum) rechts ab durch eine Villengegend. Danach weiter durch den Wald. Beim Asphaltweg rechts. Rastplatz Roestelberg. Links auf dem Fahrradweg am Dünenrand entlang. Immer geradeaus bis zu einer Brücke. Diese Brücke überqueren. Vorbei am Schwimmbad. Dann weiter auf einem Deich. Immer auf dem Deich entlang, den man ab und zu kurz verlassen muß. Nieuwkuijk. Bei der Kornmühle Emma rechts abbiegen und zum Kanal weiterfahren. Weiter bis 's-Hertogenbosch. Ende der Route.

Landschaft

Die Strecke führt durch das prächtige Naturschutzgebiet Loonse und Drunense Dünen. Wald wechselt mit Dünenlandschaft. Tannenbäume und Birken. Das Gebiet ist aus Sandverwehungen entstanden und als eines der schönsten Erholungsgebiete in den Niederlanden kultiviert worden. Oben auf den Sanddünen kann man die weite Sicht über das Land genießen. Es gibt Flecken, die einer Wüstenlandschaft gleichen; ein absoluter Gegensatz zu Route I – der Polderlandschaft. Auch das ist Holland.

Städte, Dörfer, Sehenswürdigkeiten

's-Hertogenbosch: Im Volksmund einfach »Den Bosch« genannt. Eine weitere Perle unter den niederländischen Städten. Hauptstadt der Provinz Nord-Brabant mit südländischem Flair und Charme. Ihren Namen dankt die Stadt dem Herzog Bos, der sie 1185 gründen ließ. Auf deutsch heißt sie Herzogenbusch, die Franzosen sagen: Bois-le-Duc. Hier steht die größte und vielleicht auch die schönste Kirche der Niederlande: De Sint Jan, die St. Janskathedrale. Eine spätgotische Kreuzbasilika, an die die Menschen über 200 Jahre bauten. Weiterhin sollte man sich hier den großen Waren-

markt, jeden Mittwoch und Samstag von 8.30 bis 13 Uhr, und den größten Viehmarkt der Niederlande (siehe Seite 186 ff.) in den Brabanthallen nicht entgehen lassen. Interessant ist auch die an der Decke hängende Uhr im Ratskeller. In der nordöstlich gelegenen Ortschaft Rosmalen lädt im Freizeitpark »Libema« das Autotron (siehe Seite 205) zu einem Besuch ein. Vorsicht! Es besteht die Gefahr, daß man sich in 's-Hertogenbosch gleich so wohl fühlt und nicht mehr zur beabsichtigten Radtour aufbricht.

Vught: Der Villenvorort von Herzogenbusch. Blickfang sind das von Wasser umgebene Rathaus und die St. Lambertustoren (Kempische Gotik).

Loon op Zand: Gut für eine kleine Rast, wenn man diese nicht schon beim »Rustende Jager« hinter sich gebracht hat. Ein schönes weißes Schloß erfreut hier das Auge.

Drunen: Ein heute schon verstädtertes ehemaliges Bauerndorf. Hier wurden früher Schiffsschrauben hergestellt.

TOUR V

Wieden-Route: *Zwischen Zwartsluis – Sint-Jansklooster – Blokzijl – Giethoorn.*
Über die Autobahn A 28 (Zwolle) gut zu erreichen. Länge ca. 33 Kilometer.

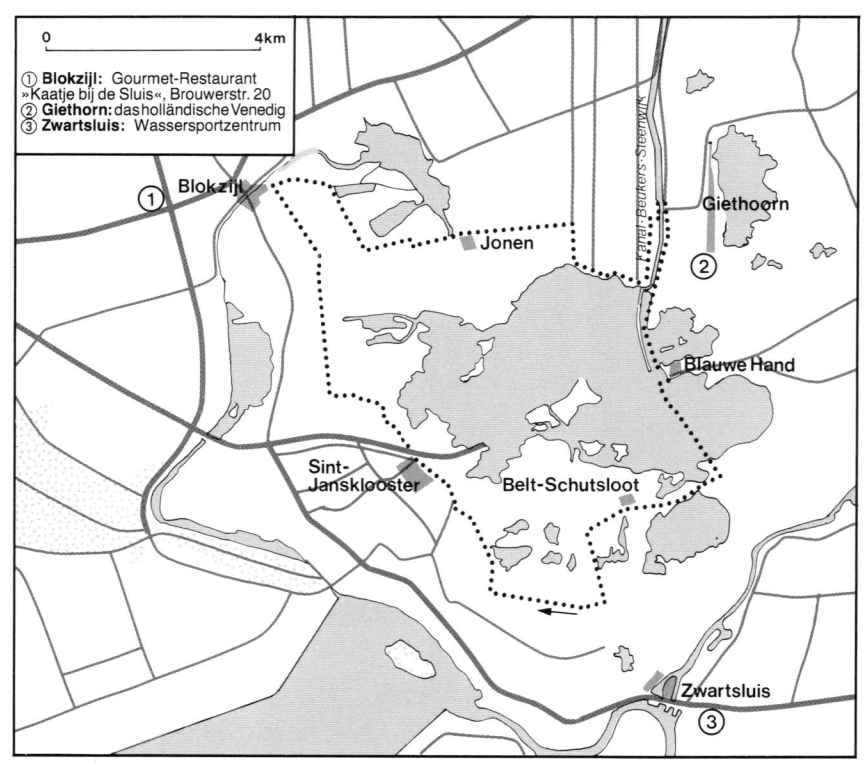

① **Blokzijl:** Gourmet-Restaurant »Kaatje bij de Sluis«, Brouwerstr. 20
② **Giethorn:** das holländische Venedig
③ **Zwartsluis:** Wassersportzentrum

Fahrradverleih
Zwartsluis: H. Olgema, Buitenquartier 10, ✆ 05208/66893

Routenbeschreibung
Start und Ziel: Zwartsluis Bahnhof

Vom Stationsweg in Richtung Westen, die Vorfahrtsstraße Nieuweweg überqueren. Richtung Genemuiden. An der Arembergerschleuse über die Brücke. Geradeaus auf der Westeinde bis zur Kreuzung. Rechts ab Richtung Sint-Jansklooster. Arembergerweg. P 22574. Hier beginnt die Route. Links ab in den Woldweg. Sint-Jansklooster. Am Ende des Dorfes Kreuzung. Rechts halten, dem Schild »Doorgaand Verkeer« folgen und vor der Vorfahrtsstraße links ab. Durch einen Fahrradtunnel unter der Autobahn hindurch. Dann links ab Richtung Blokzijl. Am Freizeit-zentrum De Foeke entlang bis zum P 22809. Hier rechts abbiegen über den Duinweg, Brücke über den Ettenlandskanal. Bei P 22750. Nähe Blokzijl. Richtung Jonen über Duiningermeerweg. Nach einer Kurve rechts ab, entlang eines Sees bis P 22751. Links ab. Hevenweg. Bei P 22752 wieder links ab auf den Fahrradweg Jonenpad. Mit der Fähre übersetzen (7–19 Uhr) Richtung Jonen. Geradeaus weiter auf dem Fahrrad-weg, der Cornelisgracht entlang und später über die Dwarsgracht. Bei P 22753 wieder über die Brücke. Bei P 22803 rechts ab, dem Fahrradweg folgen. Linkskurve. Entlang der Beulakerwijde. Fahrradweg folgen, dem Kanal Beukers Steenwijk entlang. Giet-hoorn. Am Ende des Weges rechts ab. Linkskurve. Auf der Kreuzung rechts ab, Cornelisgracht, über die Brücke, bei P 22806 wieder rechts abbiegen. In Blauwe Hand am Ende der Straße über die Brücke in Richtung Meppel. Zwischen der Seen-platte von Belterwijde hindurch. Nach der Brücke rechts ab Richtung Belt Schutsloot über den Belterweg. Bei dem kleinen Hafen über eine schmale, hohe Brücke. Bei P 22149 rechts ab, Noorderweg. Bei P 22740 den Weg überqueren, dem Wasser entlang über den Fahrradweg, Schutslooterpad. Weiter bis P 20789. Dem Fahrradweg durch das sich lang hinziehende Dorf folgen bis P 23613. Richtung P 23614. Rechts ab und an der anderen Seite der hoch gelegenen Brücke über die Arembergergracht. Bei P 23615 links ab, Haverzatherweg. Dieser Gracht entlang zum P 22574. Geradeaus. Wolsweg. Zurück nach Zwartsluis. Ende der Route.

Landschaft

Wieder ein totaler Kontrast zu Route I und IV. Man fährt hier buchstäblich mit dem Rad über Wasser, die typische Sumpf- und Seenplatte von Overijssel. Hier wächst das Schilf für die vielen rietgedeckten holländischen Häuser und Bauernhöfe. Eine Wasserlandschaft voller Ruhe und Anmut.

Städte, Dörfer, Sehenswürdigkeiten

Blokzijl: Die idyllische, ehemalige Handelsstadt lädt zum Träumen und Verweilen ein. Bei Sturm suchten hier im 17. Jahrhundert die Schiffe und Seeleute der Ostindi-schen Handelskompanie Zuflucht. Das Städtchen erinnert auch irgendwie an Zee-land, Brouwershafen zum Beispiel. Außerdem serviert in Blokzijl eines der besten holländischen Restaurants seine Köstlichkeiten: Kaatje bij de Sluis (siehe auch Seite 92).

Giethoorn: Dieses Dorf wird oft auch das »Venedig des Nordens« genannt. Ein Vergleich, der natürlich hinkt. Giethoorn ist Giethoorn, nämlich einmalig. Ruhig und anheimelnd zugleich. Vor allem außerhalb der Touristensaison. Das Dorf ist eine Augenweide und zeigt wieder einmal, was für Schönheiten die Niederlande auf klein-stem Raum zu bieten haben. Häuser und Bauernhöfe wie Gemälde. Die Giethoorner »Gondeln« bewegen sich durch Punterhaken vorwärts.

Zwartsluis: Das Wassersportzentrum dieser Gegend. Über 450 Jahre alt. Ideale Ausgangs- und Endstation für die Tour.

MAASDIJK 1
's-GRAVENZANDE 8
HOEK van HOLLAND 10

MAASSLUIS 4
VLAARDINGEN 10
ROTTERDAM 20

MAASLAND 7
DE LIER 3

Een Kleinigheid
in de Klomp
Voor 't gebruik v/d.
pomp

Briellse-Maas-Route: *Zwischen Spijkenisse – Geervliet – Heenvliet – Zwartewaal – Brielle – Oostvoorne. Über die Autobahn A 15, Richtung Europoort. Abfahrt Spijkenisse. Länge ca. 46 Kilometer.*

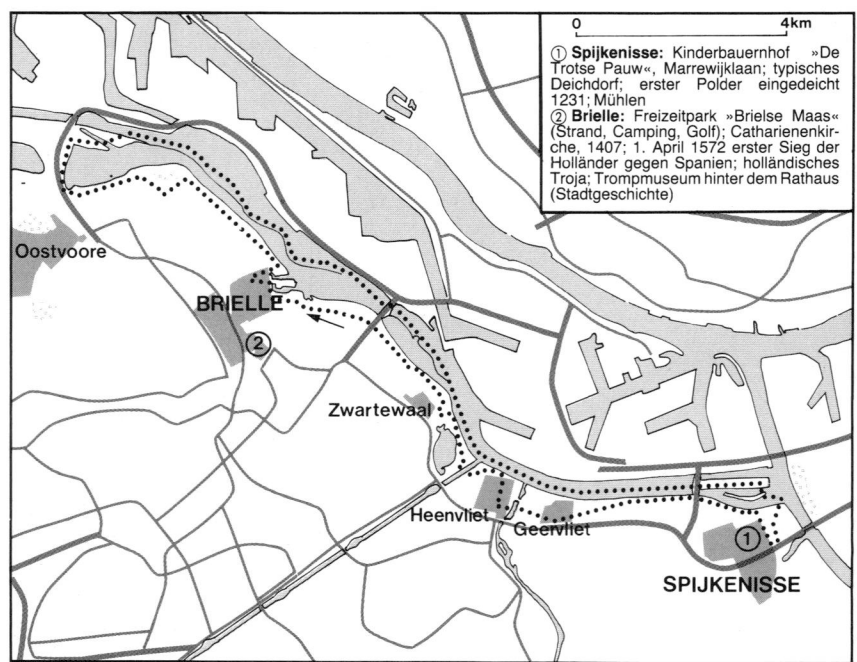

① **Spijkenisse:** Kinderbauernhof »De Trotse Pauw«, Marrewijklaan; typisches Deichdorf; erster Polder eingedeicht 1231; Mühlen
② **Brielle:** Freizeitpark »Brielse Maas« (Strand, Camping, Golf); Catharienenkirche, 1407; 1. April 1572 erster Sieg der Holländer gegen Spanien; holländisches Troja; Trompmuseum hinter dem Rathaus (Stadtgeschichte)

Fahrradverleih

Rotterdam: Bahnhof, ✆ 010/4126220; am einfachsten ist es, das Fahrrad am Bahnhof in Rotterdam zu mieten und dann mit der Metro zum Ausgangspunkt der Tour nach Spijkenisse zu fahren.

Routenbeschreibung

Start und Ziel: Spijkenisse Sportpark

Über den Molendijk am Sportpark entlang. Am Ende des Voedingskanals links ab, Nord-Hoekseweg. Nach den Spielwiesen in den Wandelpark und unter der Hartelbrücke durch bis zu dem Punkt, wo die Hochspannungsleitungen aufhören. Hier links nach Geervliet. Bernisseweg. Kurz vor Heenvliet über versandetes Flußbecken bis Heenvliet. Über den Marktplatz und zurück zum Kanal. An einem Hirschgehege und einem Schwimmbad vorbei über den Voornse Kanal. Zwartewaal. Außerhalb des Dorfes über den Deich. Bei P 22668 rechts halten Richtung Brielle. Über den Fahrradweg, der unter der Briellse Brücke weiter nach Brielle führt. An einem Picknickplatz vorbei. Vor Brielle am ehemaligen Fort De Meeuw entlang. Brielle. In Brielle an einigen Jachthäfen vorbei. Zurück zur Briellse Maas. Dort bei der Fähre

Brielle

links ab, Richtung Oostvoorne. Über den Fahrradweg an einem See entlang. Nach der Kreuzung vom Voordijk weiter am Wald entlang. Bei de Stenen Baak links ab. Bei P 21816 rechts ab, Bollarsdijk und weiter durch ein Ferienhausgebiet. Oostvoorne. Über einen Abschlußdeich auf die andere Seite der Briellse Maas und bei der Suurhofbrücke bei P 23278 rechts ab, Richtung Rozenburg, Krimweg. Bei der Kleiburg (Golfplatz). Krabbeplaat, Fähre. Zur Briellse Brücke. Unter dieser Brücke hindurch und rechts halten. Kilometerlang geradeaus und zurück nach Spijkenisse. Ende der Route.

Städte, Dörfer, Sehenswürdigkeiten
Spijkenisse: Einst ein kleines, echtes Deichdorf, das durch die erste Einpolderung der Niederländer im Jahr 1231 Geschichte machte, ist Spijkenisse heute zu einer Wohn- und Schlafstadt citymüder Rotterdamer geworden. Wer sich für moderne Architektur interessiert, sollte sich hier auf jeden Fall die architektonisch wegweisenden Stadtteilneugründungen Hoek und Akkers ansehen. Für Kinder gibt es einen Bauernhof mit allem dazugehörigen Getier, Hunden, Katzen, Hühnern, Schweinen ... zu besichtigen. Der Warenmarkt findet in Spijkenisse auf der Spui jeden Dienstag statt.

Landschaft
Flußlandschaft der Maas. Man radelt praktisch im Mündungsdelta dieses Flusses und befindet sich teils auf der Insel Voorne, teils mitten auf der Maas und südlich vom größten Hafen der Welt, dem Europoort. Imposant.

Brielle: Hier wurde holländische Geschichte gemacht. Am 1. April 1572 eroberten die Wassergeusen die Stadt. Das war der entscheidende Funke für den Aufstand gegen die von Philipp II. verkörperte spanische Fremdherrschaft. Heute wird an den Auftakt des holländischen Freiheitskampfes noch jedes Jahr am 1. April in Form eines großen Spektakels mit Theater und Umzügen erinnert. Die Stadt ist ein einziger Augenschmaus – Fotografen bringen den Finger nicht mehr vom Auslöser! Pittoreske Tore und eine gut erhaltene Stadtmauer rahmen Brielle ein. Bis 1945 durften keine Häuser außerhalb der Stadtmauer gebaut werden. Man sollte vom Rad steigen und ein paar Schritte zu Fuß durch diese geschichtsträchtige Stadt tun.

Heenvliet: Es wartet ein sehenswerter Marktplatz mit ansprechend renovierten holländischen Häusern. Über den an Heenvliet vorbeiführenden Voornse Kanal steuerten ab 1830 die Schiffe den Rotterdamer Hafen an. Inzwischen ist die Zufahrt versandet und der Nieuwe Waterweg hat diese Funktion für den Europoort übernommen.

TOUR VII

Vuursche-Route: *Zwischen De Bilt – Groenekan – Maartensdijk – Lage Vuursche – Baarn – Soest – Bilthoven. Über die niederländische Autobahn A 12 schnell zu erreichen. Länge: ca. 35 Kilometer.*

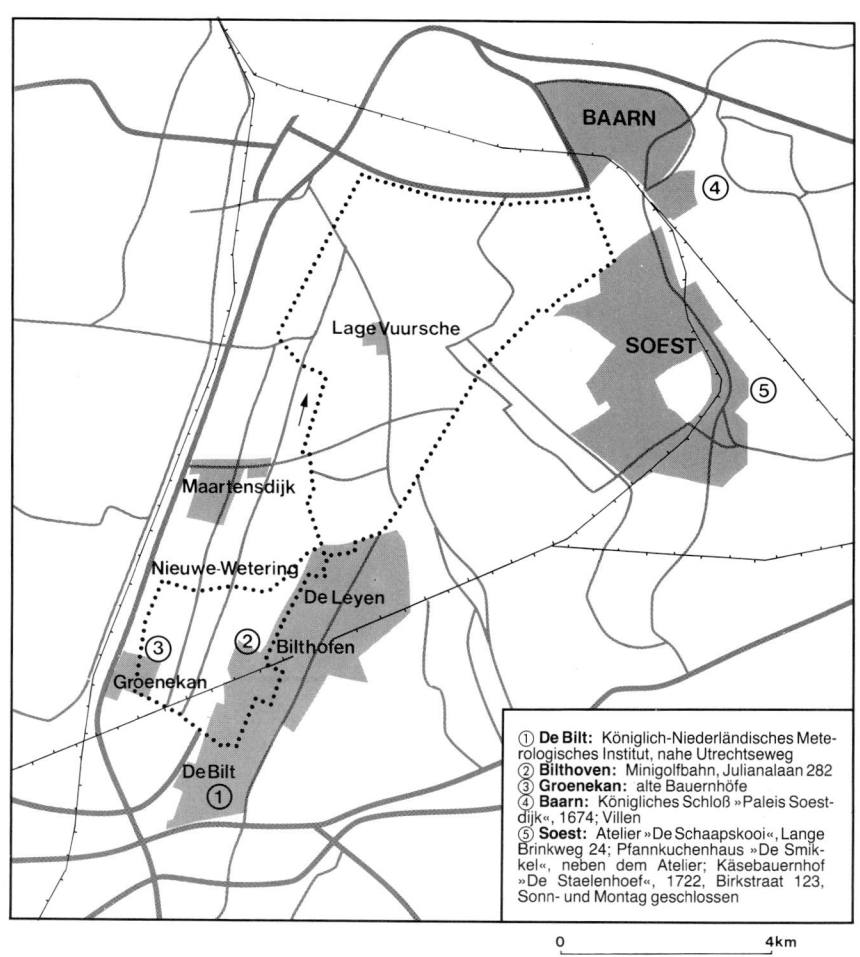

① **De Bilt:** Königlich-Niederländisches Meterologisches Institut, nahe Utrechtseweg
② **Bilthoven:** Minigolfbahn, Julianalaan 282
③ **Groenekan:** alte Bauernhöfe
④ **Baarn:** Königliches Schloß »Paleis Soestdijk«, 1674; Villen
⑤ **Soest:** Atelier »De Schaapskooi«, Lange Brinkweg 24; Pfannkuchenhaus »De Smikkel«, neben dem Atelier; Käsebauernhof »De Staelenhof«, 1722, Birkstraat 123, Sonn- und Montag geschlossen

0   4 km

Fahrradverleih
Bilthoven: J. F. A. M. Tusveld, Bahnhof, ✆ 030/78 55 38

Routenbeschreibung
Start und Ziel: De Bilt Bahnhof

Vom Bahnhof aus rechts ab in den Soestdijkseweg. Wieder rechts ab über die Spoorlaan und die Koppellaan zum Leyenseweg. Rechts ab bis P 2635. Die Route

233

beginnt. Links ab, Brandenburgerweg. Über Bahnübergang bis »Huize Vordaan«. Hier über eine kleine Brücke. Groenekan. Auf einem schmalen Weg durch den Wald. Am Ende in Nieuwe-Wetering rechts ab, dem Fahrrad-Parallelweg folgen. Dann Fahrradweg. Erholungszentrum De Leyen. Bei der Gesichtslaan (hohe Nadelbäume), dieser Straße links folgen. Parkplatz Ridderoordse Wald. Weiter am Sanatorium vorbei. Martensdijk. Dem Mauritshoeve entlang. Durch den Wald. Vorbei am Hotel Fazentenhof. P 14, dem Waldweg folgen, Hollansche Slot. Auf dem Weg Hilversum – Baarn, rechts ab und der Straße parallel folgen. Kreuzung. Amsterdamse Straatweg. Hier rechts ab. Lage Vuursche. Soest. Weiter Richtung Bilthoven. Durch die Villengegend. Vorbei am Schulzentrum. Über den Bahnübergang, dann rechts ab. Bei P 2635 links ab über Koppellaan und Spoorlaan zurück zum Bahnhof. Ende der Route.

Landschaft

Ausgestreckte Waldgebiete, oft mit kleinen Seen und Tümpeln durchsetzt. Sie gewinnen einen besonderen Reiz durch die zahlreichen Villen und großangelegten Parks. Jeder Niederländer, der genug Geld hat und etwas auf sich hält, läßt sich hier sein kleines Schlößchen bauen. Besonders reizvoll ist die Gegend im Frühjahr, wenn überall die Narzissen blühen. Außerdem gibt es typisch holländische Bauernhöfe zu sehen.

Städte, Dörfer, Sehenswürdigkeiten

De Bilt: Sitz des Königlich Niederländischen Meterologischen Instituts. Hier befindet sich die älteste gepflasterte Straße der Niederlande: der Utrechtseweg.

Groenekan: Ansprechendes ländliches Dörfchen mit einigen schönen alten Bauernhöfen. Im angrenzenden Waldgebiet, das mit kleinen Wassertümpeln durchsetzt ist, kann man im Frühling blühende Narzissenwiesen bewundern. Eine Idylle zum Träumen.

Maartensdijk: Altes, mitten im Polderland gelegenes Veendorf. Hier wurde schon im 11. Jahrhundert Torf gestochen. Im Zentrum findet man noch zahlreiche historische Gebäude, die auf die Bedeutung des Dorfes in früheren Zeiten hinweisen. Die Bischöfe aus Utrecht pflegten hier zu wohnen, wenn sie in den umliegenden Gebieten auf die Jagd gingen.

Baarn: Das Villen- und Erholungsstädtchen für betuchte Niederländer, die sich hier ihre kleinen Schlösser bauen lassen. Selbst Statthalter Wilhelm III. hat sich im 17. Jahrhundert hier schon wohl gefühlt, im Palais Soesdijk. In diesem Palais wohnt jetzt Ex-Königin Juliana. Man kann es also nicht besichtigen, aber aus der Ferne anschauen.

Hollands Strände

Urlaub nach Maß –
für jeden etwas

Hollands Sandstrände erstrecken sich über rund 300 Kilometer: von Belgien im Süden bis zur westfriesischen Watteninsel Schiermonnikoog im Norden. Die Küste zieht jedes Jahr Millionen von Urlaubern an. Mit Schilfgras bewachsene Dünen rahmen die sandigen Nordseeufer und schützen das dahinterliegende Land vor den Fluten – ebenso wie den Sonnenanbeter vor allzu frischen Brisen aus dem Osten. Wenn die Sonne mitspielt, haben die niederländischen Badeorte Hochkonjunktur – beispielsweise **Scheveningen.**

»Die Sonne geht baden«, entfährt es einem etwa sechsjährigen Mädchen am Scheveninger Strand, als es sieht, wie an einem lauschigen Sommerabend der rotglühende Feuerball langsam am Horizont in der Nordsee verschwindet. Mancher Erwachsene wird während dieses einzigartigen Naturschauspiels zeitweilig auch den Kopernikus vergessen: Das Land scheint tatsächlich auf dem Wasser zu schwimmen. Wenn dann die Sonne langsam in der See versunken ist, kommt das Strandleben im mondänen und betriebsamen Badeort Scheveningen in Schwung.

In zahlreichen Strandpavillons direkt unterhalb des zum Flanieren einladenden Boulevards knistert zu diesem Zeitpunkt bereis die Holzkohlenglut. Schaschlickspieße, Steaks und Bratwürste werden geröstet. Es bruzelt überall. Auf der Strandterrasse des Pavillons »Blue Lagoon« (»Blaue Lagune«) dreht sich an solchen Sommerabenden stets ein Spanferkel am Spieß über dem Grill. Und während die ersten Badegäste gerade ihre gegrillten Spezialitäten genießen, heizt nur einige Meter weiter eine Band die Stimmung mit ihren Rhythmen kräftig an, erklingen die neuesten Hits und alte Evergreens. Scheveningen lebt auf, schüttelt die Trägheit eines schwülen Sommertages ab. Im Casino des prächtig renovierten Kurhauses kreisen die Kugeln beim Roulette. Pianomusik begleitet das Diner im Kursaal. Wer dagegen einen schnellen Happen vorzieht, wird eine der immer zahlreicher werdenden Imbißbuden aufsuchen.

»Nichts geht mehr«, diesen Satz kann man während der sommerlichen Hochsaison in Scheveningen ausschließlich im Casino und dann selbstverständlich nur auf französisch hören: »Rien ne va plus«. Viele Diskotheken lassen bis morgens um 4 Uhr den Sound in ihren Lautsprechern vibrieren. Die unzähligen Restaurants, eines der besten und teuersten ist übrigens das »Seinpost« an der Zeekant Nr. 60, sorgen zusammen mit dem Verkehrsverein für immer neue Überraschungen: Muschelfeste, Feuerwerke, Schachturniere, Strandcafés, kulinarische Spezialitätenwochen.

Der Trubel in Scheveningen ist natürlich nicht jedermanns Sache. Wer im Urlaub der Hektik entfliehen will, der weiche lieber nach Kijkduin oder Katwijk aus. **Kijkduin,** das zweite Haager Seebad, ist ein echtes Familienbad: kleiner, ruhiger, gediegener als Scheveningen, aber keinesfalls langweilig. Und der Strand dort ist genausoschön.

Noch beschaulicher, fast verschlafen, wirkt das idyllische kleine Fischerdorf **Katwijk.** Hier geht noch alles seinen geregelten dörflichen Gang. Wie anno dazumal, werden selbst die Urlaubsaktivitäten von rigoros konservativen, strenggläubigen christlichen Gemeinderäten auf ein erholsames Minimum beschränkt. Kein Lärm, keine Diskotheken, und am Sonntag tragen alle Frauen und Mädchen die obligatorische weibliche Tracht, den Rock. Der Grund: Katwijk ist eine jener streng calvinistischen niederländischen Gemeinden, hier »swaar gereformeerd« genannt, die es überall im Land noch vereinzelt gibt. Wer also wirklich Ruhe sucht, träumen, baden und schlafen möchte, der ist in Katwijk absolut richtig.

Nur wenige Kilometer weiter an der Küste in Richtung Amsterdam taucht **Nordwijk** am Horizont auf. Dieser Badeort kann im Sommer zeitweilig zu einer »deutschen Stadt« werden. Nordwijk erfreut sich beim deutschen Badepublikum einer solch großen Beliebtheit, daß die zahlreichen Pensionen ihre Zimmer auf den ausgehängten Schildern fast nur noch in der Sprache ihrer östlichen Nachbarn anbieten. Für britische und französische Urlauber »eine glatte Diskriminierung«, meinen manche Nordwijker Bürger dazu.

Von der Terrasse des Hotels »Huits ter Duin« hat man einen unvergleichlichen Ausblick über die Nordsee, den man so weder im Scheveninger Kurhaus noch in Katwijk oder Zandvoort genießen kann. Nordwijk ist, einmal abgesehen von den schnuckeligen seeländischen Badeorten und den Westfriesischen Inseln, wohl die attraktivste Station an der nordholländischen Küste. Die Stadt, ihr Strand und ihr Vergnügungs- und Freizeitangebot haben von allem etwas. Nordwijk ist dabei weder so aufbrausend laut wie Scheveningen noch so verschlafen wie das calvinistische Katwijk. Hier kommt jeder auf seine Kosten. Daß der Ort dazu noch mitten in der »Bollenstreek«, dem Zentrum der niederländischen Blumenzucht, und nahe des Blumenparadieses »Keukenhof« liegt, macht Nordwijk bereits ab Mai attraktiv.

Weitere touristische Zentren an der nordholländischen Küste sind **Zandvoort,** der Bade- und Erholungsort der Amsterdamer (die Stadt ist allen Motorsportfans ein Begriff), **Wijk an Zee, Egmond an Zee** und schließlich **Bergen an Zee.** Dieser Badeort hat etwas, was den übrigen Küstenstädten und Dörfern allesamt fehlt: Er wird von einer prächtigen Dünen- und Waldlandschaft umgeben, die zusammen mit dem Strand ideale Urlaubsbedingungen bietet. Schon bei der Anreise nach Bergen, bei der Fahrt durch die weiche Hügellandschaft der Dünen und durch die Kiefern-Alleen, wähnt man sich fast in Italien oder Griechenland.

Ein empfehlenswertes Ausflugsziel ist das nahegelegene **Schoorl,** ein Paradies für Wanderfreunde. Nach **Alkmaar,** zum dortigen Käsemarkt, ist es von hier aus nur noch ein Katzensprung mit dem Fahrrad oder Auto.

Bereits in Reichweite von Bergen liegen die fünf **Westfriesischen Inseln:** Texel (siehe Seite 150 ff.), Vlieland, Terschelling, Ameland und Schiermonnikoog. Jede von ihnen hat ihren eigenen, unverkennbaren Charakter und mindestens ebenso schöne weite Sandstrände wie die übrige nordholländische Küste.

Südlich von Den Haag , von wo man die einzelnen Küstenorte landauf und landab relativ rasch erreichen kann, lockt vor allem die Provinz **Zeeland.** Zeeland (oder Seeland in deutscher Schreibweise) bestand einst aus den Inseln Walcheren, Beveland, Tholen, Schouwen und Duiveland. Doch diese Inseln wurden inzwischen im Rahmen des gigantischen Deichbauprojektes »Delta-Werke« (siehe Seite 137 ff.) durch Dämme und Brücken untereinander und mit dem Festland verbunden.

Zeeland hat sich nicht nur seinen eigenen Dialekt, das »Zeeuws«, sondern auch seinen unverkennbaren Charme bewahrt. Die Metereologen behaupten: »Zeeland hat von allen niederländischen Provinzen die meisten Sonnenstunden pro Jahr.«

In der pittoresken Kleinstadt **Zierikzee** etwa treffen wir noch immer auf reich bestückte Weinkeller. Sie erwecken den Eindruck, man befinde sich nicht in Zeeland, sondern irgendwo an der Loire oder an Rhein und Mosel. Die Keller stammen noch aus dem 17. Jahrhundert, dem »Goldenen Zeitalter« Hollands, als das Städtchen die britischen Inseln mit Wein versorgte. In Zierikzee veranstalten die Fischer im August und September ihr Muschelfest, ein kulinarisches Ereignis. Nach einem sonnigen Strandtag bietet sich ein Rundgang durch die mittelalterlichen Befestigungsanlagen an. Auch ein Abstecher zur Zeeland-Metropole **Middelburg** lohnt sich.

In der 1500-Seelen-Gemeinde **Renesse**, die im Sommer oft mehr als 20 000 Badegäste beherbergt, geht es dagegen lebhafter zu, denn Renesse wurde in den letzten Jahren Stück für Stück von der Jugend erobert. Die Gemeindeväter und die örtliche Polizei achten daher jetzt verstärkt auf das Einhalten der Polizeistunde.

Auch in Zeeland kann jeder sein Fleckchen am Strand oder anderswo finden. Die neuen, durch die Dämme entstandenen Binnengewässer »Grevelingenmeer«, zwischen Bruinisse und Stellendam gelegen, und »Veerse Meer«, zwischen Walcheren und Beveland, offerieren zudem vielfältige Bade-, Surf- und Segelmöglichkeiten. Sollte es aber tatsächlich einmal regnen, dann mache man einen Abstecher zur »Delta-Expo« auf der Insel »Neeltje Jans« oder zu den größten Schleusen der Welt (»Haringvliet«) bei Stellendam.

Das Kurhaus von Scheveningen

Raum für Reisenotizen

Holland - Informationen

Ankunft

EINREISEBESTIMMUNGEN

Staatsangehörige der Bundesrepublik Deutschland, Österreichs oder der Schweiz benötigen für einen maximal dreimonatigen Aufenthalt kein Visum, sondern lediglich einen gültigen Personalausweis oder Reisepaß.

Für Privatfahrzeuge werden keine Grenzpapiere verlangt. Autofahrer aus der Bundesrepublik Deutschland, Österreich oder der Schweiz müssen bei der Einreise lediglich einen gültigen Führerschein vorweisen.

Hunde und Katzen dürfen nur eingeführt werden, wenn sie mindesten 30 Tage zuvor gegen Tollwut geimpft wurden.

MIT DEM AUTO

Auf der rund 400 km langen Grenze zwischen Emden im Norden und Aachen im Süden führen zahlreiche Autobahnen und Bundesstraßen in die Niederlande und zurück. Ein Griff zum Autoatlas genügt also.

MIT DER BAHN

Zwischen der Bundesrepublik Deutschland und den Niederlanden besteht reger Zugverkehr. Es spricht darum vieles dafür, das Auto einmal zu Hause zu lassen. Mit dem Zug ist man überdies mitten im Herzen der niederländischen Städte, von Köln nach Rotterdam z. B. in knapp 3 Stunden.

MIT DEM SCHIFF

Wer Lust, Laune und Zeit hat, kann natürlich auch mit dem Schiff anreisen. Die KD German Rhine Line verkehrt regelmäßig zwischen Basel und Rotterdam. Auskunft in jedem Reisebüro.

MIT DEM FLUGZEUG

Von den großen bundesdeutschen Flughäfen fliegen mehrmals täglich Maschinen nach Amsterdam, so von Frankfurt sechs, von Hamburg vier, von München drei pro Tag. Auskunft erteilen alle Reisebüros.

Auskunft

Wollen Sie mehr über die touristischen Möglichkeiten und Attraktionen wissen, steht eine Reihe von Fremdenverkehrsvereinen (VVV) zur Verfügung. Dort erteilt man Ihnen zu allen Fragen erschöpfende Auskunft, in der Regel auch in deutscher Sprache.

AUSKUNFT AUSSERHALB DER NIEDERLANDE

Deutschland
Niederländisches Büro für Tourismus
Laurenzplatz 1–3, 5000 Köln 1,
✆ 02 21 / 23 62 62

Niederländische Eisenbahnen
Schildergasse 84, 5000 Köln 1
✆ 0221/216294

Österreich
c/o KLM, Kärtnerstr. 12/Kupferschmiedgasse 2, A-1010 Wien, ✆ 01/523525

Schweiz
c/o KLM, Talstr. 70, CH-8001 Zürich,
✆ 01/2119482

AUSKUNFT IN DEN NIEDERLANDEN

Interessieren Sie sich für eine bestimmte Stadt oder Provinz, wenden Sie sich bitte an eine der nachstehenden VVV-Adressen:

Städte

Amsterdam:
Postbus 3901, 1001 AS Amsterdam,
✆ 020/6266444

Rotterdam:
Coolsingel 67, 3012 AR Rotterdam,
✆ 06–34034065

Utrecht:
Vredenburg 90, 3511 BD Utrecht,
✆ 06-34034085

Den Haag:
Konigin Julianaplein 30, Babylon,
und
Gevers Deynootweg 126, Scheveningen,
✆ 070/3546200

Provinzen

Drenthe:
Postbus 95, 9400 AB Assen,
✆ 05920/14324

Flevoland:
Postbus 548, 8200 AM Lelystad,
✆ 03200/30500

Friesland:
Stationsplein 1, 8911 AC Leeuwarden,
✆ 058/132224

Gelderland:
Postbus 142, 6860 AK Oosterbeek,
✆ 085/332033

Groningen:
Naber Passage 3, 9712 JV Groningen,
✆ 050/139700

Limburg:
Postbus 811, 6300 AV Valkenburg,
✆ 04406/13993 und 15959

Noord-Brabant:
Nieuwlandstr. 5, 5038 SL Tilburg,
✆ 013/434060

Noord-Holland:
Florapark 6, 2012 HK Haarlem,
✆ 023/319413

Overijssel:
Postbus 500, 7600 AM Almelo,
✆ 05490/18767

Utrecht:
Maliesingel 38, 3581 BK Utrecht,
✆ 030/310701

Zeeland:
Postbus 123, 4330 AC Middelburg,
✆ 01180/33000

Zuid-Holland:
Markt 85, 2611 GS Delft,
✆ 015/131942

Die zwölf niederländischen Provinzen und ihre Hauptstädte (Ortsnamen aus Gründen der besseren Orientierung in der landesüblichen Schreibweise)

Autofahren

AUTOMOBILCLUB

Die wichtigsten Zweigstellen des ANWB, des niederländischen Automobilclubs, sind:

Amsterdam:
Museumsplein 5, ∅ 020/6730844
Arnhem:
Willemsplein 6, ∅ 085/454541

Assen:
Kloekhorststr. 12, ∅ 05920/14100
Den Bosch ('s-Hertogenbosch):
Burg. Loeffplein 13, ∅ 073/145354
Den Haag:
Wassenaarseweg 220, ∅ 070/3147417
Haarlem:
Stationsplein 70, ∅ 023/319163
Leeuwarden:
Lange Marktstr. 22, ∅ 058/133955
Maastricht:
Koningsplein 60, ∅ 043/620666
Nijmegen:
Stationsplein 12, ∅ 080/222378
Rotterdam:
Westblaak 210, ∅ 010/4140000
Utrecht:
van Vollenhovenlaan 277–279,
∅ 030/910333
Zwolle:
Tesselschadestr. 155, ∅ 038/536363

BESCHILDERUNG
Die Autobahnen, die ins europäische Ausland führen, sind mit den grünen E-Nummern gekennzeichnet. Alle Autobahnen haben außerdem eine nationale A-Nummer erhalten. Die sonstigen Hauptverbindungsstraßen sind – oder werden demnächst – mit gelben Schildern mit einem »N« markiert.

HÖCHSTGESCHWINDIGKEIT
In Ortschaften gilt eine Höchstgeschwindigkeit von 50 km/h; auf Autostraßen und Autobahnen beträgt sie 120 km/h, auf den übrigen Straßen 80 km/h.

PANNENHILFE
Landesweite Rufnummer bei Autopannen: 06/0888

Auf allen Durchgangsstraßen patrouillieren zwischen 7 und 24 Uhr die gelben Wagen der ANWB-Straßenwacht (Wegenwacht). Man kann Tag und Nacht die für den Bezirk zuständige Station der Straßenwacht anrufen, an den Autobahnen über die Notrufsäulen. Wenn man nicht einem dem internationalen Verband AIT angeschlossenen Club angehört, muß man allerdings ANWB-Mitglied werden (hfl 33,25). Inhabern eines internationalen Schutzbriefes (von einem AIT-Club herausgegeben) wird immer kostenlos geholfen. Mitglieder des ACI, ACL, ACP, TCB, TCF, TCS und ÖAMTC, die nicht im Besitz eines Schutzbriefes sind, zahlen eine Pannenhilfe von hfl 125.

VERKEHRSLAGEBERICHTE
Verkehrslageberichte können Tag und Nacht telefonisch eingeholt werden: ∅ 070/331331

Babysitter

In mehreren Städten vermitteln VVV-Büros Babysitter. Preise ca. hfl 5–10 pro Stunde, Nachttarife etwa das Doppelte.

Botschaften

Bundesrepublik Deutschland
Groot Hertoginnelaan 18
Den Haag ∅ 070/3420600

Österreich
van Alkmadelaan 342
Den Haag ∅ 070/3245470

Schweiz
Lange Voorhout 42
Den Haag   ✆ 070/3642831

Diamanten

Diamantenausstellung in Amsterdam:
Amsterdam Diamond-Center
Rokin 1, ✆ 020/6245787
Coster Diamonds
Paulus Potterstr. 2–4, ✆ 020/6762222
Diamonds Bab Hendriksen
Weteringschans 89, ✆ 020/6262798
   Hier ist der ›Schwarze Rembrandt‹, der härteste Stein der Welt, zu sehen.
Gassan Diamond House
Nieuwe Achtergracht 17–23,
✆ 020/6225333

Einkaufen

Abhängig von den jeweiligen Wechselkursen und vom Steuersatz, bieten die Niederlande vor allem für Kaffee, Tee, Zigaretten und Gemüse preisgünstige Einkaufsmöglichkeiten. Auf jeden Fall sollte man die nationalen Spezialitäten wie Käse, Genever und vor allem auch Blumen und Pflanzen von dort mitnehmen, wenn man die notwendigen Transportmittel dazu hat. Am schönsten ist es, auf den vielen verschiedenartigen Märkten zu bummeln oder direkt in den kleinen »Winkeltjes«, den Läden, zu kaufen.

   Jedes Dorf und jede Stadt hat einmal in der Woche ihren »Koopavond«, den Kaufabend. An diesem Tag, den jede Gemeinde selbst festlegen kann, sind alle Geschäfte bis 21 Uhr geöffnet. Die Kaufabende sind meist donnerstags oder freitags.

Essen und Trinken

Möglichkeiten, preiswert und gut zu essen, gibt es in jeder Stadt und in jedem Dorf. Zu den billigen Speiselokalen zählen die »Lunchrooms« und zahlreichen »Broodjeswinkel«. Die Bahnhofsrestaurants servieren preiswerte Tagesgerichte. Auch die vielen chinesischen Restaurants sind gut und billig. Über 700 Restaurants mit dem Emblem »Tourist Menue« führen ein aus drei Gängen bestehendes Menü zum Preis von hfl 19,50. Bier und Genever sind die bekanntesten alkoholischen Getränke. Die Kneipen sind gewöhnlich bis 1 oder 2 Uhr nachts, die Restaurants bis 23 Uhr geöffnet. Die Küchen schließen oft um 22 Uhr. In den größeren Städten finden Sie jedoch mit Sicherheit Lokale, die länger geöffnet sind.

RESTAURANTS MIT »TOURIST MENUE«

Alkmaar:
C. R. 't Guldenvlies
Koorstr. 30, ✆ 072/112451
H. C. R. De Nachtegaal
Langestraat 100, ✆ 072/112894
C. R. Spoorzicht
Bovenweg 316, ✆ 072/620697

Amsterdam:
Americain Hotel
Leidsekade 97, ✆ 020/6234813
Belfort Hotel
Surinameplein 53, ✆ 020/6174333
Theater Restaurant Iboya
Korte Leisedwarsstr. 29, ✆ 020/6237859
Museum Hotel
P. C. Hoofdstr. 2, ✆ 020/6712103
Norway-Inn
Kalverstr. 65–69, ✆ 020/6262326

Restaurant Oud-Holland
Nieuwe Zijds Voorburgwal 105,
✆ 020/6246848
Restaurant De Roode Leeuw
Damrak 93–94, ✆ 020/6249683

Arnhem:
Hotel Haarhuis
Stationsplein 1, ✆ 085/427441
Postiljon Arnhem
Europaweg 25,
✆ 085/453741

Assen:
C. R. Hertenkamp
Hertekamp 9, ✆ 05920/17155

Breda:
Restaurant D'Oude Vest
Oude Vest 21, ✆ 076/219176

Delft:
C. R. Het Wapen van Delft
Markt 34, ✆ 015/123168

De Koog (Texel):
C. R. De Buteriggel
Badweg 13, ✆ 02220/17362
Restaurant 't Pruttelhuus
Parnassiastr. 1, ✆02220/17586

Den Bosch ('s-Hertogenbosch):
C. R. Le Champignon
Burg. Loeffplein 98, ✆ 073/125151

Den Haag:
C. R. 't Goude Hooft
Groenmarkt 13, ✆ 070/3469713
Salle a manger La Spore
Javastr. 138a, ✆ 070/3601311
Hotel Corel
Badhuisweg 54–56, ✆ 070/3559939

Den Oever:
H. C. R. Zomerdijk
Zwinstr. 65, ✆ 02271/1404 und 1206

Deventer:
H. R. De Crädenburg
Kanaaldijk Oost 16, ✆ 05700/51395
Het Wapen van Deventer
Worp 2, ✆ 05700/13520

Egmond aan Zee:
H. C. R. De Boei
Westeinde 2, ✆ 02206/1375

Enschede:
Hotel Atlanta
Markt 12, ✆ 053/328153
Restaurant De Stadtaveerne
Havenstraatpassage 21,
✆ 053/315017

Groningen:
Enter-Motel
Donderslaan 156, ✆ 050/252040
Fischrestaurant 't Wad
A-Kerkhof 27, ✆ 050/130383

Haarlem:
Restaurant De Karmeliet
Spekstr. 6, ✆ 023/314426
Restaurant Het Sand
Grote Houtstr. 24, ✆ 023/321715

Hoorn:
Restaurant Pejo
Keern 203, ✆ 02290/36462

Leiden:
Restaurant Bernsen
Breestr. 157, ✆ 071/124563

Leeuwarden:
Restaurant Onder de Luifel,
Stationsweg 6, ✆ 058/129013
Restaurant De Stadhouder
Nieuwstad 75, ✆ 058/121568

Maastricht:
Taverne Jean
Spoorweg 6, ✆ 043/212651

Restaurant Mosselhoes Tonnaer
Hoenderstr. 16, ⌀ 043/1 82 77

Middelburg:
H. C. R. De Huifkar
Markt 19, ⌀ 011 80/1 29 98

Nijmegen:
Restaurant De Gans
Stikke Hezelstr. 54, ⌀ 080/22 07 82
Hotel Wienerhof
Hertogestr. 1, ⌀ 080/22 04 98

Rotterdam:
Restaurant Engels
Stationsplein 45, ⌀ 0 10/4 11 95 50
Het Schubbejak
Meent 98, ⌀ 0 10/4 12 42 27
Restaurant Boshut de Big
Kralingseweg 20, ⌀ 0 10/4 52 68 74
(Pfannkuchen)
Andrea Doria
Wijnhaven 98, ⌀ 0 10/4 11 76 48

Scheveningen:
Strandpaviljoen Camel Club
Strandpromenade 53, ⌀ 0 70/3 54 01 11
Badhotel
Gevers Deynootweg 15, ⌀ 0 70/3 51 22 21

Schoorl:
Restaurant De Rustende Jager
Heereweg 18, ⌀ 0 22 09/12 63
H. C. R. De Viersprong
Laanweg 1, ⌀ 0 22 09/12 18

Terschelling:
H. C. R. Oepkes
de Ruyterstr. 34, ⌀ 0 56 20/20 05

Utrecht:
Huize Olympia
Amsterdamsestraatweg 344–348,
⌀ 030/44 46 32
Restaurant Vredenburg
Vredenburg 13, ⌀ 030/31 00 68

Venlo:
Restaurant Septar
Kleine Kerkstr. 12, ⌀ 0 77/5 47 236 (indisch)
C. R. De Koel
Kaldenkerkerweg 182a, ⌀ 0 77/5 48 968

Vlieland:
Badhotel Bruin
Dorpstr. 88, ⌀ 0 56 21/3 01

Volendam:
C. R. Witte Haven
Zuideinde 5, ⌀ 0 29 93/6 37 90

Zierikzee:
Restaurant Huis van Nassau
Lange Nobelstr. 2, ⌀ 0 11 10/1 20 12

Zwolle:
Postiljon-Motel
Hertsenbergweg 1, ⌀ 038/21 60 31

BESONDERS BILLIGE SPEISELOKALE
(Gerichte ab circa 10 hfl)

Amsterdam:
Carré Kelder
Amstel 131
Mo–So 17–21.30 Uhr.
Cantharel
Kerkstr. 377
Mo–Sa 17–21.30 Uhr.
Kebab House
Geldersekade 23
Mo–So 12.30–23 Uhr.
Keuken van 1870
Spuistr. 4
Mo–Fr 12–19 Uhr.
Mensa Academica
Damstr. 3
Mo–Fr 12–19 Uhr.
De Lantaarn
2. Constr. Huygenstr. 64
Mo–Sa 12–22 Uhr.

Kosmos Macrobiotic Food
Prins Hendrikkade 142
Mo–Sa 12–21 Uhr.
Floreat
Overtoom 502
Mo–Fr 17.20–20.30 Uhr.

Arnhem:
Mej Janssen
Duizelsteeg 7
Mo–So 17–22 Uhr

Breda:
De Boerenstamppot
Schoolstr. 1–5
Mo–Sa 11.30–19.30 Uhr.

Delft:
Royal
Voldersgracht 9
Mo–Sa 11–1 Uhr.
De Kurk
Kromstr. 20
Mo–So 18–24 Uhr.

Den Bosch ('s-Hertogenbosch):
In den Vergulden Hoed
Markt 34–36
Mo–So 11.30–21.30 Uhr.
De Eeterij
Brede Haven 13
Di–Do 16–22.30 Uhr.

Den Haag:
De Olifant
Laan Copes v. Cattenburg 106
Mo–Fr 11–21 Uhr.
Hardans Eetcafe
Nobelstr. 11b
Mo–So 17–22 Uhr.

Enschede:
De Kokerjuffer
Noorderhaven 12
Sept–Juni, Mi–Fr 17–19 Uhr.

Gouda:
Henriette
Keizerstr. 6
Mo–Fr 12–14 Uhr und 18–19 Uhr.

Groningen:
De Jacobijn
Kreupelstr. 8
Mo–Mi 10–21 Uhr, Do 10–22.30 Uhr, Fr–So 10–24 Uhr.
Vera
Oosterstr. 44
Mo–Fr 12–13.30 Uhr und 17.30–19 Uhr.

Haarlem:
Vincentius
Nieuwe Groenmarkt 22
Mo–So 12–13.30 Uhr und 17–19 Uhr.
De Ark
Nieuw Heiligland 3
Mo–So 17.30–22 Uhr.
De Ripper
Ripperdastr. 13a
Di–Fr 18–20 Uhr.

Leiden:
De Engelenbak
Lange Mare 38
Mo–Do 17.30–20.30Uhr, Fr–Sa 17.30–21 Uhr.
De Hooykist
Hooigracht 49
Mo–So 17.30–22 Uhr.
De Wijze Kater
Nieuwe Rijn 91
Mo–Fr 17–20 Uhr.

Leeuwarden:
Bommelsteyn
Korfmakerstr. 19
Mo–Fr 10–20 Uhr.

Middelburg:
De Klos
Vlasmarkt
Mo–So 10–1 Uhr.

Treffcentrum
Potterbakkerssingel 12
Mo–Fr 17–20 Uhr.

Nijmegen:
Savarijn
v. d. Brugghenstr. 14
Mo–So 17–23 Uhr.
De Zonnewijzer
Graafseweg 67
Mo–Fr 17.30–19.30 Uhr.
Den Olde Heerd
Hertogstr. 123
Mo–Sa 16.30–21 Uhr.

Rotterdam:
De Eend
Mauritsweg 28
Mo–Fr 16.30–19.30 Uhr.
Restaurant Bijenkorf ›La Ruche‹
Coolsingel 105, ⌀0 10/4 11 74 00
Tapperij-Eeterij 't Fust
Stadthuisplein 21, ⌀ 0 10/4 12 98 41

Utrecht:
Auberge Het oude Tolhuis
Weg naar Rhijauwen
Mo–Fr 11–23 Uhr und Sa–So 13–23 Uhr.
Het Draeckje
Werfkelder a/d Oude Gracht 114
Mo–So 16–21.30 Uhr.

Zwolle:
De Sassenpoort
Sassenstr. 54
Di–So 9.30–20.30 Uhr.

GUTBÜRGERLICHE KÜCHE
(Gerichte ab circa 18 hfl)

Amsterdam:
Brasserie Dikker & Thijs
Prinsengracht 444, ⌀ 020/6 26 77 21

Restaurant-Bodega Keyzer
van Baerlestr. 96, ⌀ 020/6 71 14 41
Die Port van Cleve
N. Z. Voorburgwal 178, ⌀ 020/6 24 00 47
H. C. R. Schiller
Rembrandtsplein 36, ⌀ 020/6 23 16 60
Bodega-Restaurant Sherrycan
Spui 30, ⌀ 020/6 23 22 73
Sonesta Hotel
Kattegat 1, ⌀ 020/6 21 22 23
Ladbroke Parkhotel
Stadhouderskade 25, ⌀ 020/6 71 74 74
Holiday Inn Crown Plaza:
›De Amsterdammer‹
Nieuwe Zijds Voorburgwal 5,
⌀ 020/6 20 05 00
La Belle Epoque
Leidseplein 14, ⌀ 020/6 23 83 61
›Krasserie‹
Dam 9 (im Hotel Krasnapolsky),
⌀ 020/6 55 49 11
Witteveen
Centuurbaan 256–258, ⌀ 020/6 62 43 68

Arnhem:
Restaurant Bistro Begynemolen
Zypendaalse 28a, ⌀ 085/43 39 63
Rijzenburg
Koningsweg 17, ⌀ 085/43 67 33

Delft:
De Dis
Beestenmarkt 36, ⌀ 015/13 17 82
Trias
Verwersdijk 124, ⌀ 015/12 59 74
Dirty Nelly
Phoenyxstr. 4c, ⌀ 015/12 61 49

Den Haag:
De Verliefde Kreeft
Bleijenburg 9–11, ⌀ 070/3 64 45 22
Restaurant Julien
Vos in Tuinstr. 2a, ⌀ 070/3 65 86 02 und 3 65 87 73
(tolles Ambiente)

Djawa
Mallemolen 12a, ∅ 070/3635763
Pizza Biffi
Denneweg 142, ∅ 070/3649497
Trias
Lange Houtstr. 3, ∅ 070/3651175
Lee's Garden
Willem de Zwijgerlaan 65a/67,
∅ 070/3557089
(chinesisch)
Charcoal
Denneweg 130, ∅ 070/3659788
(Grillspezialitäten)
Bistro Mer
Javastr. 9, ∅ 070/3607389
(Fisch)

Leeuwarden:
Petit Restaurant 't Pannekoekhuysje
Grote Hoogstr. 16, ∅ 058/127301

Nijmegen:
Restaurant-Bodega in de Boterwaag
Grote Markt 26, ∅ 080/226736
Spijshuis Uylenspieghel
Ganzenheuvel 71, ∅ 080/232075

Noordwijk:
Restaurant Het Hof van Holland
Voorstr. 79, ∅ 01719/12255
Orange Hotel
Koningin Wilhelmina Boullevard 20,
∅ 01719/19340

Rockanje:
't Golfje
Swinsedreef 22, ∅ 01814/1829

Rotterdam:
Restaurant Engels
Stationsplein 45, ∅ 010/4119551
Old Dutch
Rochusserstr. 20, ∅ 010/4360242
Le Restaurant
Weena 10 (im Hilton Hotel),
∅ 010/4144044

Ocean Paradise
Parkhaven 21, ∅ 010/4361750
(chinesisch)
Blabla
Piet Heijnsplein 35, ∅ 010/4774448
(vegetarisch)
Roezemoez
Schouwburgplein 1 (im Rijnhotel),
∅ 010/4333800

Scheveningen:
Restaurant Hemme
Dr. Lelykade 35, ∅ 070/3556656
(süddeutsche und schwäbische Speziali-
täten)
Golden Duck
Dr. Lelykade 29, ∅ 070/3541095
(chinesisch)
Restaurant Bali
Badhuisweg 1, ∅ 070/3502434
(indonesisch)
La Galleria
Gevers Deynootplein 120, ∅ 070/3521156
(italienisch)
Kurzaal
Gevers Deynootplein 30 (im Kurhaus-Hotel),
∅ 070/3520052
(Diner-Buffet)

Utrecht:
Boerderij Merenveld
Merenveldseweg 9, ∅ 030/514780
Restaurant de Kromme Elleboog
Lange Nieuwstr. 71, ∅ 030/319716

Zandvoort:
Le Pierrot
Haltestr. 52, ∅ 02507/17822
Schut
Kerkstr. 21, ∅ 02507/12121

Zutphen:
Hotel Intel
De Stoven 37, ∅ 05750/25555

Zwolle:
Restaurant v. h. Hoefsmederij Poppe
Luttekestr. 66, ∅ 038/213050

RESTAURANTS DER GEHOBENEN KLASSE
(auch Nouvelle Cuisine)

Diese Häuser zählen zu den ersten Gourmet-Adressen in den Niederlanden.

Amsterdam:
Excelsior
Inh. Adriaan W. Grandia
Nieuwe Doelenstr. 2–8 (im Hotel de
l'Europe), ∅ 020/6234836
De Kersentuin
Inh. Louk Beeren
Dijsselhofplantsoen 7, ∅ 020/6642121
Restaurant Dikker & Thijs
Inh. A. Peffers
Prinsengracht 444, ∅ 020/6267721

Apeldoorn:
De Echoput
Inh. J. Klosse
Amersfoorseweg 86, ∅ 05769/248

Amersfoort:
De Witte
Inh. Cees Hastrich
Utrechtseweg 2, ∅ 033/14142

Amstelveen:
Molen De Dikkert
Inh. Bob Goudsmit
Amsterdamseweg 104a,
∅ 020/6411378

Beetsterzwaag:
Lauswolt
Inh. Ehepaar Agricola
van Harinxmaweg 10, ∅ 05126/1245

Bennebroek:
De Geleerde Man
Inh. A. Siliakus
Rijksstraatweg 51, ∅ 02502/46990

Blokzijl:
Kaatje bij de Sluis
Inh. Anneke en Fons van Groeningen
Brouwerstr. 20, ∅ 05272/1833
(besonders zu empfehlen)

Bosch en Duin:
De Hoefslag
Inh. Gerard Fagel
Vossenlaan 28, ∅ 030/784395

Breda:
Auberge de Arent
Inh. R. van Bommel
Schoolstr. 2, ∅ 076/144601

Buren:
Gravin von Buren
Inh. W. Bloier
Kerkstr. 4, ∅ 03447/1663

Delden:
Carelshaven
Inh. W. Kluvers
Hengelosestr. 30, ∅ 05407/61305

Den Bosch ('s-Hertogenbosch):
De Pettelaar
Inh. Henri Beekmans
Pettelaarseschans 1, ∅ 073/137351

Den Haag:
Aubergerie
Inh. Olaf Weismann
Nieuwe Schoolstr. 17, ∅ 070/3648070
Restaurant Corona
Buitenhof 40–42 (im Hotel Corona),
∅ 070/3637930
Tampat Senang
Laan van Meerdervoort 6, ∅ 070/3636787
(indonesisch)

Eindhoven:
De Karpendonkse Hoeve
Inh. Leo und Leidy van Eeghem
Sumatralaan 3, ∅ 040/81 36 63

Enter:
De Twentsche Hoeve
Inh. B. Brandt
Langevoortseweg 12, ∅ 054 08/4 41

Etten-Leur:
De Zwaan
Inh. A. J. Peijnenburg
Markt 7, ∅ 0 16 08/1 26 96
(besonders zu empfehlen)

Groningen:
Le Merinos d'Or
Inh. G. Silenema
A-Straat 1, ∅ 0 50/13 77 70 und 26 83 49

Heeze:
Hostellerie du Chateau
Inh. H. T. A. Huisman
Kapelstr. 48, ∅ 0 49 07/35 15

Hoorn:
De Oude Rosmolen
Inh. C. Fonk
Duinsteeg 1, ∅ 0 22 90/1 47 52

Kruiningen:
Rôtisserie Inter Scaldes
Inh. Kees en Maartje Boudeling
Zandweg 2, ∅ 0 11 30/17 53

Laren:
Auberge La Provence
Inh. Ehepaar Brouwer
Westerheide 2, ∅ 0 21 53/8 79 74

Leidschendam:
Villa Rozenrust
Inh. Giovanni Matarazzi
Veursestraatweg 104, ∅ 0 70/3 27 74 60

Maastricht:
Château Neercanne
Inh. P. Harkema
Cannerweg 800, ∅ 0 43/25 13 59

Middelharnis:
De Hooge Heerlykheit
Inh. Wieke en John Kern
Voorstr. 19–23, ∅ 0 18 70/32 64

Oestgeest:
De Beukenhof
Inh. L. Beeren
Terweeweg 2–4, ∅ 0 71/173 1 88

Ootmarsum:
De Wanne
Inh. Ton und Betsy van der Maas
Stobbenkamp 2, ∅ 0 54 19/12 70
De Wiemsel
Inh. Ton und Betsy van der Maas
Winhofflaan 2, ∅ 0 54 19/21 55

Oudekerk aan de Amstel:
Klein Paardenburg
Inh. T. Fagel
Amstelzijde 59, ∅ 0 29 63/13 35

Overveen:
De Bokkedoorns
Inh. C. P. und J. C. M. Beeren
Zeeweg 53, ∅ 0 23/26 36 00

Rotterdam:
La Vilette
Inh. Yvonne und Carl Schuurs
Westblaak 160, ∅ 0 10/4 14 86 92

Scheveningen:
Seinpost
Inh. Henk und Ingrid Savelberg
Zeekant 60, ∅ 070/3555250

Wassenaar:
Auberge De Kleviet
Inh. Fam. Goudsmit
Stoelplaan 27, ∅ 01751/19232

Wellerlooi:
Hostellerie De Hamert
Inh. Pieter Smits
Hamert 2, ∅ 04703/1260

Voorburg:
Vreugd en Rust
Oosteinde 14, ∅ 070/3872081

Valkenburg aan de Geul:
Prinses Juliana
Inh. Paul Stevens
Broekem 11, ∅ 04406/12244
(Hotel-Restaurant)

Wijk bij Duurstede:
Duurstede
Inh. Paul Fagel
Maleborduurstr. 7, ∅ 03435/72946

Wittem:
Kasteel Wittem
Inh. P. Ritzen
Sr. en Jr. Wittemerallee, ∅ 04450/1208
(Hotel-Restaurant, besonders zu empfehlen)

Yerseke:
Nolet Het Reymerswale
Inh. Fam. Nolet
Jachthaven 5, ∅ 01131/1642

Zaandam:
De Hoop op D'swarte Walvis
Inh. Fam. Zandt
Kalverringdijk 15, Zaanse Schans,
∅ 075/165629 und 165540

CHINESISCHE SPEZIALITÄTEN-RESTAURANTS

Einige der wohl besten chinesischen Spezialitäten-Restaurants Europas befinden sich in den Niederlanden. Manche haben sich auf eine oder mehrere der chinesischen Küchenvarianten, also Peking, Shanghai, Sichuan oder die kantonesische Küche spezialisiert, andere bieten Menüs aus allen vier an. Im folgenden eine kleine Auswahl:

Amsterdam:
Dynasty
Reguliersdwarsstr. 20, ∅ 020/6268400
und 6279924
Manchurian
Leidseplein 10a, ∅ 020/6231030 und 6262105
Tong Fa
Jog. Huizingalaan 192, ∅ 020/6152655

Amstelveen:
Jasmijn
Amsterdamseweg 407–409,
∅ 020/6456803

Apeldoorn:
Mandarin
Stationsweg 7, ∅ 055/212919

Arnhem:
Le Chinois Arnhem
Velperplein 16, ∅ 085/452652

Eindhoven:
The Mandarin Garden
Geldropseweg 17, ∅ 040/125055

Den Haag:
Royal Dynasty
Noordeinde 123, ∅ 070/3652598

Groningen:
The Mandarin
Noorderhaven NZ 63, ∅ 050/127062

Heerenveen:
Azie
Dracht 126–128, ℘ 05130/24372

Hilversum:
Boeddha
Soestdijkerstraatweg 42 A, ℘ 035/833233

Hoorn:
Azie
Noorderveemarkt 49, ℘ 02290/18555

Monster:
Dragon Garden
Molenweg 24, ℘ 01749/42585

Overveen:
Amazing Asia
Zeeweg 3, ℘ 023/256057

Rotterdam:
Hong Kong
Westersingel 15, ℘ 010/4366463
Crystal Palace
Stadhuisplein 2, ℘ 010/4123581

Scheveningen:
China Delight
Dr. Lelykade 116–118, ℘ 070/3555450
(besonders zu empfehlen)

Spijkenisse:
Peking City
Hoogwerfsingel 2, ℘ 01880/17668 und 14268

Tiel:
Lotus
Westluidensestr. 49, ℘ 03440/15702

Uden:
Paradijs
Prior van Milstr. 18, ℘ 04132/66606

Weert:
China
Korenmarkt 5, ℘ 04950/33216

Zwolle:
Shang-Hai
Eiland 38–42, ℘ 038/213575

KNEIPEN, TREFFPUNKTE, CAFÉS

Typisch für die Niederlande sind die vielen »Bruinen Cafés«. Sie sind eine Mischung zwischen Bier-, Wein- und Probierstube und strahlen oft noch die Atmosphäre eines klassischen Caféhauses aus. Meist mit Teppichen auf den Tischen, das Interieur vom Zigaretten- und Zigarrenrauch vergilbt, sehen sie heute fast noch genauso aus wie vor hundert Jahren. Fast jedes »Bruine Café« hat sein eigenes Publikum und erhält dadurch eine besondere Note.

Amsterdam:
Americain
Leidsekade 97 (gegenüber dem Leidseplein)
Jugendstilcafé. Klaus Mann ließ sich hier für seinen »Mephisto« inspirieren. Der Treffpunkt deutscher Exilanten Mitte bis Ende der dreißiger Jahre. Heute ein Stück typisches Amsterdam.
Frascati
Nes 59–63
Theatercafé. Bei Tageslicht noch eine Oase der Ruhe. Am Abend läßt man sich hier sehen.
Het Gebed
Gebed zonder End 5
Lockere und unkomplizierte Atmosphäre. Im Sommer lädt eine kleine Innenhofterrasse zum Verweilen ein.
Hesp
Weesperzijde 131
Internationaler Journalistentreffpunkt.

KLEINES SPEISENLEXIKON

Allgemeines

smakelijk eten!	= Guten Appetit!	schotel	= Menü, Gericht
menuekaart	= Speisekarte	brengt u mij	= Bringen Sie
aperitief	= Aperitif	alstublieft	mir bitte
borrel	= Schnaps,	ontbijt	= Frühstück
	meist Genever	lunch	= Mittagessen
bitterballen	= runde Fleisch-	diner	= Abendessen
	kroketten	gebak	= Gebäck, Kuchen
gerechten	= Speisen,	gekookt	= gekocht
	Gerichte	mals	= zart

Gemüse

Gemüse, auf niederländisch »groenten«, ist in Holland sehr wichtig. In der Umgangssprache wird jedes Gericht nach den Sorten der aufgetischten Gemüse benannt. Der Niederländer ißt also nicht Braten oder Schnitzel, sondern »spruitjes« (Rosenkohl) und »spinazie« (Spinat).

aardappel	= Kartoffel	selderie	= Sellerie
boerenkool	= Grünkohl	spinazie	= Spinat
bieten, bietjes	= Rote Beete	witlof	= Chicoree
bloemkool	= Blumenkohl	spruitjes	= Rosenkohl
erwten	= Erbsen	worteltjes	= Karotten
prei	= Porree	zuurkool	= Sauerkraut

Fleisch

varkensvlees	= Schweinefleisch	ham	= Schinken
lamsvlees	= Lammfleisch	gehakt	= Gehacktes,
kalfsvlees	= Kalbfleisch		Buletten
rundflees	= Rindfleisch	rollade	= Rollbraten
kip	= Hähnchen	karbonade	= Kotelett
biefstuk	= Filet, Steak	Saté	= Fleischspieß
			mit Erdnußsauce

Fisch

haring	= Hering	kreeft	= Hummer
schelvis	= Schellfisch	oester	= Auster
tarbot	= Steinbutt	mosselen	= Muscheln
paling	= Aal	tong	= Seezunge
zalm	= Lachs	garnalen	= Garnelen,
			Scampi

Hoppe
Spui 18–20
Die Kneipe stammt aus dem Jahr 1670 und ist ein Monument der Amsterdamer Lebens- und Trinkkultur.

Het Molenpad
Prinsengracht 653
Ein langer, schmaler Schlauch. Hier kann man auch etwas Kleines essen oder am großen Tisch Zeitung lesen.

Mulliners Wijnlokaal
Lijnbaansgracht 266–267
Für echte Weintrinker. Mit Tropfen aus verschiedenen europäischen Regionen recht gut bestückt. Sie sind sowohl glas- als auch flaschenweise erhältlich. Gemütliche Atmosphäre.

Café Nol
Weststr. 109
Hier trifft sich Alt und Jung aus dem historischen Viertel »Jordaan«. Freitags und samstags ist es besonders interessant, aber auch sehr voll.

De Prins
Prinsengracht 124
Spiel mal wieder. Schach, Karten und andere Spiele liegen hier immer bereit. Im Hintergrund klassische Musik. Abends live Jazz. Alles überfüllt.

Reynders
Leidseplein 6
Ex-Treff für Autoren, Schauspieler, Maler, Dichter und deren Publikum. Das künstlerische Flair weht auch heute noch durch dieses Café. Billard.

De Drie Fleschjes
Gravenstr. 18
Ein »Proeflokaal«. Alte Probierstube mit Seltenheitswert.

Assen:
The Old Inn
Markt 6
Gemütliche Pubatmosphäre. Ein Ort, wo man auch in aller Ruhe einen Aperitif oder einen schönen Wein trinken kann.

Rompy
Markt 8
Oft überfüllt. Kontaktfreudige Atmosphäre.

Den Bosch ('s-Hertogenbosch):
In de kleine Wereld
Markt 17
Breites Sortiment an harten Getränken. Im Sommer mit Terrasse.

't Pumpke
Parade 9
Etwas französisches Flair, das sich auch bei der Weinkarte bemerkbar macht. Kleine kalte und warme Gerichte.

De Parade
Parade
Eine Adresse für Biertrinker. Auch englische Biere. Im Sommer mit Terrasse.

Het Vosken
Verwerstraat 42
Ein beliebter und geselliger Treffpunkt. Hier fühlt man sich beinahe wie zu Hause. Große Bierauswahl.

Den Haag:
Café Schlemmer
Lange Houtstr. 17, ✆ 070/3609000
De Posthoorn
Lange Voorhout 38a, ✆ 070/3604906
De Pater Musik Café
Achterom 8, ✆ 070/3450852
Café Corona
Buitenhof 40–42 (im Corona Hotel),
✆ 070/3637930
Café 2005
Denneweg 7f, ✆ 070/3644094

Groningen:
De Tapperij
Grote Markt 36
Eine Kneipe für Bierliebhaber und -kenner. 40 verschiedene Sorten sind vorrätig. Fünf davon vom Faß. Originell eingerichtet. Kleine Häppchen erhältlich.

De Groote Griet
Markt 37
Mehr als 100 verschiedene Biersorten. Im ersten Stock ein kleines Restaurant »De Boekenier«. Interessante und gesellige Atmosphäre.

Café de 3 gezusters
Markt 39
Jugendstilcafé mit langem Lesetisch. Angenehm, mit studentischem Touch. Live Musik am Flügel für jedermann von jedermann. Hier langweilt man sich garantiert nie.

Der Witz
Markt 47
Ostfriesische Gemütlichkeit in Groningen.

Café Avanti
A-Kerkhof 49
Absolut *new wave* in Stil und Szenenpublikum.

Leeuwarden:

De Brouwershoek
Poststr. 21
Jazzcafé

Coos Baar
Doelensteeg 8
Romantische Bar-Bodega. Weintrinker sind hier richtig.

Bombardon
Weerd 18
Treffpunkt für die verschiedensten Szenen. Geeignet, um sich ruhig bei einem Kaffee oder Bier zu unterhalten, kleine Snacks erhältlich.

Maastricht:

De la Bourse
Markt 37
Belgisches Bier und gemütliche Atmosphäre.

De Bobbel
Wolfstr. 32
Ursprünglich alte Kneipe mit breitem Tresen und Spiegelwand. Zum Entspannen.

Café La Colombe
Markt 30
Geselliges Café mit angegliedertem Restaurant. Im Sommer mit Terrasse.

Rotterdam:

Grand Café Loos
Westplein 2

Big Ben
Stadhuisplein 2
Geräumiger englischer Pub. Im Sommer mit riesiger Terrasse. Links und rechts davon gibt es noch zahlreiche andere Kneipen.

Melief-Bender
O-Binnenweg 134b
Ein echtes niederländisches »Bruin Café«.

Captains Cabin
Calandstr. 8
Beim Drink kann man hier durchaus auch ein kleines holländisches Häppchen essen.

MacGregor-Bar
Weena 10 (im Hilton Hotel)
Die Bar des Hilton mit entsprechendem Publikum.

Brasserie Sorbonne
Haringvliet 100
Jazz.

In the Picture
Karel Doormanstr. 294

Porto Bello Taverne
Kruiskade 24
Eine Art italienische Trattoria mit entsprechendem Angebot und Publikum.

Utrecht:

Zeesicht
Nobelstr. 2
Sehen und gesehen werden. Essen und Trinken, so lautet das Motto dieser Szenekneipe.

Dikke Dries
Oudkerkhof 36
Typischer Studententreff

Black Horse
Drieharingstr. 1

Rustikale Einrichtung. »Gehobener« Treff für Leute, die gerne mit der Mode gehen.
Musik Cafe het Oude Pothuys
Oude Gracht 279

Zwolle:
Het Wijnhuis
Grote Kerkplein 8
Ein Haus mit Stil. Französisches Flair. Der Patron könnte gerade aus Paris gekommen sein. Weinliebhaber kommen hier auf ihre Kosten. Das dazu passende reichhaltige Käseangebot rundet alles noch perfekt ab.

Feiertage

In den Niederlanden werden folgende Feste und Feiertage begangen: Neujahr, Ostern, »Koninginnendag« (= 30. April), Christi Himmelfahrt, Pfingsten und Weihnachten und natürlich »Sinterclaas« am 5./6. Dezember (siehe auch Seite 95). An Sinterclaas wird allerdings normal gearbeitet. Ebenso an den anderen nationalen Gedenktagen, dem 4. und dem 5. Mai, an denen man der Opfer des Zweiten Weltkrieges und der Befreiung vom Faschismus gedenkt.

FKK

Es gibt mehrere Anlagen für Nudisten, zahlreiche FKK-Strände sowie einen Bungalowpark. Der Bungalowpark ist Teil eines Nudistengebietes von 30 ha im südlichen Flevopolder. Auf dem Gelände befinden sich u. a. 70 Bungalows, ein Schwimmbad, viele Sportmöglichkeiten, Sauna, Läden und ein Restaurant. Auskünfte erteilt:
Nederlandse Federatie van Naturistenvereniging (NFN)
Postbus 103, 2700 AC Zoetermeer

»Oben ohne« ist an fast allen Stränden gestattet!

Geld

Die Währung der Niederlande ist der Gulden, abgekürzt hfl oder einfach f. Trotz schwankender Wechselkurse pendelt der Gulden schon seit Jahren relativ stabil bei folgender Parität:
DM 100 = ca. hfl 110
öS 100 = ca. hfl 15
sfr 100 = ca. hfl 130

Im Umlauf sind folgende *Münzen:*
5 cent, im Volksmund »Stuiver« genannt; 10 cent, das »Dubbeltje«; 25 cent, das »Kwartje«; 1 hfl, der »Piek«; 2,50 hfl, der »Rijksdaalder«, »Knaak«; und 5 hfl.
Papiergeld: 5 hfl; 10 hfl; 25 hfl; 50 hfl; 100 hfl; 250 hfl; 1000 hfl

BANKEN

Die *Banken* sind montags bis freitags von 9 bis 16 Uhr geöffnet; die Postämter von 8.30 bis 17 Uhr und samstags von 8.30 bis 12 Uhr. Die Öffnungszeiten an den zahlreichen Grenzwechselstuben (GWK) variieren. Meist sind sie montags bis samstags bis 21 oder 22 Uhr geöffnet, einige auch sonntags bis 16 Uhr. Fast jede größere Stadt hat im Hauptbahnhof einen Bankschalter, der bis spät abends geöffnet ist. Euroschecks werden in den Niederlanden überall akzeptiert.

KREDITKARTEN

Mit den gängigen Kreditkarten kann man an folgenden Orten Bargeld bekommen:

259

American Express

(Hauptverwaltung: ∅ 020/5401999)

Amsterdam, Damrak 66, ∅ 020/262042, Mo–Fr 9–17 Uhr, Sa 9–12 Uhr;

van Baerlestr. 38, ∅ 020/738550, Mo–Fr 9–17 Uhr, Sa 10–16 Uhr;

Koningsplein 10, ∅ 020/259991, Mo–Fr 9–17 Uhr, Sa 10–15 Uhr;

Den Haag, Venestr. 20, ∅ 070/3469515, 9–17 Uhr;

Enschede, Boulevard 1945 Nr. 7, ∅ 053/324120, 9–17 Uhr;

Rotterdam, Meent 92, ∅ 010/4330300, Mo–Fr 9–17 Uhr;

außerdem: an den Grenzwechselstuben.

Diners Club

Amsterdam, Weesperstr. 77, ∅ 020/5573557, Mo–Fr 8.30–18 Uhr (Hauptverwaltung);

außerdem: an den Grenzwechselstuben, bei Change Express (s. u.), bei der Citibank (Amsterdam, Herengracht 545, ∅ 020/5515911) und bei der Bank van Lanschot.

Eurocard (MasterCard, Access Card)

Rotterdam, Aert an Nesstr. 45 (Rotterdamgebäude), ∅ 010/4141833, Mo–Fr 9–17 Uhr (Hauptverwaltung);

außerdem: an allen Grenzwechselstuben, bei Change Express (s. u.), dem Büro der Algemene Bank Nederland (ABN) am Flughafen Schiphol, ∅ 020/148121 und der AM-RO-Bank, Flughafen Beek, Limburg, ∅ 04402/71479.

Visacard

Postbus 157, 2280 AD **Rijswijk,** ∅ 070/906646, Mo–Fr 9–17.30 Uhr;

außerdem: an allen Grenzwechselstuben (GWK) und bei Change Express (s. u.).

Change Express

Täglich 8–24 Uhr:

Amsterdam, Leidsestr. 106, ∅ 020/221425;

Damrak 17, ∅ 020/269584;

Kalverstraat 150, ∅ 020/278087;

Den Haag, Lange Poten 1, ∅ 070/652252;

Volendam, Havendijkje 4, ∅ 02993/69265

Gesundheitsvorsorge

Die einzelnen Verkehrsvereine (VVV siehe Seite 243) verfügen über Listen der örtlichen Apotheken und Ärzte sowie über Not- und Wochenenddienste. In der Regel haben die Apotheken montags bis freitags von 8 bis 17.30 Uhr geöffnet.

In dringenden Fällen rufen Sie bitte die landesweit einheitliche Notrufnummer ∅ 06-11 an, die von vielen Telefonzellen aus bereits kostenlos gewählt werden kann.

Klima

	Höchst-temperatur (°C)	Mindest-temperatur (°C)
Januar	4.3	−0.2
Februar	4.9	−0.3
März	8.1	1.5
April	11.6	3.8
Mai	16.0	7.5
Juni	19.1	10.5
Juli	20.4	12.5
August	20.7	12.5
September	18.3	10.5
Oktober	14.0	7.3
November	8.8	3.6
Dezember	5.7	1.1

	Sonnen- schein- stunden	Nieder- schlags- menge in mm
Januar	64	46
Februar	48	66
März	49	112
April	48	160
Mai	52	205
Juni	62	210
Juli	81	190
August	83	185
September	68	142
Oktober	68	102
November	77	53
Dezember	74	40

Strandwetter:
Automatische Telefondurchsage unter
∅ 06/91 12 23 51

Kunstszene

GALERIEN UND AUSSTELLUNGEN

Alkmaar:
Galerie Dijk
Dijk 1, ∅ 072/12 40 22
Zeitgenössische Kunst, Do 18–21 Uhr,
Fr–So 12–17 Uhr.
Galerie Le Pignon
Hekelstr. 8, ∅ 072/15 51 45
Kunst aus Nord-Holland, Di–Fr 10–18 Uhr,
Sa 10–17 Uhr.

Amsterdam:
Amazone
Singel 72, ∅ 020/6 27 90 00
Kunst von Frauen, Di–Fr 10–16 Uhr, Sa–So
13–16 Uhr.

Art & Projekt
Prinsengracht 785, ∅ 020/6 22 03 72
Di–Sa 13–17 Uhr.
Aschenbach
Bilderdijkstr. 163, ∅ 020/6 85 35 80
Artgallerie
Spui 1 a, ∅ 020/6 23 33 67
Association Art, Mi–Sa 12–18 Uhr.
Louise Smit
Prinsengracht 615, ∅ 020/6 25 98 98
Schmuck, Diamanten, Di–Sa 12–18 Uhr.
Kunsthandel Siau
Keizersgracht 267, ∅ 020/6 26 76 21
Zeitgenössische Kunst, Di–Sa 14–17 Uhr.
Prentengalerie
Kerkstr. 301, ∅ 020/6 25 22 89
Zeitgenössische Graphik, Di–Sa 11–18 Uhr.
Collection D'Art
Keizersgracht 516, ∅ 020/6 22 15 11
Progressive Entwicklung in der gegenwär-
tigen Kunst, internationales Niveau, Di–Sa
12–17 Uhr.
Galerie Guido Despa
2. Weteringdwarsstr. 34, ∅ 020/6 22 15 28
Gemälde, Zeichnungen, Grafik und Glas,
Di–Sa 14–17 Uhr.
Galerie Mokum
O. Z. Voorburgwal 334, ∅ 020/6 24 39 58
Niederländische realistische Kunst, Mo–Sa
11–17 Uhr.
Rob Art
Weteringschans 273, ∅ 020/6 25 46 86
Homoerotische Kunst, Mo–Sa 12–18 Uhr.
Galerie Swart
van Breestr. 23, ∅ 020/6 76 47 36
Konkrete Kunst, junge internationale Kunst,
Di–Sa 14–18 Uhr.
SBK Kunstauslei
N. Z. Voorburgwal 325, ∅ 020/6 23 92 15
Verleih von Gemälden, Fotos, Objekten,
Di–Sa 9–17 Uhr.

Arnhem:
De Gele Rijder
Korenmarkt 42, ∅ 085/51 13 00
Zeitgenössische Kunst

Sonsbeek Internationale Art Center
Park Sonsbeek, ∅ 085/510100

Breda:
De Beyerd
Zentrum für bildende Kunst, Boschstr. 22,
∅ 076/225025
Wechselnde Ausstellungen, Di–Fr 10–17
Uhr, Sa 13–17 Uhr.
Galerie Le Cocu
Koninginnestr. 18, ∅ 076/212240
Grafische Sammlung
Kunstraum unter dem Turm
Torenpassage, ∅ 076/212446

Den Bosch ('s-Hertogenbosch):
Bronzo
Verwerstr. 21, Kunstgeschäft
Alte und moderne Kunst.
Galerie Hüsstege
Verwerstr. 28
Gemälde, Grafik, bildende Kunst.
De Moriaan
(VVV-Haus)
Wechselnde Ausstellungen, moderne
Kunst.

Den Haag:
Haagse Kunstkring
Denneweg 64, ∅ 070/3647585
Wechselnde Ausstellungen, Mo–Sa 10–16
Uhr.
Nouvelles Images
Westeinde 22, ∅ 070/3461998
Wechselnde Ausstellungen, Di–Sa 11–17
Uhr.
Haags Gemeentemuseum
Stadhouderslaan 41, ∅ 070/3514181
Wechselnde Ausstellungen, Mo–Sa 10–17
Uhr, So 13–17 Uhr.
Galerie Rob van den Doel
Anna Paulownastr. 105b, ∅ 070/3646239
Wechselnde Ausstellungen, Mi–So
10.30–18 Uhr.

Pulchri Studio
Lange Voorhout 15, ∅ 070/3461735
Wechselnde Ausstellungen, Di–Sa 11–17
Uhr, So 13–17 Uhr.

Eindhoven:
Expositieruimte »De Krabbedans«
Stratumseind 32, ∅ 040/446534
Wechselnde Ausstellungen bildender Kunst,
Di–Do 10–17 Uhr, Fr 10–21 Uhr, Sa–So
13–17 Uhr.
Galerie »De Zonnenwijzer«
Mathildelaan 81, ∅ 040/519350
Wechselnde Ausstellungen, Mo–Sa 12–22
Uhr.
Galerie »Het Theehuis«
Woenselse Markt 43, ∅ 040/439911
Wechselnde Ausstellungen.
Galerie 39
Demer 39, ∅ 040/449021
Di–Do 13–17.30 Uhr, Fr 14–21 Uhr, Sa
11–17 Uhr.
International Art Gallery
Stratumsedijk 54, ∅ 040/123578
Di–Fr 14–17 Uhr.

Groningen:
Galerie Wiek XX
Nieuwe Boteringsestr. 79, ∅ 050/131987
Moderne Kunst, Mi–Fr 12.30–17.30 Uhr, Sa
12–17 Uhr.
Studio Radio Noord
Martinikerkhof 23, ∅ 050/183456
Wechselnde Ausstellungen regionaler
Kunst, Mo–Fr 10–18 Uhr.

Haarlem:
Kunstcentrum »De Hallen«
Grote Markt, ∅ 023/319180
Wechselnde Ausstellungen alter und moder-
ner Kunst, Mo–Sa 11–17 Uhr, So 13–17 Uhr.
Kunstzaalen Frans Heerkens Thijssen
Wagenweg 6, ∅ 023/312725
Wechselnde Ausstellungen, Mo 14–17 Uhr,
Di–Sa 10–17 Uhr.

Stichting Beeldende Kunst
Ged. Oude Gracht 121, ∅ 023/327895
Di–Fr 13–17 Uhr, Sa 11–17 Uhr.
De Waag
Ecke Spaarne/Damstr., ∅ 023/312725
Ausstellungen, Di–So 14–17 Uhr.

Leeuwarden:
Galerie Ewal
Ewal 84, ∅ 058/136683
Bildende Kunst, Di–Fr 10–17 Uhr, Sa 13–16 Uhr.
»De Weerklank«
Oostersingel 24, ∅ 058/128763
Atelier und Ausstellung von Jentsje Popma, Oktober–April, Sa 10–17 Uhr.
Pottebakkerij
Bierkade 3, ∅ 058/152633
Töpferei, Mo–Fr 12–18 Uhr, Sa 12–17 Uhr.
»Sjoch«
Westersingel 32, ∅ 058/125936
Atelier und Ausstellung des Malers Meinte Walta, Mi 20–22 Uhr.

Maastricht:
Agora Studio
Boschstr. 74, ∅ 043/213129
Wechselnde Ausstellungen, Mo–Sa 10–18 Uhr.
Van Alom
Grote Gracht 65, ∅ 043/250677
Wechselnde Ausstellungen, Mi, Fr, So 14–17 Uhr.
La Patraque
Platielstr. 15, ∅ 043/214400
Täglich ab 12 Uhr.
J. van Rijn Fine Art B. V.
O. L. Vrouwenplein 28, ∅ 043/212233
Di–Sa 14–18 Uhr.

Middelburg:
Zeeuws Kunstenaars Centrum
Kousteansedijk 7, ∅ 0118/30300
Wechselnde Ausstellungen.

Nijmegen:
Galerie Kontrast
Augusteinenstr. 17, ∅ 080/231404

Rotterdam:
Galerie Aelbrecht
Aelbrechts Kolk 2b, ∅ 010/4771637 oder 775606
Wechselnde Ausstellungen Di–Sa 12–18 Uhr.
Jan J. van Waning
Westersingel 35, ∅ 010/4360298 oder 4366004
Di–Sa 11–17 Uhr, So 14–16 Uhr.
Perspektief
Eendrachtsweg 21, ∅ 010/4145766
Galerie für Fotografie, Mi–Sa 12–18 Uhr.

Utrecht:
Expositiehuis 't Hoogt
't Hoogt 4, ∅ 030/312216
Galerie van Overbeek
Oudegracht 90
Kunst en Antiekcentrum
De Ossekop, Voorstr. 19
Kunstzaal de Reiger
Burg. Reigerstr. 2, ∅ 030/317815
Vrije Galerie/Vrije Vloer
Kroonstr. 9, ∅ 030/317532

VERSTEIGERUNGEN (KUNST, ANTIQUITÄTEN)

Es empfiehlt sich wegen der sehr häufig wechselnden Termine der Versteigerungen, vorher dort anzurufen.

Amsterdam:
Christy's
Cornelis Schuytstr. 57, ∅ 020/5755255
Sotheby
Rokin 102, ∅ 020/6275656

J. P. Glierum
Rokin 102, ∅ 020/6246215
Kunst und Antiquitäten.
H. J. Gijselman
Veilinggebouw »De Zon«, Singel 118,
∅ 020/6240432 und 6233558
Antike Kunst und Möbel.
A. W. Mastenbroek
Leidsegracht 76, ∅ 020/6232312
Liquidations- und Konkursversteigerung.

Arnhem:
Notarishuis
Bakkerstr. 19, ∅ 085/425900 oder 425802
Antike Kunst und Möbel.

Den Haag:
R. J. Bignell
van Diepenburchstr. 10, ∅ 070/3281467
Antike Kunst und Möbel.
J. L. van Dieten
Prinsessegracht 3, ∅ 070/3653817
Briefmarken.
C. P. de Jongh
Prinsengracht 15, ∅ 070/3463683
Bücher, Radierungen, Kunst und Antikes.

Haarlem:
Th. Brinkman
Bilderdijkstr. 1a, ∅ 023/316486
Möbel.
Veiling Bubb Kuiper
Ganseweg 39, ∅ 023/323986

Maastricht:
M. Jurrissen
Kleine Gracht 4, ∅ 043/18994
Antikes und Möbel.

Rotterdam:
Vendu Notarishuis
Kipstr. 54, ∅ 010/4118544

Literatur

E., H. Posthuma de Boer: Amsterdam, Köln 1981

Kathinka Dittrich, Hans Würzner (Hg.): Die Niederlande und das deutsche Exil, 1933–1940, Königstein/Ts. 1982

Helmut Hetzel u. a.: Holland, Hamm 1988

Johan Huizinga: Holländische Kultur im siebzehnten Jahrhundert, Frankfurt/M. 1977

Anne Frank: Das Tagebuch der Anne Frank, Frankfurt/M. 1977

Horst Lademacher: Geschichte der Niederlande – Politik, Verfassung, Wirtschaft, Darmstadt 1983

Geoffry Parker: Der Aufstand der Niederlande. Von der Herrschaft der Spanier bis zur Gründung der Niederländischen Republik 1549–1609, München [2]1979

Kees Scherer, Evert Werkman: Nederland leven met het water, Amsterdam/Brüssel 1981

Evert Werkman u. a.: . . . dat kan ons niet gebeuren. Het dagelijks leven in de Tweede Wereldoorlog, Amsterdam 1980

Jutka Rona: Holland. Kunst, Kultur, Landschaft. Ein Reisebegleiter durch Städte und Provinzen der Niederlande, Köln 1980

Ulla Schreiber: Modelle für humanes Wohnen. Moderne Stadtarchitektur in den Niederlanden, Köln 1982

Günter C. Vieten: 30mal Holland, München/
Zürich 1983

Ernest Zahn: Das unbekannte Holland. Re-
genten, Rebellen, Reformatoren, Berlin
1984

Märkte

Holland ist bekannt für seine Märkte.
Käse- und Blumenmärkte, Antiquitäten- und
Flohmärkte, Viehmärkte, Bienenmärkte, Bü-
chermärkte, Zwiebelmärkte..., hier kann
man alles finden, was das Herz begehrt. Die
nachfolgende Auswahl lädt zum Bummeln
und Amüsieren, zum Entspannen und Kaufen ein.

Aalsmeer:
Größte Blumenversteigerung der Welt:
Montag–Freitag 7.30–11 Uhr:
Legmeerdijk 313, ∅ 02977/34567 (siehe
Seite 192ff.)

Alkmaar:
Käsemarkt:
*Mitte April–Mitte September, Freitag 10–12
Uhr* (siehe Seite 189ff.)

Amsterdam:
Wöchentlicher Warenmarkt:
*Montag-Freitag 12–18 Uhr, Samstag 9–17
Uhr:*
Albert Cuypmarkt
Nieuwmarkt
Ten Katenstraat
Westerstraat
Plein 1940–1945

Blumenmarkt:
Täglich 9–18 Uhr außer Sonntag:
Singel (Muntplein)

Flohmarkt:
Täglich 10–16 Uhr:
Waterlooplein, Valkenburgerstraat
Montag 9–13 Uhr:
Noordermarkt (Stoffrestemarkt)

Vogelmarkt:
Samstag 8–13 Uhr:
Noordermarkt/Westerstraat

Kunstmarkt:
Mai–Oktober, Sonntag 10–18 Uhr:
Thorbeckeplein/Ecke Rembrandtplein
Spui

Büchermarkt
Täglich außer Samstag und Sonntag:
Oude Manhuispoort

Briefmarkenmarkt:
Mittwoch und Samstag ab 13 Uhr:
Voorburgwal

Antiquitäten- und Flohmarkt:
*Donnerstag 10–21 Uhr, Mittwoch und
Samstag 11–17 Uhr:*
Looiersgracht/Elansgracht

Boerenmarkt (Bauernmarkt):
Samstag 10–15 Uhr:
Noordermarkt
Auch makrobiotische Produkte

Arnhem:
Wöchentlicher Warenmarkt:
Dienstag 9–15 Uhr:
Jansplaats
Freitag 9–13 Uhr:
Kerkplein
Samstag 8–16 Uhr:
Kerkplein (auch Kunstmarkt)

Assen:
Wöchentlicher Warenmarkt:
Mittwoch und Samstag 10–16 Uhr:
Koopmansplein, Gedempte Singel

Jahrmarkt:
1. Mittwoch im November

Breda:
Wöchentlicher Warenmarkt:
Dienstag 9–13 Uhr:
Grote Markt
Freitag 9–13 Uhr:
Grote Markt
Samstag 14–18 Uhr:
Nieuwe Haagdijk/Haagweg

Flohmarkt:
Mittwoch 10–16 Uhr:
Grote Markt

Broek op Langedijk:
Broekerveiling:
Mai–September, Mo–Fr 10–17 Uhr:
Voorburggracht 20, ∅ 02260/13807, ältester fahrender Gemüsemarkt

Cocksdorp (Texel):
Festmarkt:
Juni – Mitte August, Donnerstag 19–21 Uhr

Den Bosch ('s-Hertogenbosch):
Wöchentlicher Warenmarkt:
Mittwoch und Samstag 8.30–13 Uhr

Kuhmarkt:
Mittwoch ab 6 Uhr:
Brabanthallen (siehe Seite 186)

Den Haag:
Wöchentlicher Warenmarkt:
Montag, Freitag 8–18 Uhr, Samstag 8–17 Uhr:
Hermann Costerstraat
Montag–Samstag zu den üblichen Geschäftszeiten:
»Markthof« Gedempte Gracht (überdacht)
Dienstag 8–17 Uhr:
Leyweg

Flohmarkt:
17.–18. April:
Houtrusthallen

Antiquitätenmarkt:
6. Mai – 16. September, Donnerstag und Sonntag 11–21 Uhr
Lange Voorhout

Den Hoorn (Texel):
Festmarkt:
Juli–August, Donnerstag

Delft:
Flohmarkt:
25. April – 3. Oktober, Samstag:
In der ganzen Innenstadt entlang der Grachten

Edam:
Käsemarkt:
11. Juli – 15. August, Mittwoch und Samstag 10–12 Uhr

Gouda:
Historischer Käsemarkt:
Mai–September, Donnerstag 9.30–12 Uhr

Groningen:
Wöchentlicher Warenmarkt:
Täglich außer Sonntag und Montag im Sommer 9–17 Uhr, im Winter 9–16 Uhr:
Grote Markt/Ecke Vismarkt

Gemüse- und Früchtemarkt:
Mittwoch 9–17 Uhr:
Vismarkt

Flohmarkt:
Mittwoch, Donnerstag und Samstag 9–17 Uhr:
Grote Markt (Zentrum)

Blumenmarkt:
Dienstag, Freitag, Samstag 9–16 Uhr:
Vismarkt/A-Kerkhof

Tiermarkt:
Groningenhal
Montag:
Schaf- und Lämmermarkt
Dienstag:
Vieh- und Pferdemarkt
1. Mittwoch im Januar:
Pferdejahrmarkt
August:
Groninger Viehzuchttag

Haarlem:
Wöchentlicher Warenmarkt:
Donnerstag 9–17 Uhr:
Sondaplein
Samstag 9–16 Uhr:
Grote Markt und Botermarkt

Leeuwarden:
Wöchentlicher Warenmarkt:
Montag 13–16 Uhr:
Wilhelminaplein
Freitag 8–15 Uhr:
Wilhelminaplein
Samstag 8–16 Uhr:
Nieuwe Buren

Blumenmarkt:
Am Himmelfahrtstag 9–18 Uhr:
Oude Veemarkt (Jahrmarkt)

Maastricht:
Wöchentlicher Warenmarkt:
Mittwoch und Freitag 8–13 Uhr:
Markt

Blumen-, Obst- und Lebensmittelmarkt:
Täglich außer Sonntag:
Markt

Flohmarkt:
Samstag 10–16 Uhr:
Stationstraat

Middelburg:
Wöchentlicher Warenmarkt:
Donnerstag 10–16 Uhr:
Markt

Blumen-, Gemüse- und Obstmarkt:
Samstag 9–15 Uhr:
Markt

Kunst- und Antiquitätenmarkt:
Juni–September, Donnerstag 10–16 Uhr:
Vismarkt

Nijmegen:
Wöchentlicher Warenmarkt:
Samstag 10–17 Uhr:
Augusteinenstraat/Grote Markt
Burchtstraat

Flohmarkt:
Montag 9–13 Uhr:
St. Stevens Kerkhof

Oosterend:
Flohmarkt:
Juli–August, 2. Samstag:
(ab 10 Uhr Fischverkauf)

Ootmarsum:
Zwiebelmarkt, Altholländischer Markt:
29. Juli – 12. August, Donnerstag:
Markt (Zentrum)

Oudeschild:
Kunst-, Antiquitäten- und Kuriosamarkt:
Juli–August

Raalte:
Folkloristischer Markt:
30. Juni – 25. August, Mittwoch:
Plein de Plas

Rotterdam:

Wöchentlicher Warenmarkt:
Dienstag 8–17.30 Uhr:
Marinierweg
Donnerstag 8–17.30 Uhr:
Visserijplein
Samstag 8–17 Uhr:
Marinierweg
Visserijplein

Kunst-, Buch- und Antikmarkt:
Im Sommer, Sonntag 11–17 Uhr:
Schiedamsedijk

Utrecht:

Wöchentlicher Warenmarkt:
Dienstag 10–15 Uhr:
Smaragtplein
Mittwoch 9–13 Uhr:
Oppenheimplein
Mittwoch 9–17 Uhr und Samstag 8–17 Uhr:
Vredenburg

Blumenmarkt:
Samstag 8–17 Uhr:
Oude Gracht
Samstag 7–16 Uhr:
Janskerkhof

Tiermarkt:
Montag 7–12 Uhr:
Pferdemarkt
Donnerstag 7–13 Uhr:
Viehmarkt

Zwolle:

Wöchentlicher Warenmarkt:
*Dienstag 13–17 Uhr, Freitag 8.30–14 Uhr
und Samstag 9–17 Uhr:*
Holtenbroek

Viehmarkt/Pferdemarkt:
Freitag:
Viehmarkt
Mitte Oktober:
Rinder- und Kälbermarkt

Museen

Der Museumsbummel im Textteil dieses Buches wird hier im kleinen Stil fortgesetzt. Die hier folgenden Museen sind ein kleiner Querschnitt des unendlich reichen niederländischen Angebots an Kunsttempeln.

Achtung:
Die Niederlande beabsichtigten, in Zukunft alle Museen am Montag aus Spargründen geschlossen zu halten. Dies trifft inzwischen auf 90 % der niederländischen Museen zu (Ausnahme: Sonderausstellungen). Eine landesweite, einheitliche Regelung ist allerdings nocht nicht in Sicht. Daher: Vor einem geplanten Montag-Besuch lieber erst anrufen.

Alkmaar:

Stedelijk Museum
Doelenstr. 3, ∅ 072/110737
Di–Fr 10–17 Uhr, So 13–17 Uhr.
Kaasmuseum
Waagplein 2, ∅ 072/114284
Käsemuseum, 1. April – 31. Okt: Mo–Sa 10–16 Uhr.

Ammerzoden:

Schloß Ammersoyen
∅ 04199/1270
April–Nov: Di–Sa 10–17 Uhr, So 13–17 Uhr.

Amsterdam:

Allard-Pierson-Museum
Oude Turfmarkt 127, ∅ 020/5252556
Archäologisches Museum der Universität Amsterdam, Di–Fr 10–17 Uhr, Sa–So 13–17 Uhr.
Amsterdams Historisches Museum
Kalverstr. 92, ∅ 020/5231822
Täglich 11–17 Uhr

Anne Frank Huis
Prinsengracht 263, ∅ 020/6264533
Mo–Sa 9–17 Uhr, So 10–17 Uhr.

Bijbels Museum
Herengracht 366, ∅ 020/6242436
Bibelmuseum, Di–Sa 10–17 Uhr, So 13–17 Uhr.

Filmmuseum
Vondelpark 3, ∅ 020/5891400
Bis Sept 1991 geschlossen.

Rijksmuseum Vincent van Gogh
Paulus Potterstr. 7, ∅ 020/5705272
Di–Sa 10–17 Uhr, So 13–17 Uhr.

Nederlands Persmuseum
Cruquiusweg 31, ∅ 020/6685866
Pressemuseum, Mo–Fr 9.30–17 Uhr, Sa 9.30–13 Uhr.

Rijksmuseum
Stadhouderskade 42, ∅ 020/6732121
Di–Sa 10–17 Uhr, So 13–17 Uhr.

Rembrandthuis
Jodenbreestr. 4–6, ∅ 020/6249486
Mo–Sa 10–17 Uhr, So 13–17 Uhr.

Stedelijk Museum
Paulus Potterstr. 13, ∅ 020/5732737
Täglich 11–17 Uhr.

Theatermuseum
Herengracht 168, ∅ 020/6235104
Di–So 11–17 Uhr.

Joods Historisch Museum
Jonas Daniel Meijerplein 2–4,
∅ 020/6269945
Museum für jüdische Geschichte, täglich 11–17 Uhr

Tropenmuseum
Linnaeusstr. 2, ∅ 020/5688200
Mo–Fr 10–17 Uhr, Sa–So 12–17 Uhr.

Apeldoorn:
Paleis Het Loo
Amersfoortseweg, ∅ 055/212244
Di–So 10–17 Uhr.

Appingendam:
Historisches Museum

Wijkstr. 17, ∅ 05960/22261
Juni–August: Di–Sa 14–17 Uhr.

Arnhem:
Freilichtmuseum
Schelmseweg 98, ∅ 085/576111
Authentische Häuser, Mühlen, Bauernhöfe etc., April–Okt: täglich 9.30–17 Uhr.

Weinmuseum
Velperweg 23, ∅ 085/424042
Juni–August: Di–Fr 10–17 Uhr, Sa 11–17 Uhr.

Gemeindemuseum
Utrechtseweg 87, ∅ 085/512431
Di–Sa 10–17 Uhr, So 11–17 Uhr.

Assen:
Automuseum
Rode Heklaan 3, ∅ 05920/55525
Mo–Fr 9–17 Uhr, Sa–So 13–17 Uhr.

Drenther-Museum
Brink, ∅ 05920/12741
Di–Fr 9.30–17 Uhr, Sa–So 13–17 Uhr, Juli–August auch Mo

Berg en Dal:
Afrika-Museum
Postweg 6, ∅ 08895/42044
Mo–Fr 10–17 Uhr, Sa–So 13–17 Uhr;
Nov–März: Mo geschlossen.

Borculo:
Feuerwehrmuseum
Hofstr. 5, ∅ 05457/71966
Mo–Fr 10–12 Uhr und 14–17 Uhr, Sa–So 14–16 Uhr.

Bauernhofmuseum »De Lebbenbrugge«
Lebbenbruggedijk, ∅ 05457/73004
Juni–August: Di–Sa 10–12 Uhr und 14–17 Uhr.

Bourtange:
Mittelalterliche Festungsstadt, renoviert entsprechend dem Aussehen um 1750. Die ganze Stadt ist ein Museum. Ein Ausflug hierher lohnt sich.

Festungsmuseum
Informationen: Meestr. 3, ⌀ 05993/54600
1. April – 31. Okt: Di–Fr 10–12 Uhr und 13–17
Uhr; im Winter: Sa–Mo 13–17 Uhr und nach
Absprache.

Breda:
Bisschoppelijk Museum
Grote Markt 19, ⌀ 076/223110
Bischöfliches Museum, Mi–Sa 10.30–17
Uhr, Di und So 13–17 Uhr.

Brielle:
Trompmuseum
Venkelstr. 4, ⌀ 01810/13333
Di–Sa 10–12 Uhr und 13–17 Uhr.

Breukelen:
Pferdefuhrwerkmuseum
Straatweg 125c, ⌀ 03462/2371
Nach Absprache.

Broek op Langedijk:
Broeker Veiling
Voorburggracht 20, ⌀ 02260/13807
Mai–Sept: Mo–Fr 9–17 Uhr und nach Absprache.

Bunschoten:
Trachtenausstellung
Kerkstr. 18, ⌀ 03499/1685 oder 1589
Mai–August: Mo–Sa 10–17 Uhr.

Delft:
Konginklijk Nederlands Leger- en Wapenmuseum »Generaal Hoefer«
Korte Geer 1, ⌀ 015/150500
Armee- und Waffenmuseum, Di–Sa 10–17
Uhr, So 13–17 Uhr.
Stedelijk Museum »Het Prinsenhof«
Städtisches Museum, ⌀ 015/602358
Di–Sa 10–17 Uhr, So 13–17 Uhr; Juni–
August: zusätzlich Mo 10–17 Uhr.
Cultuurtuin voor Technische Gewassen
Julianalaan 67, ⌀ 015/782356 oder
782382

Mo–Fr 9–12 Uhr und 14–17 Uhr, Sa 10–15
Uhr.

Den Bosch ('s-Hertogenbosch):
Noordbrabants Museum
Verwerstr. 41, ⌀ 073/133834
Di–Fr 10–17 Uhr, Sa–So 12–17 Uhr.

Den Haag:
»Haags« Gemeindemuseum
Stadhouderslaan 42, ⌀ 070/3381111
Moderne Kunst, Keramik, China, Musik,
Di–So 11–17 Uhr.
Rijksmuseum »Gevangenpoort«
Buitenhof 33, ⌀ 070/3460861
Mo–Fr 10–16 Uhr; April–Sept: zusätzlich
Sa–So 13–16 Uhr.
Miniaturstadt Madurodam
Haringkade 175, ⌀ 070/3553900
28. März–Mai: Mo–So 9–22.30 Uhr;
Juni–August: Mo–So 9–13 Uhr; Sept: Mo–So
9–21.30 Uhr; Okt–5. Jan: Mo–So 9–18 Uhr.
Mauritshuis
Korte Vijverberg 8, ⌀ 070/3106665
Das königliche Kabinett der Malerei; Hollands Klassiker: Rembrandt, Rubens, Jan
Steen, Vermeer, Frans Hals; eines der bedeutendsten Museen Europas.
Di–Sa 10–17 Uhr, So 11–17 Uhr.
Panorama Mesdag
Zeestr. 65b, ⌀ 070/3106665
Mo–Sa 10–17 Uhr, So 12–17 Uhr.
Museum für Puppenspiel
Nassau Dillenburgstr. 8, ⌀ 070/3280208
So 12–14 Uhr.
Niederländisches Postmuseum
Zeestr. 80–82, ⌀ 070/3624531
Mo–Sa 10–17 Uhr, So 13–17 Uhr, Dez und
Jan geschlossen.
Parlamentsgebäude und Rittersaal
Binnehof 8a, ⌀ 070/3646144
Mo–Sa 10–16 Uhr.
Meerbiologisches Museum
Dr. Lelykade 39, Scheveningen, ⌀ 070/3502528
Mo–Sa 10–17 Uhr, So 13–17 Uhr.

Omniversum
Pres. Kennedylaan 1–5, ∅ 070/3545454
Mo–Do 11–16 Uhr, Fr–So 11–21 Uhr.
Kein Museum, sondern ein Erlebnis, filmisches Amphitheater; dreidimensionale Projektion mit Sechsspur-Super-Stereo-Klängen erzeugen eine Symphonie aus Bild und Ton.
Internationaler Gerichtshof der Vereinten Nationen »Friedenspalast«
Carnegieplein 2, ∅ 070/3469680
Mo–Fr 10–12 Uhr und 14–16 Uhr.
Vergnügungspark Duinrell
Duinrell 1, Wassenaar, ∅ 01751/19212
Täglich 10–17 Uhr.

Delfzijl:
Seeaquarium- und Muschelshow »De Noordhoorn«
Kustweg 7, ∅ 05960/12318
Mai–Sept: Mo–Fr 7–17.30 Uhr, Sa 8–18 Uhr, So 10–18 Uhr.

Deventer:
»De Drie Haringen«
Brink 55, ∅ 05700/93789
Trachten- und Spielzeugmuseum, Di–Sa 10–12.30 Uhr und 14-17 Uhr, So 14–17 Uhr.
Museum für mechanisches Spielzeug
Noordenbergstr. 9, ∅ 05700/93789
Di–Sa 10–12.30 Uhr und 14–17 Uhr, So 14–17 Uhr.
Museum »De Waag«
Brink 57, ∅ 05700/11312
Antike Küchen, alte Fahrräder, Gemälde, Silber, Bilder etc., Di–Sa 10–12.30 und 14–17 Uhr, So 14–17 Uhr.

Diever:
Glasmuseum »De Spiraal«
Moleneinde 6, ∅ 05219/2718
Vorführung: Glasblasen, Juli–August: Mo–Fr 10–12 und 13.30–17.30 Uhr, Sa 10–17 Uhr, und nach Absprache.

Doesburg:
Doesburgsch »Senfmuseum«, De Gildehof
Boekholstr. 22, ∅ 08334/72230
Mo–Fr 10–17 Uhr, Sa 11–16 Uhr.

Dokkum:
Heimatmuseum »Het Admiraliteitshuis«
Schoolsteeg 1, ∅05190/3134
Trachten, Gilden und Volkskunst, Silber und Antiquitäten, 1. April – 30. Sept: Mo–Sa 10–17 Uhr; 1. Okt – 1. April: Mo–Sa 14–17 Uhr.

Dreischor:
Landbouwmuseum Schouwen-Duiveland
Mr. Pieter Moffestr. 5, ∅ 01112/1579
Landwirtschaftsmuseum, Juni–August: Mo–Sa 13.30–16.30 Uhr.

Drimmelen:
Biesbosch Museum
Klompstr. 2, ∅ 01626/2991 oder 2842
Mai–Okt: Sa–So 14–17 Uhr und nach Absprache.

Echt:
Karnevalsmuseum
Plats 11, ∅ 04754/1777
1. und 3. So des Monats 14–17 Uhr und nach Absprache.

Enkhuizen:
Rijksmuseum »Zuiderzeemuseum«
Wierdijk 18, ∅ 02280/10122
Innen täglich 10–17 Uhr, außen April–20. Okt. täglich 10–17 Uhr.

Enschede:
Natur-Museum
De Ruyterlaan 2, ∅ 053/323409
Di–Sa 10–12.30 Uhr und 13.30–17 Uhr, So 14–17 Uhr.
Textil- und Industriemuseum
Indutriestr. 2/Ecke Haaksbergstr.,

∅ 053/319093
Di–Fr 10–17 Uhr, Sa, So 14–17 Uhr.
»Rijksmuseum Twente«
Lasondersingel 129, ∅ 053/358675
Museum für Kunst- und Kulturgeschichte,
Di–Sa 10–17 Uhr, So 13–17 Uhr.

Franeker:
»'t Coopmanshûs«
Voorstr. 49, ∅ 05170/2192
Einmalige Sammlung von Werken der
Künstler Anna Maria van Schuurmann und
J. K. Elzinga.
Mo–Sa 10–12 Uhr und 13–17 Uhr; 1. Okt –
20. April Mo geschlossen.

Frederiksoord:
Klockenmuseum
Majoor van Swietenlaan 17,
∅ 05212/1577
Mai–Sept: Mo–Fr 10–17 Uhr, So 14–17 Uhr.
Seemuseum »Miramar«
Vledderweg 25, ∅ 05212/1300
Di–So 10–17 Uhr.

Giethoorn:
»De Speelman«
Binnenpad 123, ∅ 05216/1776
Permanente Ausstellung alter Straßenmu-
sikinstrumente, 21. März – 1. Nov: täglich
10–18 Uhr und nach Absprache.

Goes:
Museum voor Zuid- en Noord-Beveland
Singelstr. 13, ∅ 01100/28883 oder 14791
Di–Fr 10–16 Uhr und Sa 11–16 Uhr.

Gouda:
Catharina Gasthuis
Oosthaven 9–10, ∅ 01820/88440
Antike Instrumente, alte Stadtapotheke, al-
tes Spielzeug, eine Schule 18. Jahrhundert
etc. Mo–Sa 10–17 Uhr, So 12–17 Uhr.

Groningen:
Groninger Museum

Praediniussingel 59, ∅ 050/183343
Historisches Museum mit wichtigen Kunst-
ausstellungen und Silber- und Porzellan-
Sammlung. Di–Sa 10–17 Uhr, So 13–17 Uhr.
Naturmuseum
St. Walburgstr. 9, ∅ 050/134737
Ausstellung: Alle nördlichen Naturformen.
Di–Fr 10–17 Uhr, So 14–17 Uhr.
**Nördliches Schiffahrts- und Tabakmu-
seum**
Burgstr. 24 und 26, ∅ 050/122202
Di–Sa 10–17 Uhr, So 13–17 Uhr.
Universitätsmuseum
Zwanestr. 33, ∅ 050/635562
Universitäts- und Studentenlebengeschich-
te, Mo–Fr 9–16 Uhr.

Haarlem:
Frans-Hals-Museum
Groot Heiligland 62, ∅ 023/319180
Mo–Sa 10–17 Uhr, So und an Feiertagen
13–17 Uhr.

Harderwijk:
»Veluws Museum«
Donkerstr. 4, ∅ 03410/14468
Mai–Sept: Mo–Fr 10–17 Uhr; Okt–April: 9–12
Uhr und 14–17 Uhr.

Hilvarenbeek:
Museum Het Oude Ambacht
Doelenstr. 53, ∅ 04255/3174
Gilden und Zünfte, Di–Fr 10–12 und 14–17
Uhr.

Hindeloopen:
Museum Hidde Nijland Stichting
Dijkweg 1, ∅ 05142/1420
Möbelmalerei, Trachten und Stadtgeschich-
te, 15. März – 31. Dez: Mo–Sa 10–17 Uhr, So
13.30–17 Uhr.

Hoorn:
Westfriesisches Museum
Rode Steen 1, ∅ 02290/15597 oder 15783
Mo–Fr 11–17 Uhr, Sa–So 14–17 Uhr.

Kampen:
»Stedelijk Museum Biederpoort«
2e Ebbingsestr. 50, ∅ 05202/17361
29. April – Sept: Di–Sa 11–17 Uhr
Schiffssaal, »Oude Raadhuis«
Oudestr. 133, ∅ 05202/92999
Mo–Fr 10–11 Uhr und 14–15 Uhr und nach
Absprache.

Kerkrade:
Mijnmuseum Rolduc
Abdij Rolduc, Heyendahllaan 82, ∅ 045/
457138
Minenmuseum, Mai – Mitte Sept: Di–Sa
9–17 Uhr; Mitte Juli – Mitte August: zusätzlich So 13.30–17 Uhr; Mitte Sept–April: Di–Fr
und 2. Sa des Monats 13–16.30 Uhr.

Leek:
Nationales Fuhrwerksmuseum
»Huis De Nienoord«, ∅ 05945/12260
April–Sept: 9–17 Uhr
**Jugendpark Nienoord mit Kinderbau-
ernhof**
Exotische Haustiere, von Pfingsten an bis in
den Herbst (Sept): täglich 9–18 Uhr.

Leeuwarden:
Friesisches Museum
Turfmarkt 24, ∅ 058/123001
Di–Sa 10–17 Uhr, So 13–17 Uhr.
Friesisches Naturhistorisches Museum
Heerenstr. 13–15, ∅ 058/29085
Flora und Fauna von Friesland mit Diora-
men, Mo–Sa 14–17 Uhr.
Gemeindemuseum »Het Princessehof«
Grote Kerkstr. 11, ∅ 058/27438
Keramik, Töpferware, Porzellan und Flie-
sen, Mo–Sa 10–17 Uhr, So 14–17 Uhr.
Friesisches Literarisches Museum
Grote Kerkstr. 28, ∅ 058/120834
Mata-Hari-Haus
Mo–Fr 9–12 Uhr und 14–17 Uhr.
Widerstandsmuseum Friesland
Zuiderplein 9–13,
∅ 058/133335

Bilder und Gegenstände aus dem 2. Weltkrieg, Mo–Sa 10–17 Uhr, So 13–17 Uhr.

Leiden:
Stedelijk Museum
Oude Singel 28–32, ∅ 071/254620
Städtisches Museum, Di–Sa 10–17 Uhr, So
13–17 Uhr.
Rijksmuseum voor Volkskunde
Steenstr. 1, ∅ 071/211824
Reichsmuseum für Völkerkunde, Di–Sa
10–17 Uhr, So 13–17 Uhr.

Limmen:
Museum voor de Bloembollenteelt
Dusseldorperweg 64, ∅ 02205/1900 oder
1456
Blumenzwiebelzucht, Mo–Fr 9–12 Uhr und
14–17 Uhr.

Maastricht:
Bonneantenmuseum
Dominicanerplein 5, ∅ 043/51655
Alte und moderne Kunst, Di–Fr 10–17 Uhr,
Sa–So 11–17 Uhr.
Glas- und Keramikmuseum
Brusselsestr. 77, ∅ 043/12556
Sa 10–17 Uhr, So 14–17 Uhr.
Schatkamer
Vrijhof
1. April – 1. Nov: Di–Fr 10–17 Uhr.

Middelburg:
Zeeuws Museum
Abdij 3, ∅ 01180/26655
Sept–Mai: Mo–Fr 10–17 Uhr, Sa 14–17 Uhr,
Juni–August: zusätzlich So 14–17 Uhr.

Middelstum:
Museumsbäckerei
Mendels, Kerkstr. 3, ∅ 05955/1248 (nach
18 Uhr)
Nach Absprache geöffnet.

Naarden:
Historisches Festungsmuseum

Wasser- und Mühlenmuseen

»Wasser, nichts als Wasser . . .«

Friesland

Harlingen: *Hannemahaus*
Voorstr. 56, ∅ 05178/13658
Geschichte der Hafenstadt Harlingen Di–Sa 10–17 Uhr.
Lauwersoog: *Infocenter »Expo Zee«*
Strandweg 1
Ausstellung Wattgebiet; Mai–Sept: Di–Fr 10–17 Uhr; Sa–So 14–17 Uhr; Okt–Nov:
Sa–So 14–17 Uhr.

Groningen

Groningen: *Nördliches Schiffahrtsmuseum*
Burgstr. 24, ∅ 050/122202
Di–Sa 10–17 Uhr, So 13–17 Uhr.

Overijssel

Schockland: *Museum der IJsselmeerpolder in Ens*
Middelbuurt, ∅ 05257/1396
Mo–Sa 9–17 Uhr, So 10–18 Uhr.

Flevoland

Lelystadt: *Infocenter Nieuw Land*
Oostvaardersdijk 10–13, ∅ 03200/60799
Entstehung, Erschließung der IJsselmeerpolder, April–Okt: Mo–Sa 10–17 Uhr;
Nov–März: Mo–Fr 10–17 Uhr, So 13–17 Uhr.

Noord-Holland

Amsterdam: *Niederländisches Historisches Schiffahrtsmuseum*
Kattenburgerplein 1, ∅ 020/254174
Di–Sa 10–17 Uhr, So 13–17 Uhr.
Enkhuizen: *Zuiderseemuseum*
Wierdijk 18, ∅ 02280/10122
Geschichte der Zuidersee, Freilichtmuseum Ende Mai–Okt: Mo–Sa 10–17 Uhr,
So 12–17 Uhr.

Den Helder: *Marine Museum*
Hoofdgracht, ∅ 02230/57137
Di–Fr 10–17 Uhr, Sa–So 13–16.30 Uhr.
IJmuiden: *Pieter Vermeulen Museum*
Moerbergplantsoen 20, ∅ 02550/12124
Fischerei und Modell vom Nordseekanal, Mo–Fr 9.30–17 Uhr, 1. Sa im Monat 10–16
Uhr; Mitte Juni–Mitte August: jeden Sa 10–16 Uhr.

Zuid-Holland

Rotterdam: *Maritiem Museum, Schiff- und Hafenmuseum*
Leuvehaven 1, ∅ 010/4132680
Stellendam: *Haringvliet Expo*
Haringvlietsluisen, ∅ 01879/1600
April–Okt: täglich 10–17 Uhr.
Scheveningen: *Meeresbiologisches Museum*
Dr. Lelykade 39, ∅ 070/3502528
Mo–Sa 10–17 Uhr, So 13–17 Uhr.

Zeeland

Oosterschelde: *Delta Expo, Infocenter über den Bau der Delta-Werke* (s. S. 137ff.)
Auskunft und Termine: ∅ 01115/2702
Täglich 10–17 Uhr.
Zierikzee: *Nautisches Museum*
Mol 25, ∅ 01110/13038 oder 13151
Mai–Okt: Mo–Sa 10–17 Uhr.

MÜHLEN...

Kinderdijk
(bei Rotterdam) ∅ 01859/4118
Reihe von Mühlen hintereinander, 1. Mühle geöffnet, April–Sept: täglich außer So.
Leiden: *Windmühlenmuseum »De Valk«*
· *2. Binnenvestgracht 1,* ∅ 071/254639
Febr–Sept: Di–So 10–17 Uhr, So 13–17 Uhr.
Koog aan de Zaan: *Mühlenmuseum*
Museumlaan 18, ∅ 075/215148
Jan–Dez: Di–Fr 10–12 Uhr und 13–17 Uhr, Sa 14–17 Uhr, So 13–17 Uhr; April–Sept:
Di–Fr durchgehend geöffnet.
Zaandam: *Zaanse Schans*
Kalverringdijk, ∅ 075/168218
Täglich geöffnet.

Westwalstr. 6, ℘ 02159/45459
9. April – Okt: Mo–Fr 10–16.30 Uhr, Sa–So
12–17 Uhr.

Nijmegen:
Botanischer Garten
Toernoolveld, ℘ 080/558833
Täglich ab 8.30 – Sonnenuntergang.

Otterlo:
Rijksmuseum Kröller-Müller
im Nationalpark »De Hoge Veluwe« Hout-
kampweg 6, ℘ 08382/1241
Weltberühmte Van Gogh-Sammlung sowie
viele andere Gemälde aus dem 19. und 20.
Jahrhundert, Di–Sa 10–17 Uhr, So und Feiertage 11–17 Uhr.

Oudewater:
»De Heksenwaag«
Leeuweringerstr. 2, ℘ 03486/3400
April–Sept: Di–Sa 9–17 Uhr, So 12–17 Uhr
und nach Absprache.
Während der Hexenverfolgungen kamen
Frauen aus ganz Europa hierher, um sich
wiegen zu lassen, denn die Waage und das
hiesige Personal galten als unbestechlich.
Folge: Sämtliche hier gewogenen ›Hexen‹
waren viel zu schwer, um auf einem Besen-
stiel davonschweben zu können. Das rettete
ihnen das Leben und befreite sie von der
Anklage, eine Hexe zu sein.

Roden:
Museum Kinderwelt
Brink 31, ℘ 05908/18851
mit Kinderspielplatz, Mo–Sa 10–12 Uhr und
14–17 Uhr, So 14–17 Uhr, Okt–März: Mo geschlossen.

Roosendaal:
Museum De Ghulden Roos
Molenstr. 2, ℘ 01650/36916
Glasarbeiten, Gemälde, Zeichnungen,
Volkskunst etc.,
Di–So 14–17 Uhr.

Rosmalen:
Autotron
im Freizeitpark »Libema« Graafsebaan 133,
℘ 04192/19050
Mai–Sept: täglich 10–18 Uhr.

Rotterdam:
Boymans-van Beuningen Museum
Mathenesserlaan 18–20, ℘ 010/4419400
Umfangreiche Sammlung: alte und moderne
Kunst, Porzellan, Silber, Fliesen, Gemälde
(z. B. Bosch, Brueghel, Rembrandt und Ru-
bens, Kandinsky, Klee, Dali etc.) Di–Sa
10–17 Uhr, So 11–17 Uhr.
Zakkendragershuisje
Voorstr. 13–15 (oud Delfshaven), ℘ 010/
4772664
Zinngießerei, Di–Sa 10–15 Uhr, So 11–17
Uhr.
De Dubbelde Palmboom
Voorhaven 12, ℘ 010/4761533
Di–Sa 10–17 Uhr, So 11–17 Uhr.
Museum der Völkerkunde
Willemskade 25, ℘ 010/4111055
Di–Sa 10–17 Uhr, So 11–17 Uhr.
Belastingmuseum
Parklaan 14, ℘ 010/4365629
Museum der »Steuerlast« und des Schmug-
gelns, Di–Fr 10–17 Uhr, Sa–So 11–17 Uhr.
Maritiem-Museum
Leuvehaven 1, ℘ 010/132680
Zum Museum gehört ein Hafen mit Schiffen,
Di–Sa 10–17 Uhr, So 11–17 Uhr.

Ruinerwold:
Museumbauernhof
Dokter Larijweg 21, ℘ 05222/1447
Mai–August: Mo–Sa 9–18 Uhr und nach Ab-
sprache.

Schoonhoven:
**Nederlands Goud-, Zilver-,
Klokkenmuseum**
Kazerneplein 4, ℘ 01823/5612
Gold-, Silber- und Uhrenmuseum, Di–So
12–17 Uhr.

Sneek:
**Friesisches Schiffahrts-
und Heimatmuseum**
Kleinzand 12, ∅ 05150/14057
Mo–Sa 10–12 Uhr und 13.30–17 Uhr.

Staphorst:
Museumbauernhof »Staphorst«
Muldersweg 41, ∅ 05225/1899
Mo–Sa 9–12 und 13–17 Uhr

Tegelen:
Pottenbakkersmuseum
Raadhuislaan 11, ∅ 077/762222
Töpfermuseum, Sa–So 14–16 Uhr und nach
Absprache.

Utrecht:
Zentrum-Museum
Agnietenstr. 1, ∅ 030/315541
Di–Sa 10–17 Uhr, So 13–17 Uhr.
Het Catharijneconvent
Nieuwegracht 63, ∅ 030/313835
Di–Fr 10–17 Uhr, Sa–So 11–17 Uhr.
Münzmuseum
Leidseweg 90, ∅ 030/910342
Mo–Fr 14–16 Uhr und nach Absprache.
Pfeifen-, Kaffee- und Teemuseum
Keulsekade 143, ∅ 030/979111
Nach Absprache Mo–Fr 10–16 Uhr.
»Nederlands Spoorwegmuseum«
Maliebaanstation, ∅ 030/306206
Eisenbahnmuseum, Di–Sa 10–17 Uhr, So
13–17 Uhr.
Rietveld-Schröderhaus
Prins Hendriklaan 50, ∅ 030/517926
Nur nach Absprache.
Historisch Kostum Museum
Loeffberchmankerkstr. 50, ∅ 030/315397,
Mode und Klamotten, Mi–So 13–17 Uhr

Valkenburg:
Steenkolenmijn Valkenburg
Daelhemseweg 31, ∅ 04406/12491
Steinkohlenmine, Ostern–30. Sept: täglich
9–17 Uhr.

Veendam:
Moorkolinial Museum
Kerkstr. 18, ∅ 05987/16393
So–Fr 14–17 Uhr.

Venlo:
Museum Van Bommel-Van Dam
Deken van Oppensingel 8, ∅ 077/13457
Mo–Fr 10–17 Uhr, Sa–So 14–17 Uhr.
Moderne Kunst.
Goltziusmuseum
Goltziusstr. 21, ∅ 077/596762
Zinn-, Silber-, Porzellan-, Münzensammlung
etc., Mo–Fr 10–12 Uhr und 14–17 Uhr.

Vlissingen:
Stedelijk Museum
Bellamypark 19, ∅ 01184/12498
Städtisches Museum, Juni–August: Mo–Fr
10–17 Uhr, Sa–So 14–17 Uhr; Sept–Mai:
Mo–Fr 10–12.30 Uhr, 13.30–17 Uhr, im Mai
auch Sa 14–17 Uhr.

Waalwijk:
Nederlands Museum van Schoenen
Grotestr. 148, ∅ 04160/32738 oder 32212
Schuhe, Leder und Lederwaren, April–Sept:
Di–Fr 12–16 Uhr, Sa 10–17 Uhr.

Warffum:
Museum »Het Hogeland«
Schoolstr. 2, ∅ 05950/2233
März–Okt: Di–Sa 10–17 Uhr, So 13–17 Uhr.

Zaandam:
Zaanse Schans
Kalverringdijk, ∅ 075/168218
Bewohntes Freilichtmuseum, Holzhäuser,
Windmühlen, etc., täglich geöffnet.

Zierikzee:
Burger Weeshuis
Poststr. 45, ∅ 01110/12683
Altes Waisenhaus, im Sommer Kunstaus-
stellungen im Garten, 25. Juni – Juli: Mo–Fr
10–17 Uhr und nach Absprache.

Maritiem-Museum »Het Gravensteen«
Mol 25, ⌀ 01110/13038
1. Mai–1. Okt: Mo–Sa 10–17 Uhr.

Zwolle:
»Overijsselsmuseum«
Melkmarkt 41, ⌀ 038/214650
Mo–Sa 10–17 Uhr, So 14–16 Uhr.

Nachtleben

CLUBS

Amsterdam
Flagship Bar
Nieuwe Zijds Voorburgwal 5
(im Holiday Inn Crown Plaza), ⌀ 020/
6200500
Club Juliana's
Breitnerstr. 3 (im Hilton Hotel), ⌀ 020/
6731313
Le Bar
Nieuwe Doelenstr. 2–8 (im Hotel de
L'Europe)
Bar Maybe
Leipsekruisstr. 19, ⌀ 020/6272279
Carrousel
Thorbeckeplein 20, ⌀ 020/6234538
Topless Bar
Casino Amsterdam
Apollolaan 138–140 (im Hilton Hotel),
⌀ 020/6649911
Personalausweis erforderlich

Den Haag:
Café la Valetta
Nieuwe Schoolstr. 13a, ⌀ 070/3644543
Goldmund
Nieuwe Schoolstr. 51a, ⌀ 070/3647436

Rotterdam:
L'Ambassadeur

's-Gravendijk 151, ⌀ 010/767470
Cinderella
Mathenesserweg 15, ⌀ 010/158388
Jazz-Café Dizzy
's-Gravendijkwal 127, ⌀ 010/4773014
Café Wallstreet
Stadthuisplein 3, ⌀ 010/4149992
Casino »De Veste«
Coolsingel 205, ⌀ 010/4138994
Casino im Hilton-Hotel
Weena 10, ⌀ 010/4144044
Funny Night Club »Cinderella«
Mathenesserweg 15, ⌀ 010/4158388
Gentlemen's Nightclub »Mayfair«
Mathenesserlaan 471, ⌀ 010/4254155

Scheveningen:
Café du Monde
Kurhuisplein 105, ⌀ 070/3545198
Casino Scheveningen
Gevers Deynootplein 30 (im Kurhaus)
The Smuggler
Gevers Deynootweg 201, ⌀ 070/3541414
Tahiti Club
Strandweg 43, ⌀ 070/3502068

Zandvoort:
Casino Zandvoort
Badhuisplein 7, ⌀ 02507/18044

Unter dem Stichwort »Diverse Clubs« finden
Sie täglich in der größten niederländischen
Tageszeitung »De Telegraaf« ein schillern-
des Angebot von Amusements.

DISCOS

Amsterdam:
Dansen bij Jansen
Handboogstraat 11, ⌀ 020/6228822
›Die‹ Amsterdamer Top-Disco, Do, Fr ge-
schlossen.
Flora Palace
Amstelstr. 24, ⌀ 020/6230469
Saturday-Night-Fever

Mazzo
Rozengracht 114, ∅ 020/6267500
Zutritt nur für Künstler, die sich als solche ausweisen können.
Odeon
Singel 460, ∅ 020/6248603
Man muß sich von einem Mitglied mitnehmen lassen.
't Okshoofd
Herengracht 104
Studentendisco
De Snelbinder
Tuinstr. 237, ∅ 020/6250543
Fetzige Musik, buntes Publikum
Be-Bop
Amstelstr. 24, ∅ 020/6250111
Mo–Mi geschlossen.
Escape
Rembrandtplein 11–15, ∅ 020/6223542
Disco von Sky-Channel, Fernsehkameras Di und Mi anwesend, So, Mo, Do geschlossen.
Superstar
Amstelstraat 9–11, ∅ 020/6272277
Jeden ersten Freitag im Monat nur für Frauen.
Roxy
Singel 465–467, ∅ 020/6200345
Mo–Mi geschlossen.

Den Haag:
Toys
Casauristr. 1 a, ∅ 070/3659185
Bogo Bar Disco
Nieuwe Schoolstr. 1, ∅ 070/3643423
Superdisco Dinestry
Toussaintkade 50, ∅ 070/3406867
De Marathon
Wijndalerweg 3, ∅ 070/3680324
New Orleans
S. Lohmanplein 1, ∅ 070/3233386
Crusader
Waldorpstr. 97, ∅ 070/3885537

Rotterdam:
Hallo Hallo
Stadhuisplein, ∅ 010/4146400

New Orleans
Mauritsweg 46, ∅ 010/141513
Jazz
Tomorrow Land
Prins Alexanderlaan 37, ∅ 010/4560000

Scheveningen:
Disco-Dancing Kurhaus
Gevers Deynootplein 20, ∅ 070/3520052
Manhattan Disco
Gevers Deynootplein 980, ∅ 070/3556537
The Paddock Disco
Strandweg 155–159, ∅ 070/3541154

Notruf – Polizei

Notarzt, Feuerwehr und Polizei sind landesweit unter der Rufnummer ∅ 06-11 zu erreichen, die von vielen Telefonzellen aus bereits kostenlos gewählt werden kann.

Post

Die Postämter sind gewöhnlich montags bis freitags von 8.30 bis 17 Uhr geöffnet. Einzelne auch samstags von 8.30 bis 12 Uhr.

Postgebühren (Stand 1991)

Postkarten (nicht gefaltet und nicht im Umschlag)
Westeuropa: hfl 0,65
Osteuropa (Albanien, Bulgarien, DDR, Ungarn, Polen, Rumänien, Sowjetunion, Tschechoslowakei): hfl 0,75

Briefe (bis 20 g)
Westeuropa: hfl 0,75
Osteuropa: hfl 1

Weitere Auskünfte über Gebühren geben die Postämter sowie der Postkundendienst unter der Rufnummer 0017.

Radfahren

Für Radtouren in den Niederlanden gibt es unzählige Möglichkeiten (siehe Seite 208). Fast jeder örtliche Verkehrsverein (VVV) bietet eigene Radtouren an, entweder als Pauschalarrangement oder einfach als Fahrradverleihservice. Man kann dann auf eigene Faust losfahren.

Fast in jedem holländischen Ort kann man sich ein Rad mieten. Preis: zwischen hfl 5 und 10 pro Tag in ländlichen Gebieten bzw. bis zu hfl 10 pro Stunde in den Großstädten. Die örtlichen VVV-Büros verfügen über eine Vermieterliste.

Im Falle einer Panne: Über 5500 Radreparaturwerkstätten stehen zur Verfügung!

Plant man eine Radtour von der Bundesrepublik aus, erhält man bei folgenden Institutionen erste Auskünfte und Angebote:

Niederländisches Büro für Tourismus
Laurenzplatz 1–3, 5000 Köln 1
Ø 0221/236262
Niederländische Eisenbahnen
Schildergasse 85, 5000 Köln 1
Ø 0221/216294
Stichting Fiets
Europaplein 2, NL-1018 GZ Amsterdam
Ø 020/6425550

Man kann sich aber auch direkt an einzelne, größere VVV-Büros in den Niederlanden wenden (siehe Seite 243) oder an den niederländischen Automobilclub ANWB (siehe Seite 244), der eine bunte Palette von Radtouren samt der dazugehörigen Karten zusammengestellt hat.

Es gibt auch zahlreiche Fahrradcampingplätze. Auskunft darüber bei:

Stichting Gastvrije Fietscampings
Postbus 3055, NL-6802 DA Arnhem

Wer an speziellen niederländischen Radtouren oder gar an Wettkämpfen teilnehmen möchte, wende sich an

KNWU
Planerbaan 15, NL-3447 GN Woerden, Ø 03480/11544

Rundfahrten durch Amsterdam

Ein besonders eindrucksvolles Erlebnis für Amsterdam-Besucher ist eine Stadtbesichtigung per Boot – tagsüber oder abends – auf den Grachten. Mehrere Unternehmen bieten an unterschiedlichen Abfahrtsstellen diese etwa einstündigen Rundfahrten:

Holland International, Prins Hendrikkade (gegenüber dem Hauptbahnhof)

Kooy, Oude Turfmarkt 125

Lovers, Prins Hendrikkade (gegenüber No. 25)

Noord-Zuid, Stadhouderskade 25

Plas, Damrak, Landungsbrücke 3

D'Amstel, Nicolaas Witsenkade 21 (gegenüber Heineken)

Schlösser

Amerongen:
Kasteel Amerongen
Dorstestr. 20, ⌀ 03434/54212
April–Okt: Di–Sa 10–17 Uhr, So 13–17 Uhr.

Ammerzoden:
Kasteel Ammersoyen
⌀ 04199/1270
Juni–Aug: Di–Sa 10–17 Uhr, So 13–17 Uhr.

Brakel:
Slot Loevestein
⌀ 01832/1375
April–Okt: Mo–Fr 10–17 Uhr, Sa–So 13–17 Uhr.

Denekamp:
Huis Singraven
Molendijk 37, ⌀ 05413/1906
April–Juni und Aug–Sept: Di und Fr 10.30–16 Uhr, Mi 10.30–13.30 Uhr; Juli – Mitte Aug: Di–Fr 10.30–13.30 Uhr und 15–16 Uhr.

Doorn:
Huis Doorn
Langbroekerweg 10, ⌀ 03430/12244
Mitte März–Okt: Mo–Sa 9.30–17 Uhr, So 13–17 Uhr. Hier lebte und starb der letzte deutsche Kaiser.

Doornenburg:
Kasteel De Doornenburg
⌀ 08812/1456
Nach Absprache.

Doorwerth:
Kasteel Doorwerth
Fonteinallee, ⌀ 085/332532
April–Nov: Mo–Fr 10–17 Uhr, Sa–So 13–17 Uhr.

Haarzuilens:
Kasteel De Haar
Kasteellaan 1, ⌀ 03407/1275
März – 15. Aug: Mo–Fr 11–16 Uhr.

Heeze:
Kasteel Heeze
⌀ 04907/1431
Nach Absprache.

Hoensbroek:
Kasteel Hoensbroek
Klinkerstr. 118, ⌀ 045/211182
Juni–Aug: täglich 10–17 Uhr; Sept–Mai: täglich 10–12 Uhr und 13.30–17.30 Uhr.

Marssum:
Poptaslot en Poptagsthuis
Slotlaan 1–16, ⌀ 05107/1231
April–Sept: Mo–Fr 9–12 Uhr und 14–17 Uhr.

Medemblik:
Kasteel Radboud
Ooievaarsgat 8, ⌀ 02274/1960
Juni–Aug: täglich 10–17 Uhr; Sept–Mai: So 14–17 Uhr.

Muiden:
Rijksmuseum Muiderslot
Herengracht 1, ⌀ 02942/1325
März–Okt: Mo–Sa 10–16 Uhr, So 13–16 Uhr; Nov–Febr: Mo–Sa 10–15 Uhr, So 13–15 Uhr.

Nieuw-Loosdrecht:
Kasteel-Museum Sypesteyn
Nieuw-Loosdrechtsedijk 150, ⌀ 02158/3208
Mai–Mitte Sept: Di–Sa 10.15–11.15 Uhr, 14–15 Uhr und 16 Uhr, So 14–15 Uhr und 16 Uhr.

Rosendaal:

Kasteel Rosendaal
Museum van het International Kastelen Instituut, ∅ 085/644645

Schlochteren:

Fraeylemaborg
Hoofdweg 30–34, ∅ 05982/1568
Di–So 10–12 Uhr und 13–17 Uhr.

Ter Apel:

Kloster Ter Apel
Boslaan 3–5, ∅ 05995/1370
Di–Sa 9–12 Uhr und 13.30–17.30 Uhr, So
13.30–17.30 Uhr.

Uithuizen:

Menkemaborg
Menkemaweg 2, ∅ 05953/1970
April–Sept: 10–12 Uhr und 13-17 Uhr täglich;
Okt–Dez und Febr–März: Di–Sa 13–16 Uhr.

Voorschoten:

Kasteel Duivenvoorde
Laan van Duivenvoorde, ∅ 01717/3752
April–Sept: Di, Do, Sa 11–11.30 Uhr, 14 Uhr
und 15.30 Uhr.

Spielkasinos

Spielkasinos mit französischem und amerikanischem Roulette und Black Jack befinden sich in Zandvoort, Valkenburg und Scheveningen. Sie sind ganzjährig (außer am 4. Mai) täglich geöffnet von 14–2 Uhr.

Mindestalter 18 Jahre. Man erhält Tageskarten (hfl 7,50), Monatskarten oder Jahreskarten.

Korrekte Kleidung ist vorgeschrieben, der Ausweis wird verlangt.

Sport

ANGELN

Das Angeln im Meer ist ohne Einschränkung erlaubt. Es gibt dort keine Schonzeiten. Von einer Anzahl Küstenorte aus werden Angelfahrten auf das Meer veranstaltet.

Das Angeln in den Küstengewässern (Wattenmeer und den offenen Meeresarmen im Südwesten) ist ebenfalls erlaubt. Hier gelten die gleichen Sperrzeiten wie in den Binnengewässern: vom 16. März (in den Flüssen und Kanälen vom 1. April) bis 31. Mai und von einer Stunde nach Sonnenuntergang bis einer Stunde vor Sonnenaufgang verboten.

Angelscheine (hfl 6) und kleine Fischakten (hfl 12) sind beim Postamt erhältlich.

Allgemeine Auskünfte erteilt der örtliche VVV und
Nederlandse Vereniging van Sportvissersfederaties (NVVS)
Amsterdamseweg 16, 3812 RS Amersfoort, ∅ 033/634924

BOWLING UND KEGELN

Es gibt über 150 Bowlingzentren mit automatischen Bahnen, die für Preise zwischen hfl 20 und 30 pro Stunde gemietet werden können.

Auskünfte erteilt der örtliche VVV und:
Nederlandse Bowling Federatie
Postbus 7676, 5601 JR Eindhoven, ∅ 040/551500

Koninklijke Nederlandse Kegelbond
Buurerstr. 39, 7481 EG Haaksbergen,
∅ 05427/11772

GOLFSPORT

In den Niederlanden existieren 30 Golfplätze von Golfclubs, auf denen auch Mitglieder ausländischer Klubs und Nichtmitglieder, die über genügend Spielerfahrung verfügen, spielen können.

Auskünfte erteilt der örtliche VVV und:
Nederlandse Golf Federatie
Soesdijkerstraatweg 172, Hilversum,
⊘ 035/830565

SCHLITTSCHUHLAUFEN UND EISHOCKEY

In den Niederlanden gibt es 22 Kunsteisbahnen. Auskünfte:
Koninklijke Nederlandse Schaatsenrijdersbond,
Stadsring 103,
3800 BC Amersfoort, ⊘ 033/621784

SEGELFLIEGEN

An Wochenenden können auch ausländische Besucher bei verschiedenen Clubs Segelflüge unternehmen. Auskünfte erteilt:
Koninklijke Nederlandse Vereniging voor Luchtvaart
Abt. Segelflug, Nationaal Zweefvliegcentrum Terlet, Apeldoornseweg 203, 6816 SM Arnhem, ⊘ 085/514515

WASSERSPORT

Mit dem Boot in Holland

Das Wetter
Auch in Holland regnet es. Doch das Klima ist mild: Es wird nicht zu heiß und bei Regenwetter nicht kalt – eine ideale Witterung, besonders für die Haupturlaubszeit von Juli bis September. Und keine Angst vor dem Wind, Holland besteht nicht nur aus Küste! Auf den Binnengewässern findet man ähnliche Verhältnisse wie in Deutschland, indessen brauchen Segler weniger zu befürchten, in eine Flaute zu geraten.

In den Niederlanden sind viele Berufszweige vom Wetter abhängig. Deshalb kann man sich beinahe stündlich im Radio (Hilversum 1, 2 und 3) über die Wetteraussichten und die zu erwartende Windstärke orientieren.

Welche Grenzdokumente benötigt man?
Gar keine! Ob Sie mit Ihrem Boot zu Wasser oder zu Lande einreisen, es genügt als Schiffspapier das Flaggenzertifikat. Beim Passieren der niederländischen Wassergrenze meldet man sich im nächsten Zollhafen. Beim Verlassen des Landes ebenfalls.

Genehmigungen
Selbst für Motorboote brauchen Sie i. a. keine Genehmigung. Nur für ein Motorboot, das schneller als 16 km/h fahren kann, besteht die Pflicht zu einer Registrierung, auch wenn es nicht schneller gefahren wird. Registrierungen nehmen größere Postämter vor.

Geschwindigkeitsbegrenzungen
Nur auf Seen und Kanälen: zwischen 5 km/h auf Stadtgewässern (Grachten) und sehr kleinen Kanälen, bis zu 12 km/h auf den großen Kanälen. Im einzelnen gibt der Bootsführer Auskunft.

Vorschriften
Auf Waal, Niederrhein, Rhein, Lek und Pannerdens Kanaal ist die internationale Rheinschiffahrtspolizeiordnung gültig. Achtung! Die Berufsschiffahrt hat immer Vorfahrt.

Bootsführer
Ein Bootsführer ist wegen der Vielfalt der Wasserwege für das Gelingen eines Urlaubstörns unentbehrlich.

Schippers Handbuch für die Niederlande und Belgien von W. D. von Heimsburg.

Segelschulen
Segel- und Surfausbildung

FRIESLAND: *Heeg,* »It Beaken«, ∅ 05154/ 2258; »De Bird«, ∅ 05154/2844; *Elahuizen,* »De Fluessen«, ∅ 05140/2525; *Oppenhuizen,* »'t Ges«, ∅ 03410/17654; *Grouw,* »Oer 't Hout«, ∅ 05662/1528; *Uitwellingerga,* »De Wilgenhoek«, ∅ 05153/266

DRENTHE: *Zuidlaren,* »Zuidlaardermeer«, ∅ 05905/2379

OBERIJSSEL: *Wetering-Oost,* »Almare«, ∅ 05217/1214

UTRECHT: *Loosdrecht,* »Bij de hand«, ∅ 02158/5577; »De vier Windstreken«, ∅ 02158/3370

GELDERLAND: *Hardewijk,* »Hardewijk«, ∅ 03401/17654

ZUID-HOLLAND: *De Kaag,* »De Kaag«, ∅ 02524/4333

NOORD-BRABANT: *Vught,* »van Balen«, ∅ 073/563457

ZEELAND: *Bruinisse,* »Aqua Vitesse«, ∅ 01113/2039

LIMBURG: *Roermond,* »Limburg«, ∅ 04754/1646

Wegen Pauschalangeboten – Arrangements, die einen Segel- oder Surfkurs beinhalten – wenden Sie sich an den VVV.

Seengebiete
(eine kleine Auswahl der Gewässer, die sich zum Segeln und Surfen eignen)

LOOSDRECHTSE PLASSEN
Zwischen Utrecht und Hilversum, 25 km von Amsterdam gelegen. Die Zufahrt erfolgt von der malerischen Vecht durch die Mijndense Schleuse und die Drecht.

Vier Inselketten teilen den See in fünf Abschnitte, dadurch wirkt das Gewässer intim und gemütlich. Sie eignen sich besonders gut zum Anlegen und Übernachten, denn hier findet man für jede Windrichtung geschützte Liegeplätze, Trinkwasser und Kioske. In Oud-Loosdrecht und Muieveld reiht sich ein Jachthafen an den anderen, es gibt Hotels und Restaurants.

VINKEVEENSE PLASSEN
Man fährt von Loosdrecht über die Vecht zum Amsterdam-Rijnkanaal und durch Angstel zur Demmerikse Schleuse.

Die Vinkeveense Plassen haben den gleichen Charakter wie die Loosdrechtse. Diese Seen eignen sich für Segelboote und langsame Motorboote bis zu einem Tiefgang von 1,25 m, jedoch nicht zum Wasserskilauf, denn Genehmigungen für schnelle Motorboote werden nicht mehr erteilt.

IJSSELMEER
Die Wasserfläche hat in ihrer größten Ausdehnung eine Länge von 50 km und eine Breite von 30 km.

Durch die geringe Wassertiefe von durchschnittlich 3,5 Metern und die lange Anblasstrecke des Windes entsteht schnell ein kurzer, steiler und harter Seegang, so daß Seetüchtigkeit Ihres Bootes und die Beachtung des Wetters Voraussetzungen zum Befahren des IJsselmeeres sind. Wenn der Himmel »schwarz« wird, sollte man sofort auf der Hut sein und die Segel reffen. 40 % der Rettungsoperationen gelten deutschen Wassersportlern! Doch es ist ein herrlich weitläufiges Gebiet für Segler und Motorbootsschiffer.

Ringsum liegen malerische Orte, die im 17. Jahrhundert Seehäfen waren:

Enkhuizen, alte Hafenstadt (Jachthafen); *Hoorn,* dessen Kapitän Willem Schouten 1616 zum ersten Mal die Südspitze Amerikas umrundete und ihr den Namen seiner Heimatstadt gab; *Kab Horn* (Jachthafen); *Edam,* das weltberühmte Käsestädtchen; *Volendam,* der alte Fischerhafen; *Marken,* die ehemalige Insel; *Monnickendam,* ein moderner Jachthafen.

FRIESLAND

Friesland wird von einem fast 60 km langen Wassergürtel durchzogen, der aus vielen miteinander verbundenen Seen besteht.

Frieslands Seenplatte ist leicht zu erreichen:

Mit dem PKW von Köln über Arnhem, Kampen oder Zwolle nach z. B. Lemmer oder Grouw, Distanz 275 km.

Mit dem Boot von Köln auf Rhein, IJssel und IJsselmeer nach Lemmer oder Stavoren.

Von Norddeutschland aus über Emden, Dollart, Delfzijl, Eemskanal, van Starkenborghkanal und Prinses Margrietkanal nach Leeuwarden.

Als beliebtes Wassersportzentrum besitzt Friesland auch die entsprechende Vielzahl gut eingerichteter Jachthäfen.

BIESBOSCH

Südöstlich von Dordrecht, zwischen Nieuwe Merwede und Maas gelegen. Um halb ertrunkenes Land zieht sich ein Gewirr von Wasserläufen verschiedener Größe, dazwischen Rietinselchen, aber auch Inseln mit festem Boden und raschelndem Schilf, Büschen, Buchten zum Baden und Faulenzen. Romantisches Naturschutzgebiet. Geschwindigkeitsbegrenzung: 9 km/h, verboten für schnelle Motorboote.

DIE WADDENZEE

Seetüchtige Boote, Kenntnisse in Navigation und der Gebrauch der neuesten Seekarten und Gezeitentabellen sind unbedingt Voraussetzungen zum Befahren der Waddenzee. Hauptanziehungspunkte für Boottouristen sind die Inseln Texel, Vlieland und Terschelling. Sie besitzen auf der Waddenzeeseite gute und auch bei Niedrigwasser ausreichend tiefe Häfen. Man erreicht sie am besten über Den Helder, Den Oever, Komwerderzand oder Harlingen.

Schwimmen/Tauchsport

Freibäder und die bewachten Seebäder sind von Mitte Mai bis Mitte September geöffnet. In vielen Orten gibt es außerdem Hallenbäder. Auskünfte geben die Verkehrsvereine.

Auskünfte über den Tauchsport erteilt:
Nederlandse Onderwatersportbond
Nassaustr. 12, 3583 XG Utrecht, ∅ 030/ 51 70 14.

Windsurfing

Es ist eigentlich eine Selbstverständlichkeit, daß in einem Land mit so vielen Wassersportmöglichkeiten auch das Windsurfen eine schnell wachsende und populäre Art des Wassersports geworden ist. Überall im Land findet man ideale Möglichkeiten, diesen Sport auszuüben und/oder zu lernen.

Information über Windsurfschulen erteilt:
Secretariaat NeVeP
Mardyk 11, 8581 KG Elahuizen

Secretariaat I. W. S.
Postfach 470, 7600 AL Almelo

Sprache

Die niederländische Sprache wird in den Niederlanden, in Belgien, in Surinam und auf den Niederländischen Antillen gesprochen. Niederländisch gehört zu den germanischen

KLEINES SPRACHLEXIKON

ja	=	ja
nee(n)	=	nein
niets	=	nichts
alstublieft	=	bitte
dank u wel	=	danke
graag	=	gerne
sorry	=	Entschuldigung
goede morgen	=	Guten Morgen
goede middag	=	Guten Tag, Grüß Gott
goede avond	=	Guten Abend
wel ter rusten	=	Gute Nacht
tot ziens	=	Auf Wiedersehen
tot straks	=	bis gleich
Hoe gaat het met jou/u?	=	Wie geht es Dir/Ihnen?
Kunt u mij zeggen?	=	Können Sie mir sagen?
Ik versta u niet.	=	Ich verstehe Sie nicht.
Kan ik u helpen?	=	Kann ich Ihnen helfen?
Hoe laat is het?	=	Wie spät ist es?
Waar is . . .?	=	Wo ist . . .?
Ik wou . . .	=	Ich möchte . . .
Ik zoek . . .	=	Ich suche . . .
Heeft u . . .?	=	Haben Sie . . .?
Hoeveel is dat? Wat kost dit?	=	Was kostet das?
De rekening, alstublieft!	=	Zahlen, bitte!
verboden toegang	=	Zutritt verboten
omleiding	=	Umleitung
fiets	=	Fahrrad
rijden	=	fahren
tram	=	Straßenbahn
station	=	Bahnhof
kantoor	=	Büro
postkantoor	=	Postamt
ziekenhuis	=	Krankenhaus
krant	=	Zeitung
tijdschrift	=	Illustrierte, Zeitschrift
uitnodiging	=	Einladung
genoegen	=	Vergnügen
prettig	=	nett, angenehm
mooi	=	schön
helaas	=	leider
jammer	=	schade
belangrijk	=	wichtig

Sprachen, ebenso wie etwa Deutsch, Dänisch, Schwedisch oder Englisch. Vor allem in Belgien ist die niederländische Sprache noch immer von erheblicher politischer Bedeutung. Flämisch oder »Vlaams«, wie es dort heißt, ist eine niederländische Sprachvariante, die sowohl von den Französisch sprechenden Wallonen als auch von den Hochholländisch sprechenden Niederländern belächelt wird, aber von Sprachduktus und Wortschatz her noch sehr ursprünglich ist.

Mit der deutschen Sprache Aufgewachsene begehen oft den Fehler, das Niederländische als »deutschen Dialekt« abzutun. Das ist ein großer Irrtum. Zwar gibt es im Deutschen und im Niederländischen Wörter, die einander ähneln, doch in ihrem Bedeutungsgehalt sind sie meistens grundverschieden. Das Niederländisch ist eine eigenständige Sprache, die etwa ab dem 12. Jahrhundert eine selbständige Entwicklung nahm. Sie wird heute von rund 25 Millionen Menschen gesprochen.

AUSSPRACHE

ch	=	*ch* wie in machen
ei	=	*äi* (kürzes ä + *i*)
eu	=	ö wie in öffnen
g	=	*ch* wie in machen
ieuw	=	etwa *ih-u*
ij	=	*äi* (kurzes ä + *i*)
oe	=	*u*
ou	=	*au*
s	=	stimmloses *s* wie in Moos
sch	=	stimmloses *s* + *ch* (*ch* wie in machen)
tie	=	*zih*
u	=	*ü*
ui	=	ö wie in öffnen + *i*
v	=	Laut zwischen *w* wie in Wein und *f* wie in finden
z	=	stimmhaftes *s* wie in See

Szene

BERATUNGS– UND INFOSTELLEN

Alkohol und Drogen

Amsterdam:
Jellinik-Klinik
Oosteinde 9, ✆ 020/6220261

Arnhem:
Sw. de Landastr. 2, ✆ 085/514544

Assen:
Torenlaan 9, ✆ 05920/12434

Den Haag:
Zeestr. 62, ✆ 070/3647925

Groningen:
Kranenweg 52, ✆ 050/182355

Haarlem:
Spaarne 35, ✆ 023/360000

Middelburg:
Brakstr. 30, ✆ 01180/37320

Nijmegen:
Staalmanstr. 6, ✆ 080/224331

Rotterdam:
Burg Meineszlaan 47–49, ✆ 010/4761688 und 4767595

Utrecht
Wittevrouwensingel 100a, ✆ 030/716421

Frauen

(auch Info über Abtreibung)

Amsterdam:
NSV, Blauburgwal 7, ∅ 020/6239359

Arnhem:
Wilhelminastr. 97, ∅ 085/451975

Den Bosch ('s-Hertogenbosch):
Cavaleriestr. 6, ∅ 073/142688

Den Haag:
Stationsweg 112, ∅ 070/3882481

Groningen:
van Jusingastr. 7, ∅ 050/137750

Haarlem:
Postbus 4102, ∅ 023/310208

Leeuwarden:
J. de Baerstr. 17

Maastricht:
Stenenbrug 4, ∅ 043/18337

Nijmegen:
Veldenstr. 29, ∅ 03465/4325

Rotterdam:
De Genestetstr. 23d, ∅ 010/4152717
Vrouwencafé Kralingen, Essenburgsingel 10a

Utrecht:
Kruisweg 19, ∅ 030/311256

Homophile

COC

Amsterdam:
Rozenstr. 14, ∅ 020/6263087

Arnhem:
Jacob Cremerstr. 32, ∅ 085/423161

Breda:
Postbus 2168, ∅ 076/226662

Den Bosch ('s-Hertogenbosch):
Clarastr. 12, ∅ 073/133921

Enschede:
Postbus 444, ∅ 053/310209

Groningen:
Postbus 144, ∅ 050/132620

Haarlem:
Postbus 4103, ∅ 023/325453

Leeuwarden:
Postbus 708, ∅ 058/36699

Maastricht:
Boergadenstr. 43

Middelburg:
Postbus 27

Nijmegen:
Postbus 400, ∅ 080/233717

Utrecht:
Postbus 117, ∅ 030/318841

Vlissingen:
Postbus 251, ∅ 01184/10821

FRAUENBEWEGUNG

Stichting Feministische Uitgeverij (Verlag) »De Bonte Was«
Nieuwe Herengracht 95
Postbus 10222, Amsterdam,
∅ 020/279511
(nur mittwochs)

»Blijf van mijn Lijf«
Postbus 4214, 1009 AE Amsterdam,
✆ 020/942758
Frauenhäuser

Telefon

ÖKOSZENE

Die Telefonnummern in vielen niederländischen Städten verändern sich derzeit rasend schnell, da die Telefonzentralen digitalisiert werden. Sämtliche bei Drucklegung dieses Buches bekannten Änderungen wurden berücksichtigt.

»Lekker Dier«
van Aerssenstr. 200, 2582 JV Den Haag,
✆ 070/3556226
Tiere in der Bio-Industrie

Es gelten die folgenden Gebührensätze:
Inlandsgespräche
Mo—Fr 8—18 Uhr: hfl 0,15 je 5 Minuten,
Mondscheingebühr Mo—Fr 18—8 Uhr und am Wochenende: hfl 0,15 je 10 Minuten,
in Telefonzellen: hfl 0,25 je 12 Minuten.
Auslandsgespräche
Mo—Fr 8—18 Uhr: hfl 0,15 je 47 Sekunden,
Mondscheingebühr Mo—Fr 18—8 Uhr und am Wochenende: hfl 0,15 je 94 Sekunden,
in Telefonzellen: hfl 0,25 je 47 Sekunden.

Brabantse Milieufederatie
Stationsstr. 15, 5038 EB Tilburg,
✆ 013/351535
Umweltschutz

»De Kleine Aarde«
Munsel 17, 5280 VA Boxel, ✆ 04116/84921
Ökozentrum

In Telefonzellen setzt sich die Gebühr aus Einheiten von 25 Cent-Münzen zusammen. Aus vielen kann man Auslandsgespräche führen, sonst vermitteln die Postämter.

Der Auskunftsdienst des Fernsprechamts gibt Auskunft in deutscher, englischer und französischer Sprache.

Nederlandse Vegetarierbond
Duinweg 14, 9479 Noordlaren,
✆ 05905/1329

FRIEDENSBEWEGUNG

Man wählt von Holland nach:
BR Deutschland
09-49-Vorwahl ohne Null + Rufnummer
Österreich
09-43-Vorwahl ohne Null + Rufnummer
Schweiz
09-41-Vorwahl ohne Null + Rufnummer
Zunächst 09 wählen, auf einen Summton warten, dann zügig weiterwählen. Für Auslandsgespräche sollte man eine Telefonzelle auswählen, bei der man Ein- und Zweieinhalb-Gulden-Stücke einwerfen kann.

Stichting Geweldloze Weerbaarheid
Minahassastr. 1, 1009 AB Amsterdam,
✆ 020/6922704
Gewaltlose Verteidigung

Stichting Vrijwillige Internationale Aktie
Keizersgracht 181, 1016 DR Amsterdam,
✆ 020/6258393
Internationale Solidarität. Organisieren Aktionen in Europa, Asien, Afrika

Theater

Amsterdam:
»De Brakke Grond«
Nes 53, ∅ 020/6240394
»Carré«
Amstel 115–125, ∅ 020/6225225
»Centrum Bellevue«
Leidsekade 90, ∅ 020/6247248
»De Engelenbak«
Nes 71, ∅ 020/6266866
»De Kleine Komedie«
Amstel 56, ∅ 020/6240534
»Nieuwe de la Mar«
Marnixstr. 404, ∅ 020/6233462
»Felix Meritis«
Keizersgracht 324, ∅ 020/6262321
»Soeterein«
Linnaeusstr. 2, ∅ 020/5688500
»Musiektheater«
Amstel 3, ∅ 020/6255455
Im Volksmund »Stopera« genannt
»Frascati«
Nes 63, ∅ 020/6235723 und 6235724
»De Balie/Populier«
Kleine Garmansplantsoen 10, ∅ 020/
6232904
»Anthony Theater«
OZ Voorburgwal 30, ∅ 020/6224793
Jiddisch und Transverit

Arnhem:
Stadschouwburg »Arnhem«
Koningsplein 12, ∅ 085/422741

Assen:
»De Kolk«
Weierstr. 17, ∅ 05920/13330

Breda:
Stadschouwburg »Breda«
van Coothplein 37, ∅ 076/215700

Theater »Achterom«
van Coothplein 37, ∅ 076/215700

Den Bosch ('s-Hertogenbosch):
»Casino«
Parade 23, ∅ 073/120888

Den Haag:
»Appeltheater«
Duinstr. 6, ∅ 070/3502200
»Circustheater«
Gevers Deynootplein 50, ∅ 070/3558800
»Diligentia«
Lange Voorhout 5, ∅ 070/3651851
»AT & T Danstheater«
Spui, ∅ 070/3604930
»Theater aan de Haven«
Westduinweg 230, ∅ 070/3543202
»Koningklijke Schouwburg«
Korte Voorhout 3, ∅ 070/3469450
»Theater Pepijn«
Nieuwe Schoolstr. 26, ∅ 070/3460354
»Theater Pierrot«
Ferrandeweg 4, ∅ 070/3933348

Enschede:
»Concordia«
Markt 15, ∅ 053/311089

Groningen:
Theater »Het Kruithuis«
Palmslag 10, ∅ 050/125645
Cultuurcentrum »Oosterpoort«
Palmslag 10, ∅ 050/131044
»Stadschouwburg«
Turfsingel 86, ∅ 050/125645
»Grand Theater«
Grote Markt 35, ∅ 050/144644

Leeuwarden:
»De Harmonie«
Ruiterskwartier 4, ∅ 058/139225

Maastricht:
Stichting Cultureel Centrum
Achter de Komedie, Vrijthof 47, ✆ 043/
292222

Middelburg:
»Schouwburg«
Molenwater 99, ✆ 01180/25156
»Mini Theater«
Verwevijstr. 53, ✆ 01180/33996

Nijmegen:
Cultureel Centrum
»De Lindenberg«
Postbus 578, ✆ 080/229317

Rotterdam:
»De Doelen«
Kruisstr. 2, ✆ 010/4142911
»De Lantaren«
Gouvernestr. 133, ✆ 010/4362016
»Luxortheater«
Kruiskade 10, ✆ 010/4138326
»Tjeatro Popular«
Westkruiskade 26–28, ✆ 010/
4365283
Theater »Zuidplein«
Zuidplein 60–64, ✆ 010/4816628
»Zaal en Cafe de Unie«
Mauritsweg 35, ✆ 010/4117394

Utrecht:
»De Blauwe Zaal«
Lucas Bolwerk 24, ✆ 030/331343
»Tejater Kikker«
Ganzenmarkt 14, ✆ 030/319666
»Schillertheater«
Minrebroederstr. 11, ✆ 030/318670
»'t Werftheater«
Oudegracht 58–60, ✆ 030/315440

Zwolle:
»De Buitensocieteit«
Stationsweg 4, ✆ 05200/17666
»Papenstr. Theater«
Papenstr. 9, ✆ 05200/11523

Unterkunft

HOTELS

Hotelkennzeichnungen durch Sternchen werden vergeben durch die Niederländische Fremdenverkehrszentrale, den Königlich Niederländischen Touristenbund und den Königlich Niederländischen Automobilclub. Sie geben die Preis- und Qualitätsklasse der jeweiligen Unterkünfte an.
Wir folgen dieser Einteilung:

***** **Luxushotel**
Besonders hohes Maß an Komfort und Bedienung; sämtliche Räume ausgestattet mit Bad, Toilette, Telefon, Radio und TV-Anschluß; einige Appartements; die Qualität von Speisen und Getränken sowie Menüs und die Bedienung sollen höchsten Maßstäben gerecht werden.
Preise: EZ: ca. hfl 185–350; DZ: ca. hfl 225–450.

**** **Erstklassiges Hotel**
Ein gutes und sehr komfortabel eingerichtetes Hotel, das mit allen modernen Hilfsmitteln ausgestattet ist; einigen Zimmern soll ein Privatzimmer zugeordnet sein, oder sie sollen als Wohn-Schlafzimmer eingerichtet sein; die Speisen und Getränke, Menüs und die Bedienung von hoher Qualität.
Preise: EZ: ca. hfl 120–200; DZ: ca. hfl 140–275.

*** **Sehr komfortables Hotel**
Hotel mit viel Komfort und guter Bedienung; 50 % der Schlafzimmer sollen über Bad oder Dusche, Toilette und Telefon verfügen; separater Gesellschaftsraum und Speisesaal sowie Empfang; Bedienung auf dem Zimmer

möglich; gute Mahlzeiten und Getränke à la carte.

Preise: EZ: ca. 50–150; DZ: ca. hfl 100–200.

** Komfortables Hotel

25 % der Räume sollen über Bad oder Dusche und Toilette verfügen; Gesellschaftsraum oder Sitzgelegenheiten im Wirtschaftsraum; separater Speisesaal für alle Gäste; einfache, gut zubereitete Mahlzeiten; es soll in allen Räumen Zentralheizung geben.

Preise: EZ: ca. hfl 40–100; DZ: ca. hfl 70–150.

* Einfaches Hotel

Schlicht eingerichtetes Hotel mit mindestens 8 Zimmern; Baderaum und 1 Toilette pro Stockwerk; kaltes und warmes fließendes Wasser in allen Schlafzimmern; Zentralheizung in sämtlichen Räumen und in den Fremdenzimmern; gute, einfache Mahlzeiten und Imbiß à la carte.

Preise: EZ: ca. hfl 30–50; DZ: ca. hfl 50–100.

Hotelreservierung

Man kann über das Niederländische Nationale Reservierungszentrum, das in ganz Holland über eine große Zahl Hotelzimmer in fast jeder Preisklasse verfügt, reservieren. Diese Vorausreservierung ist kostenlos.

Das Nationale Reservierungszentrum

Postfach 404, 2260 AK Leidschendam, ✆ 070/3202500, Telex: 33755.

VVV-Übernachtungsservice

Die Fremdenverkehrsvereine (VVV) haben ein gemeinsames landesweites System für Hotelreservierungen, das besonders für Reisende gedacht ist, die sich bereits in den Niederlanden aufhalten und ein Hotelzimmer reservieren wollen. In allen größeren Orten kann man am Schalter – nicht telefonisch – Reservierungen am Ort und in anderen Städten der Niederlande vornehmen.

HOTELAUSWAHL

Amsterdam:

***** **Holiday Inn Crown Plaza**
Nieuwe Zijds Voorburgwal 5,
✆ 020/6200500

***** **Apollo**
Apollolaan 2, ✆ 020/6735922
250 Betten

***** **De l'Europe**
Nieuwe Doelenstr. 2–4, ✆ 020/6234836
154 Betten

***** **Sonesta-Hotel**
Kattengat 1, ✆ 020/6212224

***** **Okura-Hotel**
Ferdinand Bolstr. 333, ✆ 020/6787111

***** **SAS**
Rusland 17, ✆ 020/6231231
354 Betten

**** **Grand Hotel Krasnapolsky**
Dam 9, ✆ 020/5549111
548 Betten

**** **Garden**
Dijsselhofplantsoen 7, ✆ 020/6642121
175 Betten

**** **Americain**
Leidsekade 97, ✆ 020/6245322
324 Betten

**** **Atlas**
van Eeghenstr. 64, ✆ 020/6766336
58 Betten

**** **Caransa**
Rembrandtsplein 19, ✆ 020/6229455
132 Betten

**** **Damrak**
Damrak 49, ✆ 020/6262498
54 Betten

*** **Westeurope 2**
Nassaukade 389–390, ✆ 020/6834935
55 Betten

*** **Eden**
Amstel 142–144, ✆ 020/6266243
133 Betten

*** **Cordial**
Rokin 62, ✆ 020/6264411
91 Betten

** **Smit**
P. C. Hooftstr. 24–26, ✆ 020/6766343
70 Betten
* **Fantasia**
Nieuwe Keizersgracht 16, ✆ 020/6248858
49 Betten
* **Abba**
Overtoom 122, ✆ 020/6183058
24 Betten
* **Belga**
Hartenstr. 8, ✆ 020/6249080
25 Betten
* **Van Haalen**
Prinsengracht 520, ✆ 020/6264334
45 Betten
* **Impala**
Leidsekade 77, ✆ 020/6234706
38 Betten

Arnhem:
**** **Haarhuis**
Stationsplein 1, ✆ 085/427441
200 Betten
**** **Rijnhotel**
Onderlangs 10, ✆ 085/434642
*** **Groot Warnsborn**
Bakenbergseweg 277, ✆ 085/455751
44 Betten

Assen:
*** **De Nieuwe Brink**
Brink 13, ✆ 05920/10046
32 Betten
** **De Jonge**
Brinkstr. 85, ✆ 05920/12023
56 Betten

Bergen aan Zee:
*** **Meyer**
Jac. Kalffweg 4, ✆ 02208/12488
60 Betten

Berg en Dal:
*** **Parkhotel Val Monte**
Oude Holleweg 5, ✆ 08895/1704
172 Betten

Breda:
*** **Mastbosch**
Kerstenslaan 20, ✆ 076/650050
83 Betten
*** **Novotel**
Dr. Batenburglaan 74, ✆ 076/659220
163 Betten

Den Bosch ('s-Hertogenbosch):
*** **Centraal**
Mr. Loefplein 98, ✆ 073/125151
152 Betten

Den Haag:
***** **Promenade**
van Stolkweg 1, ✆ 070/3525161
194 Betten
***** **Des Indes**
Lange Voorhout 54–60, ✆ 070/3469553
**** **Pullman**
Spui, ✆ 070/3320000
*** **Parkhotel De Zalm**
Molenstr. 53, ✆ 070/3624371
200 Betten
**** **Bel Air**
Johan de Wittlaan 31, ✆ 070/3502021
** **Sweelinck**
Sweelinckplein 78, ✆ 070/3608058
** **Savion**
Prinsestr. 86, ✆ 070/3462560
18 Betten
* **The New Corner**
van Merlenstr. 132, ✆ 070/3633236
25 Betten

Egmond aan Zee:
**** **Bellevue**
Strandboulevard A7, ✆ 02206/1025
100 Betten

** **De Vassy**
Bld. Ir. de Vassy 3, ✆ 02206/1573
44 Betten

Garderen:
**** **Het Speulderbos**
Speulderbosweg 54, ✆ 05776/1541
164 Betten

Groningen:
*** **Altea**
Expositielaan 7, ✆ 050/258400
266 Betten
** **Enter-Motel**
Donderslaan 156, ✆ 050/252040
115 Betten
** **De Doelen**
Grote Markt 36, ✆ 050/127041
78 Betten
* **Weeva-Hotel**
Gedempte Zuiderdiep 8, ✆ 050/129919
121 Betten

Haarlem:
**** **Carlton Square**
Baan 7, ✆ 023/319091
212 Betten
**** **Lion d'Or**
Kruisweg 34, ✆ 023/321750
70 Betten
* **Die Raeckse**
Raaks 1–3, ✆ 023/326629
65 Betten

Leeuwarden:
*** **Oranje Hotel**
Stationsweg 4, ✆ 058/126241
148 Betten
** **Eurohotel**
Europaplein 19, ✆ 058/131113
100 Betten

Loosdrecht:
*** **Jachthaven 't Kompas**
Oud-Loosdrechtsedijk 203, ✆ 02158/3200
40 Betten

Maastricht:
***** **Maastricht**
De Ruiterij 1, ✆ 043/254171
300 Betten
*** **Du Casque**
Helmstr. 14, ✆ 043/214343
80 Betten
** **In den Hoof**
Akersteenweg 218–224, ✆ 043/2610600
67 Betten
* **Du Chene**
Boschstr. 104–106, ✆ 043/213523
38 Betten

Middelburg:
**** **Hotel Arneville**
Bruitenruststr. 22, ✆ 01180/38456
*** **Du Commerce**
Loskade 1, ✆ 01180/36051
81 Betten
*** **Nieuwe Doelen**
Loskade 3–7, ✆ 01180/12121
40 Betten
* **Court Oxhooft**
Singelstr. 14, ✆ 01180/26823
42 Betten

Nijmegen:
**** **Belvoir**
Graadt van Roggenstr. 101, ✆ 080/232344
148 Betten
*** **Althea Hotel**
Stationsplein 29, ✆ 080/238888
196 Betten

Rotterdam:
***** **Hilton**
Weena 10, ✆ 010/4144044
487 Betten
**** **Parkhotel**
Westersingel 70, ✆ 010/4363611
146 Betten
*** **Rijnhotel**
Schouwburgplein 1, ✆ 010/4333800
240 Betten

*** Savoy
Hoogstr. 81, ∅ 010/4139280
200 Betten
** Gare du Nord
Villapark 7, ∅ 010/4227273
22 Betten
* Holland
Provenierssingel 7, ∅ 010/4653100
50 Betten

Santpoort-Nord:
**** De Weyman
Hofdstr. 248, ∅ 023/370436
42 Betten

Scheveningen:
***** Kurhaus
Gevers Deynootplein 30, ∅ 070/3520052
452 Betten
**** Europa Hotel
Zwolsestr. 2, ∅ 070/3512651
338 Betten
*** Badhotel
Gevers Deynootweg 15,
∅ 070/3512221
190 Betten

Schoorl:
**** Merlet
Duinweg 15, ∅ 02209/3644
36 Betten

Terschelling (Lies):
** De Walvisvaarder
Hoofdstr. 23, ∅ 05620/8577
48 Betten

Terschelling (West):
*** Nap
Torenstr. 55, ∅ 05620/2004
67 Betten

Texel (De Cocksdorp):
*** Sporthotel Nieuw Breda
Postweg 134, ∅ 02220/11237
45 Betten

Texel (De Koog):
**** Opduin
Ruyslaan 22, ∅ 02228/17445
140 Betten
** De Strandplevier
Dorpsstr. 39, ∅ 02228/17348
40 Betten
* De Koger Hoop
Kamerstr. 23, ∅ 02228/17354
158 Betten

Texel (Den Burg):
*** 't Koogenrend
Kogerstr. 94, ∅ 02220/13301
49 Betten

Utrecht:
**** Holiday Inn
Jaarbeursplein 24, ∅ 030/910555
500 Betten
*** Des Pays Bas
Janskerkhof 10, ∅ 030/333321
80 Betten
*** Malie Hotel
Maliestr. 2–4, ∅ 030/316424
39 Betten

Valkenburg:
**** La Residence
Nieuweweg 42, ∅ 04406/12068
62 Betten
**** Prinses Juliana
Broekhem 11, ∅ 04406/12244
18 Betten
**** Parkhotel Rooding
Neerhem 68, ∅ 04406/13241
180 Betten
*** Berg en Dal
Pienkertstr. 50, ∅ 04406/12741
** Apollo
Nieuweweg 7, ∅ 04406/15341
69 Betten

Venlo:

**** **De bovenste Molen**
Bovenste Molenweg 12, ∅ 077/591414
130 Betten
*** **Wilhelmina**
Kaldenkerkenweg 1, ∅ 077/516251
58 Betten

Wassenaar:

**** **Hotel Wassenaar**
Katwijkseweg 33, ∅ 01751/19218
**** **Auberge de Kieviet**
Stoeplaan 27, ∅ 01751/19232
26 Betten

Wittem:

**** **Kasteel Wittem**
Wittemerallee 3, ∅ 04450/1208

Zandvoort:

**** **Elysée Beach**
Burg. v. Alphenstr. 63, ∅ 02507/13234
675 Betten
*** **Hoogland**
Westerparkstr. 5, ∅ 02507/15541
51 Betten
* **Esplanade**
Badhuisplein 2, ∅ 02507/12073
35 Betten

Zwolle:

**** **Wientjes**
Stationsweg 7, ∅ 038/211200
80 Betten
*** **Postiljon**
Hertsenbergweg 1, ∅ 038/216031
144 Betten

BESONDERS BILLIGE ÜBER-NACHTUNGSMÖGLICHKEITEN

Der Preis für Übernachtung und Frühstück liegt in Sleep-ins und Jugendhotels bei ca. hfl 10–30. Auskünfte über sämtliche Jugendherbergen und Sleep-ins in den Niederlanden erteilt:

Stichting Nederlandse Jeugdherberg Centrale NJHC
Prof. Tulipplein 4, 1018 GX Amsterdam,
∅ 020/6264433

Amsterdam:

Jeugdhotel Adam en Eva
Sarphatistr. 105, ∅ 020/6246206
ganzjährig
Bob's Youth Hotel
NZ Voorburgwal 92, ∅ 020/6230063
ganzjährig
Jeugdhotel Eben Haezer
Bloemenstr. 179, ∅ 020/6244717
ganzjährig
Jeugdhotel Kabul
Warmoerstr. 42, ∅ 020/6237158
ganzjährig
Jeugdhotel The Shelter
Barndessteeg 21–25, ∅ 020/6253230
ganzjährig
Sleep-in
's-Gravenzandestr. 1/Ecke Mauritskade,
∅ 020/6947444
nur im Sommer

Camperduin:

De Camperol
Heerenweg 403, ∅ 02209/1796
ganzjährig

Castricum:

P. H. Twisk
Bleumerweg 12, ∅ 02518/51387
1. März – 15. Nov.

Den Haag/Scheveningen:

Jeugdhotel 't Seehuys
Zeekant 45, ∅ 070/3559585
ganzjährig

Doorwerth:
Jeugdhotel De Branding
Badlaan 2, ∅ 08373/19010
15. April – 15. Sept., nur für Familien

Enkhuizen:
Studentencentrum De Dromedaris
Paktuinen 1, ∅ 02280/12076
ganzjährig

Groesbeek:
Die Hooghe Hoenderbergh
Biesseltsebaan 2, ∅ 08891/75369
Jugendhotel, ganzjährig

Groningen:
Sleep-in Druif
Munnekeholm 4, ∅ 050/127121
ganzjährig

Haamstede:
De Schouwse Boer
Torenweg 10, ∅ 01115/3121
Jugendhotel, ganzjährig

Ommen:
Jeugdhotel Libra
Coeverderweg 17, ∅ 05291/7224
ganzjährig

Oostkapelle:
NJHC Jeugdherberg Westhoeve
Duinvlietweg 8, ∅ 0118/1254

Rijswijk:
Jeugdcentrum Overvoorde
van Vreenburchweg 170–174,
∅ 070/3954040
nur für Gruppen

Roosendaal:
Sleep-in 't Gebouwke
Boulevard 27–29
Ende Juni–August

Rotterdam:
Jeugdherberg »Jeunesse«
Rochussenstr. 107/109, ∅ 010/4365763

CAMPING

Es gibt rund 2500 Campingplätze in den Niederlanden. Die Preise liegen zwischen hfl
20 und 40 pro Standplatz und Nacht (4
Personen, Zelt oder Wohnwagen und Auto).
Auf manchen Plätzen werden die Gebühren
pro Tag oder pro 24 Stunden berechnet.
Manchmal werden auch getrennte Preise für
Personen, Zelte oder Wohnwagen und Autos in Rechnung gestellt.

Hier eine kleine Auswahl der Campingplätze, die Mitglied des Verbands der Frei-
zeit-Unternehmen in Holland – »Recron«
sind. Beschwerden über diese Einrichtun-
gen können beim Schiedsausschuß für
Urlaubsreisen in Den Haag eingereicht
werden.

Groningen
Kropswolde
Meerwijk, Strandweg 2, ∅ 05980/23659,
9 ha.
Lauwersoog
Lauwersoog, Strandweg 3, ∅ 05193/9133,
8 ha.
Wedde
Wedderbergen, Molenweg 2, ∅ 05976/
1673, 24 ha.

Friesland
Appelscha
De Roggenberg 1, ∅ 05162/1441, 30 ha.
Grouw
Yn'e Lijte 1, ∅ 05662/1487, 10 ha.
Kollum
De Poelpleats, Trekweg 9, ∅ 05114/2058
oder 2223, 13 ha.

Tzummarum
Barradeel, Buorren 43, ∅ 05188/1600,
2 ha.
Workum
It Soal, Kaeidijk 28a, ∅ 05151/1443, 15 ha.

Drenthe
Assen
Witterzomer, Witterzomer 7, ∅ 05920/
55688, 50 ha.
Beilen
Boszicht, Smalbroek 46, ∅ 05930/2334,
6 ha.
Diever
Houve aan den weg, Bosweg 12, ∅ 05212/
7269, 5 ha.
Dwingeloo
De Noordster, Noordster 105, ∅ 05219/
7238, 20 ha.
Gasselte
De Berken, Borgerweg 23, ∅ 05999/
64255, 3,5 ha.
De Kremmer, Houtwester Jansenweg 2,
∅ 05999/64333, 11 ha.
Havelte
De Klaverkampen, Slagdijk 2, ∅ 05214/
1415, 3,6 ha.

Overijssel
Blokzijl
Tussen De Diepen, Duinigermeerweg 1a,
∅ 05272/565, 3,5 ha.
Enschede
Aamsveen, Lappenpad 250, ∅ 053/
611547, 4 ha.
Klein Zandvoort, Keppelerdijk 200, ∅ 053/
611372, 8 ha.
Haaksbergen
't Stien 'nboer, Scholtenhagenweg 42, ∅
05427/12610, 8,5 ha.
Hengelo
De Waarbeek, Twekkelerweg 329, ∅ 074/
910239, 5 ha.

Markelo
Hessenheem, Potdijk 8, ∅ 05476/1200,
15 ha.
Rheeze
De Vechtstreek, Grote Beltenweg 17,
∅ 05232/1369, 9 ha.
Steenwijk
Eeserheideveld, Löhnislaan 12, ∅ 05210/
88361, 5,5 ha.
Zwartsluis
Swartesluys, De Vleugel 2, ∅ 05208/
66652, 2 ha.
Zwolle
Vechterstrand, Vechtdijk 1, ∅ 05295/293,
7 ha.

Gelderland
Arnhem
Arnhem, Kemperbergerweg 771, ∅ 085/
431600, 36 ha.
De Hooge Veluwe, Koningsweg 14, ∅ 085/
432273, 3 ha.
Beekbergen
De Hertenhorst, Kaapbergweg 45,
∅ 05766/1343, 12 ha.
Emst
De Zandhegge, Langeweg 14, ∅ 05780/
13936 oder 13023, 5,5 ha.
Epe
De Beekhorst, Bijsterbosweg 8, ∅ 05780/
12373, 7 ha.
Garderen
De Hersthoorn, Putterweg 68–70, ∅ 05776/
1529, 10 ha.
Hardewijk
Konijnenberg, Korhoenlaan 2, ∅ 03410/
13597, 10 ha.
Hoenderloo
Het Veluws Hof, Krimweg 157, ∅ 05768/
1777, 16 ha.
Putten
De Berkenhof, Oude Garderenseweg 27,
∅ 03418/51556, 3 ha.
Terwolde
De Scherpenhof, Bandijk 60, ∅05717/
1731, 10 ha.

Flevoland
Lelystadt
Stadscamping Lelystadt, Houtribdreef, Postbus 91, ∅ 03200/31735, 1 ha.

Utrecht
Bilthoven
De Biltse Duinen, Burg van Borglaan 7, ∅ 030/786777, 24 ha.
Doorn
Bonte Vlucht, Leersumssestr. 23, ∅ 03430/12476, 76,5 ha.
Loenen a/d Vecht
Mijnden, Bloklaan 22a, ∅ 02943/3165, 18 ha.
Utrecht
De Berekuil, Arienslaan 5–7, ∅ 030/713870, 3 ha.

Noord-Holland
Aalsmeer
Het Amsterdamsche Bos, Kleine Noordwijk 1, ∅ 020/6416868, 5 ha.
Amsterdam
Amsterdamsche IJscluv, IJsbaanpad 45, ∅ 020/6720916, 5 ha.
Bloemendaal aan Zee
De Lakens, Zeeweg, ∅ 023/251902, 10 ha.
Callantsoog
De Nollen, Weterweg 8, ∅ 02248/1281, 10 ha.
Den Helder
't Noorder Sandt, 't Noorder Sandt 2, ∅ 02230/41266, 8 ha.
Oase, Zanddijk 11c, Postbus 290, ∅ 02230/41373, 2 ha.
Den Oever
De Gest, Gesterweg 15–19, ∅ 02271/1763, 1,5 ha.
Edam
Strandbad Edam, Zeevangsdijk 7a, ∅ 02993/71994, 2 ha.
Groote Keeten
Callassande, Voorweg 5a, ∅ 02248/1663, 8,6 ha.

Haarlem
De Liede, Liewegje 17, ∅ 023/332360, 1,5 ha.
Huizen
De Woensberg, Woensbergerweg 5, ∅ 0253/824381, 7,5 ha.
Petten
De Verzorging, Pettemerweg 4, ∅ 02268/1432, 7 ha.
Schoorl
Koningshof, Duinweg 99, ∅ 02209/1510, 4 ha.
St. Martenszee
De Lepelaar, Westerduinweg 36a, Schagerbrug, ∅ 02246/1351, 1,6 ha.
Uitdam
Uitdam, Zeedijk 2, ∅ 02903/1433, 26 ha.

Zuid-Holland
Noordwijk
Club Soleil, Kraaierslaan 7, ∅ 02523/74225, 18 ha.
Ouddorp
De Groene Weide, Oude-Nieuwlandseweg 11b, ∅ 01878/1747, 12 ha.
Rockanje
Rondeweibos, Schapengorsedijk 17a, ∅ 01814/1944, 24 ha.
Het Waterbos, Duinrand 11, ∅ 01814/1900, 1 ha.
Tienhoven
De Koekoek, Lekdijk 48, van de Werfplein 19, Utrecht, ∅ 01836/1491, 15 ha.
Zevenhuizen
Zevenhuizen, Tweemanspolder 8, ∅ 01802/1654, 4 ha.

Zeeland
Arnemuiden
De Witte Raaf, Muidenweg 35, ∅ 01182/1212 oder 1619, 16 ha.
Cadzand
Hoogduin, Zwartepolderweg 1, ∅ 01179/1235 oder 1575, 3 ha.

Domburg
Domburg, Schelpweg 7, ∅ 01188/1679,
13,5 ha.
Haamstede
De Duihoeve, J. J. Boeijesweg 62, ∅ 011 15/
1562, 40 ha.
Kamperland
De Molenhoek, Molenweg 69a, ∅ 01107/
1202, 8 ha.
Koudekerke
Dishoek, Dishoek 2, ∅ 01185/1348, 2 ha.
Oostkapelle
Ons Buiten, Aagtekerkseweg 2a, ∅ 01188/
1813, 2,5 ha.
Renesse
De Oase, Roelandsweg 8, ∅ 01116/1358,
7,5 ha.
Scherpenisse
De Pluimpot, Geertruidaweg 2, ∅ 01666/
2727, 10,5 ha.
Vlissingen
De Nolle, Burg van Woelderenlaan 1,
∅ 01184/14371, 1,5 ha.
Zoutelande
De Meerpaal, Duinweg 133, ∅ 01186/1300.

Noord-Brabant
Alphen
't Zand, Maastrichtsebaan 1, ∅ 04258/
1746, 16 ha.
St. Anthonius
De Ullingse Bergen, Bosweg 36, ∅ 08858/
1700, 3,5 ha.
Baarle Naasau
De Heimolen, Heimolen 6, ∅ 04257/9425,
8 ha.
Breda
Liesbos, Liesdreef 40, ∅ 076/143514, 4 ha.
Eindhoven
Eindhoven, Landsard 15, ∅ 04909/1314,
4 ha.
Hilvarenbeek
Beekse Bergen, Beekse Bergen 1, ∅ 013/
360032, 15 ha.
Kaatsheuvel
Duinlust, Duinlaan 1, ∅ 04167/72775, 3 ha.

Zundert
Internationaal Priem, Rucphenseweg 51,
∅ 01696/2632, 7 ha.

Limburg
Echt
Marisheem, Brugweg 89, ∅ 04754/81458,
8 ha.
Maastricht
De Dousburg, Dousburgweg 102, ∅ 043/
432171, 7,5 ha.
Mook
Eldorado, Witteweg 18, ∅ 08896/1914,
5 ha.
Ohé en laak
De Maasterp, Dijk 3, ∅ 04755/1300, 8 ha.
Roermond
Hatenboer, Hatenboer 51, ∅ 04758/1292,
6 ha.
Susteren
Hommelheide, Hommelweg 2, ∅ 04499/
2900, 30 ha.
Venlo
Ons Buiten, St. Urbanusweg 120, ∅ 077/
51521, 8 ha.
Weert
De IJzeren Man, Heerenvennerweg 60,
∅ 04950/33202, 8,5 ha.

Waddeninseln
Texel
Den Burg
Bremakker, Tempeliersweg 40, ∅ 02220/
2863, 3 ha.
Den Hoorn
Loodsmanshuin, Rommelpot 19, ∅ 02220/
19203, 37 ha.
De Koog
Kogerstrand, Badweg 33, ∅ 02220/17208,
50 ha.

Terschelling
Hee
De Kooi, Hee 9, ∅ 05620/2743, 7 ha.
West-Terschelling
Cnossen, Hoofdweg 8, ∅ 05620/2321, 2 ha.

Ameland
Ballum

De Roosdûnen, Strandweg 20, ☏ 05191/
4134, 8 ha.

Schiermonnikoog
Schiermonnikoog

Seedune, Seeduneweg 1, ☏ 05195/1398,
6 ha.

Verkehrsmittel

BUSVERKEHR

Die Verbindungen sind gut, die Busse fahren
sehr regelmäßig, allerdings sind sie nicht
sehr preiswert. Die Niederlande sind in Zo-
nen aufgeteilt. Hierunter fallen auch die
Städte. So gelten für jede Verkehrsgesell-
schaft die gleichen Tarife. Die sogenannte
»Strippenkaart«, Fahrscheine mit 15 Coupons, sind nur im Vorverkauf (Bahnhöfe, Büros der Verkehrsbetriebe und in den Post-
ämtern) erhältlich. In Bus und Straßenbahn
sind nur Karten mit 6 und 10 Coupons erhältlich, die teurer sind.

TAXI

Taxis werden in der Regel nicht auf der Straße angehalten. Man erkennt sie an einer
Dachleuchte »Taxi«. Taxistandplätze befinden sich an den Bahnhöfen sowie an verschiedenen Punkten in den Städten. Im übrigen läßt man sich ein Taxi telefonisch kommen. Die Preise sind örtlich verschieden.

Zollbestimmungen

Für Geld und Devisen bestehen keine Ein- und Ausfuhrbeschränkungen.

Die Einfuhr unverzollter Waren in die Niederlande oder die Bundesrepublik Deutschland darf einen Gesamtwert von DM 780 (hfl 890)

nicht übersteigen. Darunter sind einzelne Genußmittel kontingentiert, im einzelnen:

– 300 Zigaretten oder 75 Zigarren oder 150 Zigarillos oder 400 g Tabak;
– 1,5 l Spirituosen über 22 % oder 3 l unter 22 % oder 3 l Schaumwein oder 3 l Likörwein; zusätzlich 5 l Wein
– 75 g Parfum und ⅜ l Eau de Toilette
– 1000 g Kaffee oder 400 g Kaffee-Extrakt
– 200 g Tee oder 80 g Tee-Extrakt

Abbildungsnachweis

Farbabbildungen

Aerocamera Bart Hofmeester Luchthaven, Rotterdam   Farbabb. 21, 47, 48

Netherlands National Tourist Office, Köln   Farbabb. 22, 56

VVV Delft   Farbabb. 55

Vista Point Verlag, Köln:

Horst Schmidt-Brümmer   Farbabb. 9, 49

Andreas Schulz   Umschlagvorderseite, vordere Umschlagklappe, Farbabb. 1–8, 10–14, 16, 17, 19, 20, 27, 29, 31–38, 40–42, 44–46, 51, 53, 54

Gudrun Wasmuth   Umschlagrückseite, Farbabb. 15, 18, 23–26, 28, 30, 43, 50, 52

Schwarzweiß-Vorlagen

Aerocamera Bart Hofmeester Luchthaven, Rotterdam   S. 45, 48/49, 53, 61/62, 74, 138, 140, 141, 144, 145, 148, 149

Pieter de Vries, Den Burg   S. 77

Joost Elffers/Michael Schuyt   S. 200

Het Nederlands Zuivelbureau, Rijswijk   S. 89

Netherlands National Tourist Office, Köln   S. 12, 13 l.o., 13 r.o. und u., 39, 52, 56, 57, 68, 71, 85, 88, 95, 110, 111, 143, 176, 183 M., 184/185, 186, 187, 209, 210, 215, 228 M., 231, 236, 237

Niederländisches Büro für Milcherzeugnisse, Aachen   S. 90, 189

Pfeifenhaus, Kaffee- und Teekabinett, Utrecht   S. 201

Planetarium Leeuwarden   S. 106 o., 107

Eddy Posthuma de Boer, Amsterdam   S. 21, 25

Rijksvoorlichtingsdienst   S. 13 l.o.

Erika Tevesen, Köln   S. 87, 160, 161, 162, 163, 164, 165, 167

Klaus Thiele, Warburg   S. 10/11

VVV Alkmaar   S. 190

VVV Delft   S. 158/159, 182

VVV Den Haag   S. 174/175, 178, 179, 180

VVV Rotterdam   S. 168/169, 170/171, 172, 173

Vista Point Verlag, Köln:

Andreas Schulz   S. 1, 2, 9, 14 r.o., l.u. und r.u., 19, 58, 59, 69, 82/83, 84, 86, 96/97, 98/99, 100, 101, 102, 103, 104, 105, 106 u., 108, 109, 147, 150, 151, 152, 153, 154, 155, 156/157, 177, 181, 183 o. und u., 191, 193, 194/195, 199, 206/207, 211, 212, 213, 214, 218, 220, 224/225, 228 o., 229, 232

Gudrun Wasmuth   S. 14 l.o. und r.o., 66, 94, 162 l.o., 228 u.

Andreas Hartmann   S. 236

Alle übrigen Aufnahmen entstammen den Archiven des Autors und des DuMont Buchverlages Köln.

Der Textbeitrag auf S. 208 wurde mit freundlicher Genehmigung des Claassen Verlages, Düsseldorf, abgedruckt.

Register

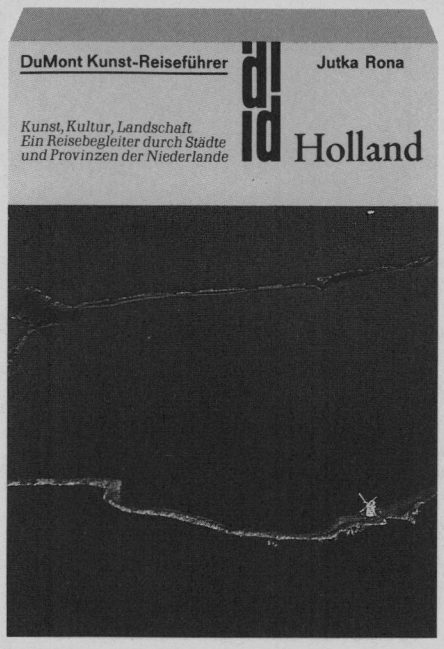

Holland
Kunst, Kultur, Landschaft

Ein Reisebegleiter durch Städte und Provinzen der Niederlande
Von Jutka Rona. 408 Seiten mit 59 farbigen und 134 einfarbigen Abbildungen, 108 Plänen und Zeichnungen, 64 Seiten praktischen Reisehinweisen, Literaturangaben, Register, kartoniert (DuMont Kunst-Reiseführer)

»Ein wertvoller Reisebegleiter quer durch Holland ist der DuMont Kunst-Reiseführer ›Holland‹ von Jutka Rona. Die Autorin lebt seit vielen Jahren in Amsterdam und besitzt eine profunde Kenntnis über Land und Leute der Niederlande. Sie bringt in dem Buch nach einer kurzen Einführung über die geschichtliche und kulturelle Entwicklung Hollands eingehende Beschreibungen der einzelnen Provinzen. Weiterhin umfaßt das Buch viele praktische Reisetips.« *Wiener Zeitung*

»Richtig reisen«: Amsterdam

Von Eddy und Henriette Posthuma de Boer. 256 Seiten mit 50 farbigen und 142 einfarbigen Abbildungen, Stadtplänen und Karten, 60 Seiten praktischen Reisehinweisen, kartoniert

»Die schönste, verrückteste, fröhlichste Stadt der Welt ist für die beiden Autoren ihre Heimatstadt Amsterdam. Sie bieten dem Touristen mit diesem Reiseführer die Möglichkeit, das Besondere von Amsterdam zu erleben, wie es ihm sonst bei einem kurzen Aufenthalt gar nicht möglich wäre. Ihr Angebot an Adressenmaterial berücksichtigt noch die entlegensten Interessengebiete und erschließt damit eine Stadt in ihrer ganzen Vielfalt.«

Architektur & Wohnen

»Mit Sorgfalt und Sachkenntnis haben die niederländischen Autoren Eddy und Henriette Posthuma de Boer ein großartiges Buch für die Reise nach Amsterdam geschrieben. Mit diesem Buch im Rücken wird man sicher ›richtig reisen‹.« *Elmshorner Nachrichten*

»Richtig reisen«

44,—

DuMont Kunst-Reiseführer

Alle Bände mit vielen, zum Teil farbigen Abbildungen; dazu Zeichnungen, Karten, Grundrisse, praktische Reisehinweise.